珠三角国家科技成果转移转化示范区发展研究报告

主　编：邓　媚

副主编：赖　婷　王梦婷　吴梦圈　刘超杰

参　编：刘文兵　吴幸雷　陈　敏　罗春兰　邬亚男

　　　　王　田　蔡昱旻　甘月丽　郭　宏

电子工业出版社

Publishing House of Electronics Industry

北京·BEIJING

内 容 简 介

　　本书主要对珠三角国家科技成果转移转化示范区自 2018 年建立以来，在科技成果转移转化工作方面所取得的成效、经验、模式等进行梳理分析和系统总结，为关心、支持珠三角地区和广东省发展的社会各界提供示范区建设的实情概貌，为政府部门深入开展科技成果转移转化工作、构建完善的科技成果转移转化生态体系提供决策参考，也为行业人员开展珠三角地区的专项研究提供材料及数据支撑。

　　本书最大的创新点是根据科技成果转移转化全链条的关键节点布局全书的章节脉络，即从"科技成果产出供给—需求锻造—供需对接—服务支撑—政策配套—成效产出"等全流程进展进行布局谋篇，力图为读者清晰展示每个环节示范区使出的"硬招、实招、新招"，准确把握示范区建设的特色路径，以此触发提升科技成果转化工作水平的新思路。

图书在版编目（CIP）数据

珠三角国家科技成果转移转化示范区发展研究报告/邓媚主编. —北京：电子工业出版社，2023.12
ISBN 978-7-121-46821-6

Ⅰ．①珠…　Ⅱ．①邓…　Ⅲ．①珠江三角洲－科技成果－成果转化－示范区－建设－研究　Ⅳ．①F124.3

中国国家版本馆 CIP 数据核字（2023）第 233716 号

责任编辑：李　敏
印　　刷：天津千鹤文化传播有限公司
装　　订：天津千鹤文化传播有限公司
出版发行：电子工业出版社
　　　　　北京市海淀区万寿路 173 信箱　邮编：100036
开　　本：787×1 092　1/16　印张：12.5　字数：260 千字
版　　次：2023 年 12 月第 1 版
印　　次：2023 年 12 月第 1 次印刷
定　　价：99.00 元

　　凡所购买电子工业出版社图书有缺损问题，请向购买书店调换。若书店售缺，请与本社发行部联系，联系及邮购电话：（010）88254888，88258888。

　　质量投诉请发邮件至 zlts@phei.com.cn，盗版侵权举报请发邮件至 dbqq@phei.com.cn。

　　本书咨询和投稿联系方式：limin@phei.com.cn 或（010）88254753。

前　言

　　当前，全球科技创新进入空前密集活跃的时期，新一轮科技革命和产业变革正在重构全球创新版图、重塑全球经济结构，成果转化作为畅通科学技术前沿"最先一公里"与技术转移应用"最后一公里"的重要环节，成为科技创新工作的重要突破口。我国正处于产业转型升级、迈向高质量发展的关键期，面临着动力转换、方式转变、结构调整的繁重任务，科技成果转化有力推动了经济发展实现质量变革、效率变革、动力变革，巩固增强了我国经济的质量优势。

　　党的十八大提出实施创新驱动发展战略，强调科技创新是提高社会生产力和综合国力的战略支撑，必须摆在国家发展全局的核心位置。2016 年 5 月，中共中央、国务院印发《国家创新驱动发展战略纲要》，指出要在发展方式、发展要素、产业分工、创新能力、资源配置、创新群体方面实现"六个转变"[①]。促进科技成果转移转化作为实施创新驱动发展战略的重要任务，是加强科技与经济紧密结合的关键环节。加快推动科技成果转化为现实生产力，对于推进结构性改革尤其是供给侧结构性改革、支撑经济转型升级和产业结构调整、促进"大众创业、万众创新"、打造经济发展新引擎具有重要意义。

　　广东省借着改革开放的春风，不断塑造开放的市场经济优势，在 2021 年成为首个 GDP 总量突破 12 万亿元大关的省份，成为中国经济第一大省。但广东省一直以来都保持头脑清醒和战略定力，立足国内、放眼全球，不满足于成为一个快速成长起来的"胖子"，而是不断练"肌肉"、练"力量"，切实提高自主创新

[①]　六个转变：发展方式从以规模扩张为主导的粗放式增长向以质量效益为主导的可持续发展转变；发展要素从传统要素主导发展向创新要素主导发展转变；产业分工从价值链中低端向价值链中高端转变；创新能力从以"跟踪、并行、领跑"并存、"跟踪"为主向以"并行""领跑"为主转变；资源配置从以研发环节为主向产业链、创新链、资金链统筹配置转变；创新群体从以科技人员的小众为主向小众与大众创新创业互动转变。

能力，立志成为真正的强者。科技成果转移转化成效直接决定了成长营养量的多少、质量的高低，以及消化吸收的难易，直接影响了广东省体质的强弱。

珠三角地区作为我国改革开放的先行地，是国内市场化程度最高、市场体系最完备、工业门类最齐备的区域之一，是创新资源密集、科技成果转移转化和创新创业活跃的高地之一，具有创建国家科技成果转移转化示范区的坚实基础。早在 2008 年，国务院就正式批复《珠江三角洲地区改革发展规划纲要（2008—2020 年）》，提出珠三角地区要率先建成全国创新型区域，成为亚太地区重要的创新中心和成果转化基地，全面提升国际竞争力。珠三角地区自此肩负着打造科技成果集聚高地和转移转化新地的任务，坚持以改革引领，坚决破除制约产业发展的利益藩篱和制度障碍，着力清除旧管理方式对新技术、新业态、新模式发展的束缚，深入推进全面创新改革试验，加强政策创新与供给，着力营造有利于产业发展的制度环境。2018 年，珠三角地区接续重大任务使命，《科技部关于支持广东省建设珠三角国家科技成果转移转化示范区的函》提出，将其"建设成为辐射泛珠三角、链接粤港澳大湾区、面向全球的科技成果转移转化重要枢纽"，珠三角地区正式以"珠三角国家科技成果转移转化示范区"（以下简称珠三角示范区）的名义一体化、系统性地推进科技成果转移转化工作。

科技成果转移转化是一个十分复杂的系统工程，包括基础研究、应用研究、技术开发、工程化与产业化推广，历经原始创新、工程化创新、产业化创新不同阶段，涉及企业、高校、科研院所、科研人员等多方位组织载体和创新主体。珠三角示范区作为有全球影响力的先进制造业基地和现代服务业基地，中国参与经济全球化的主体区域，全国科技创新与技术研发基地，全国经济发展的重要引擎，南方对外开放和对接港澳的门户，辐射带动华南、华中和西南发展的龙头，中国人口集聚最多、创新能力最强、综合实力最强的三大城市群之一，在示范区的建设中积极发挥已有优势，从科技创新、产业创新、区域创新、组织创新、军民协同创新、大众创新等方面进行了系统性创新布局，以体制机制顶层设计为牵引，从成果供给侧、转化需求侧两端重点发力，围绕多主体服务机构、全要素服务资源打造服务侧，以协同港澳、面向国内市场、辐射国际的技术转移通道构建环境侧，形成供给侧、需求侧、服务侧、环境侧齐发力的科技成果转移转化生态，在推动高质量科技成果产出和高价值科技成果落地方面取得了突出成效，并形成了珠三角示范区自身的特色经验。

　　《珠三角国家科技成果转移转化示范区发展研究报告》旨在梳理呈现珠三角示范区建设以来的成效、经验、模式，为关心、支持珠三角地区和广东省发展的社会各界提供示范区建设的实情概貌，为政府部门深入开展科技成果转移转化工作、构建完善的科技成果转移转化生态体系提供决策参考，也为行业人员开展珠三角地区的专项课题研究提供材料及数据支撑，进而团结一切力量，为广东省深化珠三角示范区发展建言献策、出心出力，推动广东省在"十四五"期间建设更高水平的科技创新强省，塑造更高水平的高质量发展新优势，推进更高水平的区域协调发展，在全面建设社会主义现代化国家新征程中走在全国前列、创造新的辉煌！

编委会

2023 年 3 月

目　录

绪　　论

按照国家技术转移体系建设的任务要求，科技部自 2016 年起启动"国家科技成果转移转化示范区"的建设工作，为探索科技成果转化机制及推进全面创新发展提供经验和示范。截至 2022 年年底，科技部在全国共批复建立了 12 个国家科技成果转移转化示范区[①]。2018 年 5 月，科技部批复支持广东省建立珠三角国家科技成果转移转化示范区（以下简称珠三角示范区）。根据广东省人民政府的相应部署，广东省科学技术厅作为牵头单位，协调联动珠三角 9 地市及广东省人民政府各部门、各直属机构，全面推进珠三角示范区建设的各项任务。广东省生产力促进中心作为该专项工作的支撑单位，全面配合广东省科学技术厅开展珠三角示范区建设的系统管理工作，包括协调联络、建设方案及监测评估指标制定、动态材料收集和报告总结等。2021 年，珠三角示范区通过了科技部的组织验收，且验收评价等级为"优秀"，专家组高度评价了珠三角示范区 3 年建设期内取得的实际成效和经验做法，希望珠三角示范区及时开展系统总结，为全国提供经验示范。其后，广东省生产力促进中心迅速组织编写小组，以验收报告为基础，进一步收集整理相关材料，随即开展了《珠三角国家科技成果转移转化示范区发展研究报告》一书的撰写工作，力图更全面、更深刻地反映珠三角示范区建设的经验成效。本书的内容主要来自珠三角示范区的验收总结材料，但由于验收总结材料基本来源于各部门的内部工作总结，所以统计数据及活动事项等内容会直接引用公开信息（包括科技年鉴、官媒报道等），以符合出版要求并增强阅读的延伸性。同时，基于成果转移转化推进工作的不间断性及出版内容的时效性，本书对部分内容的选取在时间设定上不限于 2021 年珠三角示范区建设期满，而会进一步延展到 2022 年，以期更全面、更准确、更深入地反映珠三角示范区的建设进展。

本书主要围绕珠三角示范区的建设目标和重点任务，并结合成果转移转化链条的关键

[①] 2021 年已经期满验收的有 9 家，分别是河北·京南国家科技成果转移转化示范区、宁波国家科技成果转移转化示范区、浙江国家科技成果转移转化示范区、山东济青烟国家科技成果转移转化示范区、上海闵行国家科技成果转移转化示范区、江苏苏南国家科技成果转移转化示范区、吉林长吉图国家科技成果转移转化示范区、四川成德绵国家科技成果转移转化示范区、广东珠三角国家科技成果转移转化示范区；2021 年后批复建设尚未验收的有 3 家，分别是湖北·汉襄宜国家科技成果转移转化示范区、安徽合芜蚌国家科技成果转移转化示范区、重庆国家科技成果转移转化示范区。

节点，对其 3 年建设期内的成效和经验展开总结。整体框架上，本书共 10 章。第 1 章为总论，介绍珠三角示范区的建设背景和总体要求。第 2 章为体制环境创新改革，概括总结珠三角示范区体制机制的改革重点和整体政策环境。第 3～7 章，基本按照成果转移转化链条的脉络，即从成果产出到供需对接再到产业化服务支撑的全流程，对珠三角示范区建设重点任务的经验成效进行分述。其中，第 3 章为成果转化源头供给，主要对促进高质量成果产出供给的主要举措进行凝练；第 4 章为成果转化需求锻造，和第 3 章互为呼应，从业务逻辑反向总结成果转化需求的锻造培育，即比较阐释一端如何创造高质量的成果，另一端如何创造吸纳转化高质量成果的"市场"；如果第 3 章和第 4 章是"前后呼应"的关系，那么第 5 章和第 6 章在逻辑图谱里就是"上下呼应"的关系，第 5 章为成果转化平台对接，主要阐述强化供需对接的渠道方法，第 6 章为成果转化服务支撑，对支撑这些渠道方法的服务形式进行分述；第 7 章为成果转化通道畅通，主要从区域布局和区域联动的角度对珠三角示范区如何达成"立足珠三角、对接省港澳、带动全省、辐射泛珠三角、面向全球的国际化成果转化开放互动集聚区"这一建设目标的主要举措进行阐释。第 8 章为成果转化成效释放，集中对产出成效进行归纳总结，对前面章节所列举措经验的补充和提升。第 9 章为成果转化地市联动，对各地市情况进行单独凝练，使珠三角示范区的整体建设情况介绍更详尽、更立体，并更清晰地反映各地市的特色定位和作用成效。第 10 章为成果转化未来展望，主要是在结合政府部门相关规划的基础上，对珠三角示范区下一阶段谋求高质量发展提出了具体建议。全书力图为读者清晰反映每个环节珠三角示范区使出的"硬招、实招、新招"，准确把关珠三角示范区建设的特色路径，以此触发提升成果转化工作水平的新思路。

珠三角示范区建设取得的成绩离不开成果转移转化链条上所有参与者的努力，科研人员的孜孜以求、企业家的大胆创新、政府部门的锐意进取、服务行业的能力提升都深刻地反映在本书的每一组数据、每一个标志性的成效举措中，所以本书既是一份成绩单，更是一份各方为之共勉，并进一步思考如何更有效地推进成果转化工作的研究实录。笔者在成书的过程中得到了相关部门和单位的大力支持，它们都是珠三角示范区的一线建设者，既成就了本书的内容，也成就了本书的意义。特别感谢陈金德、陈志祥、李政访、王厚华、斯恒、杨保志、裴启银、招富刚、罗祥等领导和学者对本书提出的宝贵意见。

编委会

2023 年 3 月

第 1 章　总　　论

坚定信仰、砥砺前行　全力建设珠三角国家科技成果转移转化示范区

2018 年 5 月，广东省获科技部批复建设珠三角国家科技成果转移转化示范区，珠三角城市群成为国家科技成果转移转化示范区之一。珠三角示范区范围包括广东省的广州市、深圳市、珠海市、佛山市、江门市、东莞市、中山市、惠州市和肇庆市 9 个地市。珠三角9 地市是我国改革开放的先行地区，是我国经济活力和创新能力最强的区域之一，并依托毗邻港澳的区位优势，抓住国际产业转移和要素重组的历史机遇，率先建立起开放型经济体系，成为我国外向度最高的经济区域和对外开放的重要窗口，在全国经济社会发展和改革开放大局中具有突出的带动作用和举足轻重的战略地位。珠三角 9 地市是粤港澳大湾区的重要组成部分，在推进粤港澳大湾区国际科技创新中心建设中肩负着将粤港澳大湾区建设成为具有国际竞争力的科技成果转移转化基地的重要任务。将珠三角示范区建设好是广东省也是珠三角 9 地市的使命担当，是落实党的十九大精神、实施创新驱动发展战略、深化科技体制改革、支撑现代化经济体系建设的重要举措。

1.1　建设基础

党的十八大以来，广东省牢记党中央赋予的使命担当和习近平总书记的殷殷嘱托，坚定不移地把创新驱动发展战略作为经济社会发展的核心战略和经济结构调整的总抓手，围绕国家科技产业创新中心的核心定位，牢牢把握科技成果转化这一关键，加快形成以创新为主要引领和支撑的经济体系和发展模式。珠三角地区是我国改革开放的先行地，是国内市场化程度最高、市场体系最完备的区域之一，也是我国创新资源密集、科技成果转化和创业孵化活跃的发展高地，具有创建国家科技成果转移转化示范区的坚实基础。

1. 广东省委、省政府高度重视，区域创新能力不断提升

近年来，广东省委、省政府高度重视科技创新工作，坚持把创新驱动发展作为经济

结构调整的核心战略和总抓手，多次将科技创新大会作为广东省年度第一次大会召开，省委、省政府主要领导参会并作重要讲话。2011 年，广东省在全国开地方性自主创新立法先河，出台《广东省自主创新促进条例》，率先以地方性法规的形式明确科研人员可获得不低于职务创新成果转让收入 30%的奖励，激发科研人员转化自主创新成果的积极性；2016 年，广东省又对该条例进行修订，将创新成果转化奖励比例下限由 30%调高至 60%。2015 年，《中华人民共和国促进科技成果转化法》修订；2016 年，广东省在地方层面率先制定出台《广东省促进科技成果转化条例》，对接国家上位法，推进广东省促进科技成果转化工作进入法制化新阶段。在推动科技成果转化实操方面，广东省在全国率先出台实施《广东省人民政府办公厅关于印发〈广东省经营性领域技术入股改革实施方案〉的通知》《广东省人民政府办公厅关于进一步促进科技成果转移转化的实施意见》等一系列政策文件，实现了职务科技成果自主处置、技术入股等成果转化政策实质性突破。在科技成果转化政策协同方面，自 2015 年以来，广东省制定出台了《广东省人民政府关于加快科技创新的若干政策意见》等 30 多份文件，部署实施了高新技术企业培育、新型研发机构建设、企业技术改造、孵化育成体系建设、高水平大学建设、自主核心技术攻关、创新人才队伍建设、科技金融融合八大创新驱动举措。《中国区域创新能力评价报告》显示，2017 年，广东省区域创新能力综合排名跃居全国第一，2018 年进一步巩固了 2017 年的领先优势，综合排名继续保持全国第一。在一级评价指标中，广东省企业创新、创新环境、创新绩效 3 个指标均排名全国第一，知识获取排名全国第三，知识创造排名全国第四。

2. 产业基础扎实，企业实力显著增强

2018 年，珠三角地区先进制造业、高技术制造业占其规模以上工业增加值比重分别达 59.4%和 35.8%，是世界重要的制造业基地，拥有比较先进的现代产业体系和完善的配套体系，无人机、3D 打印、智能硬件、机器人、大数据等新产业、新业态蓬勃发展，形成了产值超万亿元的珠江东岸高端电子信息产业带和珠江西岸先进装备制造产业带，其中，广州个体化医疗与生物医药、深圳下一代互联网、佛山高端装备等一批创新型产业集群承接科技成果转化和产业化的能力领先全国。2018 年，珠三角地区高企存量超 4.3 万家，占广东省高企总数的比例超过 95%；通过国家科技型中小企业评价并入库的企业总数达 26554 家，占广东省的比重超过 94%。其中，深圳市高企存量达到 1.44 万家，广州市高企存量达到 1.17 万家，高企作为引领区域创新发展"牛鼻子"的作用更加凸显；珠海市加快高成长科技企业培育，设立 100 亿元的"独角兽"投资基金和 5 亿元的政策性天使

基金，推进"独角兽总部大厦"建设，打造珠澳前沿产业"独角兽"群栖生态场，拥有华为、中兴通讯、腾讯、比亚迪、TCL、美的、格力、华大基因、大疆科技、广汽集团等一大批具有国际竞争力的制造业龙头企业。这些龙头企业、高新技术企业在承接国内外技术成果来粤转化、参与军品任务、转化军用技术等方面发挥了关键性作用。以高层次民参军为例，近年来珠三角地区涉军企业承担的军品任务数量、层次持续提升，军品任务层级逐渐由元器件、零部件向整机、主机、总体发展，形成了以舰船制造为主的海工装备产业，以北斗卫星导航、通信设备、软件和信息服务业、集成电路等为主的军工电子信息产业，以及新材料、新能源、航空航天等产业共同发展的格局。

3. 服务机构集聚，技术交易活跃

依托丰富的技术成果资源和优越的市场环境，珠三角地区发展了一批数量庞大的技术交易服务机构，涌现出广州知识产权交易中心、广州交易所集团、高航网等一批敢于创新、模式灵活、具有较大区域影响力的技术交易服务机构。以广州市为例，2018年，广州市已备案技术服务机构数量超过 1000 家，绝大部分为民办企业化运作的服务机构，为市场提供研究开发、产品设计、知识产权、科技咨询、高性能计算、技术检测和认证等服务。目前广东省正着力建设国际化、综合型技术转移高端枢纽平台——华南技术转移中心。珠三角地区是全国技术合同认定登记和交易活动最活跃的区域之一。2018年，珠三角地区技术市场共认定登记技术合同 23569 项，合同成交总金额达 1379.45 亿元，分别占广东省的 98.49%和 99.46%。其中，广州市、深圳市共认定登记技术合同21909 项；合同成交总金额达 1296.31 亿元，占广东省合同成交总金额的 93.46%；企业技术交易创新主体地位稳固，企业输出技术合同数量占广东省输出技术合同数量的81.83%，输出技术合同成交总金额占广东省输出技术合同成交总金额的 93.80%。

4. 孵化育成体系完善，新型研发机构发展迅速

"十三五"期间，珠三角地区孵化器、众创空间等载体保持高速增长态势，初步形成"众创空间—孵化器—加速器—科技园"的全孵化链条。截至 2018 年，珠三角地区建有孵化器 876 家、众创空间 779 家，80%以上县区建有孵化器、众创空间等孵化载体；拥有国家级孵化器 103 家、纳入国家级孵化器管理体系的众创空间 214 家，占广东省的比例分别为 93.64%、91.46%；拥有经认定的广东省粤港澳台科技企业孵化器 4 家、众创空间 2 家；拥有国际科技企业孵化器 2 家、国际众创空间 3 家。中大创新谷、五号空间、广州创业大街科创咖啡等一批科技"四众"平台迅速兴起，形成了"天使投资+孵化""创业辅导+天

使投资"、创业展示与交流等孵化服务模式。新型研发机构是集技术研发、成果转化和产业化于一体的研发机构，发源于珠三角地区，也是珠三角地区科技成果转移转化的一股重要力量。截至 2018 年，广东省拥有以深圳光启高等理工研究院、清华珠三角研究院等为代表的省级新型研发机构 219 家，数量在全国保持领先地位，其中，珠三角地区共有省级新型研发机构 180 家，占广东省的 82.2%。广东省 219 家省级新型研发机构职工总数超过 4.24 万人，其中研发人员总数近 1.93 万人；全年研发总投入约 96 亿元；有效发明专利拥有量达 11000 件；成果转化收入和技术服务收入约 620 亿元；累计创办孵化企业约 4300 家，其中孵化和创办高企近 930 家。

5. 科技金融服务体系健全，服务能力和资本实力雄厚

珠三角地区是我国金融资本最集聚的区域之一，拥有深圳证券交易所，建有广州、前海、南海金融高新区三大区域股权交易中心。近年来，广东省高度重视科技金融发展工作，把促进科技和金融结合作为深化科技体制改革、完善区域创新体系和创新创业环境、提升自主创新能力和国际竞争力的重要抓手，着力优化科技金融环境，推动以企业为主体的科技金融资本蓬勃发展。2014—2018 年，广东省投入超过 20 亿元的省级财政资金发展科技金融，带动社会资本超过 200 亿元，在全省 21 个地市全覆盖建设科技金融综合服务网络平台，依托广东省粤科金融集团建设全省政策性科技金融平台，发起设立广东省创新创业基金，围绕天使创业孵化培育、新兴产业前沿科技创新、区域科技产业创新、文化媒体科技融合、集成电路创新、重大科技成果产业化、产业技术升级等领域，重点支持种子期、起步期的初创科技企业，扶持高新技术企业做大做强，聚集大批创业投资机构和人才，发展壮大创业投资。广东省创新创业基金注册资本规模达到 96 亿元，出资设立 45 只子基金，按认缴口径测算，引导带动社会资本 295.36 亿元。截至 2018 年，广东省共建立 32 个科技金融综合服务中心，推动粤科金融集团在广东省范围内设立 7 家子公司和 5 个科技金融创新服务基地，在 7 个地市开展普惠性科技金融试点，共支持 5321 家科技企业，投放资金 54.86 亿元，引导银行投入科技信贷资金超过 100 亿元。广东省作为国内创业投资及早期投资行业发展较早的省份之一，创投市场活跃程度较高，机构数量、管理基金数量及规模长期处于全国领先地位。截至 2018 年年底，广东省已登记备案的私募股权和创投基金管理机构有 6291 家（2018 年新增 618 家），管理基金数量 17821 只，管理基金规模 23579 亿元，机构数量和管理基金数量均居全国首位，分别占全国总量的 25.73% 和 23.88%。更为重要的是，珠三角地区依托优越的产业基础和金融市场环境，兴起发展了一批风投创投机构，汇聚了巨额的风投资

本，集聚了一批高层次科技金融人才，为珠三角示范区科技成果转化和产业化奠定了坚实的金融基础。2018 年，珠三角地区的私募股权、创业投资基金管理机构达到 3332 家，同比增长 12.19%；私募股权、创业投资机构管理基金净资产总量达到 1.7 万亿元。其中，深圳市、广州市规模领先，中山市、惠州市增幅超过 100%。大疆科技、土巴兔、辣妈帮、五洲汇海购、奇酷科技、魅族等独角兽企业的迅猛发展，离不开金融资本的大力支持。

6. 产学研合作深入发展，国际技术转移力度加大

2005 年，广东省在全国率先启动省部院产学研合作试点工作，是全国启动省部院产学研合作试点工作的先行区。近 10 年来，珠三角地区在推进科技成果转化、完善创新平台建设、引进培养高水平科技创新团队等方面取得了明显成效，有力促进了科技成果转化和社会经济发展。截至 2018 年，广东省内来自全国高校、科研院所的企业科技特派员累计超过 10000 名，分布于广东省 21 个地市；与中国科学院开展的合作项目近 7000 项，累计新增产值 3200 多亿元，新增利税 380 多亿元，共同设立科技产业基金 8 只，总规模 28.15 亿元，建设国家级科技企业孵化器 3 家，成立产业技术创新联盟 48 个。珠三角地区毗邻港澳，区位优势突出，是建设中国（广东）自由贸易试验区、粤港澳大湾区、珠三角国家自主创新示范区的主阵地，吸引了一批港澳、国际科技成果来粤转化，产业带动效应突出。以香港科技成果来粤转化为例，香港特别行政区有香港大学、香港科技大学、香港中文大学、香港城市大学、香港理工大学 5 所世界大学排名前 100 的一流大学，是我国科技成果和前沿技术的重要发源地之一。得益于区位优势，珠三角地区已成为香港科技成果转移转化的首选之地。深圳市大疆创新科技有限公司（无人机）、珠海云洲智能科技股份有限公司（无人船）、广州南沙香港科技大学霍英东研究院、东莞松山湖粤港机器人产业基地等，已经成为港澳科技成果来粤转移转化的典范。例如，深圳市大疆创新科技有限公司成立于 2006 年，由香港科技大学教授专家团队携带科技成果在深圳创办，2010 年其销售额仅 300 多万元，2014 年销售额达到近 30 亿元，5 年翻了近 100 倍，2018 年其销售额达 175 亿元，利润达 43 亿元，产业带动效应十分显著。

7. 低碳化转型进程加快，绿色发展水平持续提升

珠三角地区作为我国改革开放的先行地区，在依靠科技进步转变经济发展模式、解决环境问题等方面进行了大量有益探索。2018 年，广东省 $PM_{2.5}$ 年均浓度为 $31\mu g/m^3$，同比

下降 6.1%，其中，珠三角地区 $PM_{2.5}$ 年均浓度为 $32\mu g/m^3$，同比下降 5.9%。广东省及珠三角地区 $PM_{2.5}$ 年均浓度继 2017 年在京津冀地区、长三角地区、珠三角地区全国三大防控区率先实现三年稳定达标后再创新低，空气质量持续改善，推动珠三角地区在产业转型升级、资源能源利用、生态环境治理等方面走在全国前列。在绿色技术应用及产业化方面，珠三角地区积极推动空气质量立体监测预警技术体系、区域大气主要排放源控制技术系统、清洁空气技术工具包、空气质量管理机制等领域实现技术突破和成果产业化应用，促进资源能源利用效率不断提升，能源结构不断优化，环境质量稳步改善。截至 2018 年年底，煤品在广东省能源消费总量中的比重为 37.5%，低于全国水平 21.5 个百分点；非化石能源消费比重为 26.2%，高于全国水平约 12.0 个百分点；天然气、核电、西电东送、可再生能源等清洁能源比重为 33%，高于全国水平约 11.0 个百分点，能源消费结构在全国保持领先地位。绿色低碳化转型成效显著，主要江河水质总体较好，珠江流域水质状况在全国七大水系中居于首位，大气环境质量在三大防控区中处于标杆地位。

1.2　建设意义

广东省创建国家科技成果转移转化示范区，是实施创新驱动发展战略、深化科技体制改革、促进科技成果转化为现实生产力的重要举措，也是提高科技资源配置效率、助推广东省新旧动能转换、提高产业竞争力和影响力、解决科技与经济"两张皮"问题的客观要求，其意义于国家、于广东省都十分重要。

1.　有利于深入贯彻落实国家重大战略部署

建设珠三角国家科技成果转移转化示范区，有利于深化落实粤港澳大湾区、珠三角国家自主创新示范区、国际科技创新中心等战略部署，是贯彻落实习近平总书记重要讲话精神和"国家科技产业创新中心"核心定位的重要举措。

2.　有利于探索国际科技成果转移转化新路径

珠三角地区毗邻港澳，地缘优势明显，开放度和市场化程度高，一直以来都是我国改革开放的前沿阵地，也是我国引进国际科技成果和推动国内科技成果资源在全球布局的前沿阵地。支持广东省创建珠三角国家科技成果转移转化示范区，有利于在珠三角地区探索形成可复制、可推广到全国的国际科技成果转移转化有益经验。

3. 有利于加速科技成果转化为现实生产力

建设珠三角国家科技成果转移转化示范区，有利于充分调动各类创新主体积极性，加快完善科技成果交易网络体系、科技企业孵化育成体系和科技金融服务体系，优化科技成果转化环境，创新科技成果转化模式，大幅提升珠三角地区科技成果转移转化能力，全面推动科技成果转化工作进入产业转型升级和经济结构调整主战场，并加速转化为现实生产力。

1.3　建设原则

根据珠三角示范区建设方案相关内容①，珠三角示范区建设的指导思想为，全面贯彻党的十九大精神，以习近平新时代中国特色社会主义思想为指导，深入贯彻习近平总书记重要讲话精神，大力实施创新驱动发展战略，依托科技成果转化基础优势，着力构建更加开放、高效的成果转化生态体系，完善支撑政策，优化发展环境，深化国际合作，汇聚全球科技创新资源，探索具有广东特色的科技成果转化机制和模式，推动重大创新成果转移转化，把珠三角地区打造成为全国极具活力和国际影响力的科技成果转移转化基地，为加快推进国家科技产业创新中心和创新型省份建设提供科技支撑，为建设粤港澳大湾区发挥积极作用。在此指导思想下，珠三角示范区的建设过程须坚持以下原则。

1. 市场导向

遵循科技创新规律和市场经济规律，充分发挥市场在资源配置中的决定性作用，强化企业在科技成果转化中的主体地位，激发高校、科研院所、新型研发机构等科技创新主体活力，营造有利于科技成果转移转化的市场环境。

2. 改革创新

围绕完善科技成果转化体系、促进军民协同科技成果转移转化、拓展国际技术转移通道等工作的薄弱环节，坚持以问题为导向，积极探索、改革创新，着力破除体制机制障碍，为各地深化科技成果转化体系建设探索路子、积累经验。

---

① 《广东省科学技术厅关于印发〈珠三角国家科技成果转移转化示范区建设方案〉的通知》（粤科管字〔2018〕97 号），下文中的"建设目标与特色定位"同样来自此建设方案。

3. 凝练特色

充分发挥珠三角地区区位优势突出、制造业发达、市场化程度高、社会风险投资活跃、科技产业创新能力强、绿色发展基础好等特色优势，探索具有示范效应、可复制推广的科技成果转移转化模式和发展经验。

4. 资源集聚

以珠三角示范区建设为契机，搭建成果转化平台载体，汇聚成果转化服务机构，导入源头创新成果资源，集聚高端创新创业人才和成果转化专业服务人才，吸引全球科技创新资源向珠三角地区聚集，加快全球先进科技成果在珠三角地区转化应用。

5. 统筹推进

针对区域科技创新资源布局不均衡、科技成果转化环境不协调等问题，充分利用建设广深科技创新走廊、珠三角国家自主创新示范区的契机，统筹布局各区域功能定位和发展重点，以广州市、深圳市为双引擎，着力打造具备国际影响力的科技成果转化基地，辐射带动珠三角其他 7 个地市依托自身优势开展特色鲜明的试点示范，形成区域联动、协调发展、因地制宜、各具特色的发展格局。

1.4 建设目标

根据珠三角示范区建设方案设定的建设目标，到 2020 年，珠三角示范区要打造成立足珠三角、对接省港澳、带动全省、辐射泛珠三角、示范全国、面向全球的国际化成果转化开放互动集聚区，基本建成国内极具活力和国际影响力的科技成果转化基地。

1. 科技成果转化支撑基础更加坚实

珠三角地区研究与试验发展经费支出占地区生产总值的比重达 3.0%；绿色发展水平显著提升，高端制造业绿色化、智能化水平跻身国际先进水平，非化石能源占能源消费总量的比重达 26%；每万人发明专利拥有量达 25 件，技术自给率超过 75%，科技进步贡献率超过 60%。

2. 先进制造业科技成果转化成效显著

推动形成 10 个产值超 100 亿元的智能制造产业基地；先进制造业增加值占规模以上工业增加值比重超过 55%，高新技术产品产值占规模以上工业总产值比重达 50%，形成 20~30 个具有较强国际竞争力的创新型产业集群，珠江西岸规模以上装备制造业实现产值达 22000 亿元。

3. 技术转移体系建设取得明显成效

技术合同成交额达 1000 亿元；珠三角地区新型研发机构数量超过 180 家；建成科技企业孵化器超 600 家、众创空间超 260 家，各类孵化器在孵企业数量超过 4 万家；力争广东省备案私募股权、创投机构超过 3000 家，管理资金规模超过 1.3 万亿元，数量和规模位居全国前列；引进广东省创新创业团队超过 270 个；建成省级军民协同专业孵化器超过 4 家，在孵企业数量超过 300 家。

到 2022 年，科技成果转化支撑经济结构调整、供给侧结构性改革和创新型经济建设成效显著，产学研协同创新全面深化，新型研发机构、科技企业孵化器等转化平台蓬勃发展，科技金融服务体系高度完善，科技成果转化应用快速通道基本建立。力争珠三角地区研究与试验发展经费支出占地区生产总值比重达 3.2%，实现高新技术企业数量较 2016 年翻番；技术合同成交额达 1100 亿元；省级军民协同专业科技企业孵化器达到 7 家，在孵企业数量超过 500 家。

1.5　特色定位

1. 技术转移国际合作试验区

依托广东省区位优势和建设粤港澳大湾区开放合作的政策制度优势，以国际视野面向全球，引导和推动科技创新资源引进来、走出去，探索珠三角地区与港澳、国外先进地区合作开展技术转移的新模式、新路径，为国家推进国际合作积累经验、提供范例。

2. 先进制造技术转化应用示范区

充分发挥珠三角地区制造业发达、对先进制造技术需求旺盛的优势，着力将珠三角地区打造成为先进制造技术成果转化应用示范区，重点提升高端电子信息、先进装备、石油化工、先进轻纺、新材料、生物医药及高性能医疗器械等制造产业关键技术和核心部件自主配套能力，为广东省打造具备国际竞争力的世界先进制造业基地提供支撑。

3. 科技金融结合示范区

充分对接珠三角地区现有的科技资源和金融资源，形成多元化、多层次、多渠道的科技投融资体系，加快科技成果转化，打造国内金融和科技结合的示范区。

4. 绿色发展先行区

深入贯彻绿色发展理念，统筹考虑经济发展和资源环境承载能力，充分发挥珠三角地区地理环境优势，大力发展战略性新兴产业、生产性服务业等现代产业，加快推动产业转型升级，为经济社会发展提供绿色新动能。

5. 科技军地一体化试点区

以构建具有广东特色的军民科技协同创新体系为契机，布局建设一批军民科技协同创新示范载体和军民协同科技成果转化载体，依托载体组织开展军民协同技术转移机制探索和政策制度先行先试、典型成果转移转化示范等任务，推动军民科技成果双向转化在全国率先取得突破。

1.6 完成概况

三年建设期中，珠三角示范区建设始终坚持以习近平新时代中国特色社会主义思想为指导，全面贯彻党的十九大及十九届二中、三中、四中、五中全会精神，深入落实习近平总书记系列重要讲话精神，积极围绕实施《中华人民共和国促进科技成果转化法》和《广东省促进科技成果转化条例》，在科技部及广东省委、省政府的部署指导下，珠三角示范区各地市奋发有为，成果转移转化工作取得良好成效，很好地完成了《珠三角国家科技成果转移转化示范区建设方案》各项任务[①]，且建设目标设定的各项指标绝大部分都超额完成任

---

① 《珠三角国家科技成果转移转化示范区建设方案》布置的重点任务包括：①推进先进技术成果转化应用；②强化科技成果转化能力建设；③优化科技企业孵化育成体系；④完善成果转化科技金融服务体系；⑤加快军民两用科技成果转化应用；⑥深化国际技术转移合作；⑦营造良好发展环境。

务（见表 1-1），珠三角示范区成果转化政策环境持续优化，成果转化能力不断提升，成果转化服务支撑体系不断优化，跨区域技术转移合作不断深入，为建设科技创新强省和推进粤港澳大湾区进一步融通合作提供了有力支撑，为全国科技成果转移转化工作提供了更多的参考和经验。

表 1-1　珠三角示范区建设指标完成情况

序　号	指　标	设 定 目 标	完成情况（截至 2020 年）
1	研究与试验发展经费投入占地区生产总值比重（%）	3.0	3.72
2	每万人发明专利拥有量（件）	25	52.6
3	先进制造业增加值占规模以上工业增加值比重（%）	55	58.5
4	高新技术产品产值占规模以上工业总产值比重（%）	50	57.6
5	珠江西岸规模以上装备制造业产值（亿元）	22000	3130.9（增加值）
6	技术合同成交额（亿元）	1000	3452.54
7	新型研发机构数量（家）	180	228
8	科技企业孵化器数量（家）	600	1065
9	众创空间数量（家）	260	641
10	孵化器在孵企业数量（家）	40000	31773
11	广东省备案私募股权、创投机构数量（家）	3000	3356
12	广东省备案私募股权、创投机构管理资金规模（亿元）	13000	22014
13	引进广东省创新创业团队数量（个）	270	235

2018 年 10 月 22—25 日，中共中央总书记、国家主席、中央军委主席习近平到广东省考察，为广东省在新时代推动改革开放再出发进一步指明了方向、提供了根本遵循。习近平总书记高度重视自主创新，提出要把创新发展主动权牢牢掌握在自己手中的要求。习近平总书记在珠海格力电器股份有限公司考察时指出，中华民族奋斗的基点是自力更生，攀登世界科技高峰的必由之路是自主创新，所有企业都要朝这个方向努力奋斗。实现中华民族伟大复兴宏伟目标时不我待，要有志气和骨气加快增强自主创新能力和实力，努力实现关键核心技术自主可控，把创新发展主动权牢牢掌握在自己手中。同时，习近平总书记对广东省提出了 4 个方面的工作要求，其中一个方面就是要推动高质量发展。要发挥企业创新主体作用和市场导向作用，加快建立技术创新体系，激发创新活力。要大力发展实体经济，破除无效供给，培育创新动能，降低运营成本，推动制造业加速向数字化、网络化、智能化发展[①]。时隔两年，2020 年 10 月 12 日，习近平总书记再赴广东省考察调研。此次调研，习近平总书记强调，要坚决贯彻党中央战略部署，坚持新发展理念，坚持

---

① 习近平在广东考察，中国政府网。

高质量发展，进一步解放思想、大胆创新、真抓实干、奋发进取，以更大魄力、在更高起点上推进改革开放，在推进粤港澳大湾区建设、推动更高水平对外开放、推动形成现代化经济体系、加强精神文明建设、抓好生态文明建设、保障和改善民生等方面展现新的更大作为，努力在全面建设社会主义现代化国家新征程中走在全国前列、创造新的辉煌①。2018 年珠三角示范区的创建正是广东省"再出发"的有力之举，2020 年珠三角示范区建设取得的初步成效更是为广东省"展现新的更大作为"，为广东省在全面建设社会主义现代化国家新征程中走在全国前列、创造新的辉煌提供了有力支撑，也为我国全面建设社会主义现代化国家、实现中华民族伟大复兴的中国梦作出了应有贡献。

---

① 习近平在广东考察时强调 以更大魄力在更高起点上推进改革开放 在全面建设社会主义现代化国家新征程中走在全国前列创造新的辉煌，人民网。

第 2 章　体制环境创新改革

科技创新和体制机制创新犹如鸟之两翼，相互协调，持续发力。激发科技创新活力要依靠改革，尤其是通过深化科技体制改革把巨大创新潜能有效释放出来。而深化科技体制机制改革创新，重在调整一切不适应创新驱动发展的生产关系，构建更加开放、高效的成果转化生态，推动创新成果转移转化。自从我国陆续出台科技成果转化"三部曲"以来，如何调动各类参与主体的积极性成为亟须破解的命题，尤其是重点抓科技成果权属、科技成果转化收益分配等桎梏的破除。广东省结合自身实际，围绕科技成果转移转化布局落子，进行系列重大规划部署，通过出台系列政策文件指明前进方向，依托机制建立健全，集结全省力量，尤其是发挥珠三角地区核心支撑作用，破除体制机制上的不畅通，不断为科技成果转化扫除制度上的制约，营造科技成果转化的良好环境。

2.1　系统谋划，布局科技成果转移转化"一盘棋"

科技成果转化工作在广东省开展由来已久，在珠三角示范区建设契机之下，充分发挥广东省市场开放、工业雄厚、深化改革、毗邻港澳等重大优势，尤其是珠三角示范区作为广东省力量的核心支柱，肩负着示范引领、探索改革的职责使命。广东省将珠三角示范区建设作为全省重点工作狠抓，不断健全机制，畅通工作协同沟通渠道，推动全省尤其是珠三角示范区围绕科技成果转移转化心往一处想、劲往一处使，推动形成科技成果转化工作基本制度体系。

1. 建立健全珠三角示范区建设工作机制，凝心聚力打造科技成果转移转化 9 地市"一股绳"的工作格局

2018 年 5 月，科技部正式批复支持广东省建设珠三角国家科技成果转移转化示范区。2018 年 6 月，广东省科技厅印发《珠三角国家科技成果转移转化示范区建设方案》，组织召开珠三角国家科技成果转移转化示范区推进会，广东省领导出席会议并为珠三角示范

区 9 地市授牌，珠三角示范区建设正式全面启动。2019 年，广东省全面深化改革加快实施创新驱动发展战略领导小组及国家自主创新示范区建设工作办公室印发《珠三角国家科技成果转移转化示范区 2019 年工作要点》，为珠三角示范区建设指明方向、明确任务；同时，建立监测评估机制，发布《珠三角国家科技成果转移转化示范区建设监测评估指标体系》，通过清晰、具体、细化、统一的指标体系设计，准确引导 9 地市开展珠三角示范区建设工作，科学分解目标任务，明确着力方向；建立年度报告制度，各地市及相关省直部门按要求提交珠三角示范区建设的年度总结报告，全面把握珠三角示范区建设的整体进展情况，先后完成《珠三角国家科技成果转移转化示范区 2019 年建设工作总结》《珠三角国家科技成果转移转化示范区 2020 年建设工作总结》等。2021 年，珠三角示范区 9 地市及相关部门对示范区三年建设期的总体建设情况进行了总结，分析建设过程中的成效经验和问题不足，为下一步更好地开展成果转移转化工作打下基础。

2. 搭建跨部门跨地市交流协作工作通道，集思广益解决科技成果转化工作中的痛点、堵点、难点

在广州市召开全省科技成果转移转化座谈会，推进科技成果转化工作在全省布局落子。2020 年 11 月，广东省政府领导主持召开全省科技成果转移转化座谈会，旨在找准当前阻碍广东省科技成果转化的体制机制壁垒，寻求突破广东省科技成果转化难点、堵点的路径。会议主要听取广东省科技厅、广东省教育厅、广东省国资委、深圳市、东莞市关于促进广东省科技成果转移转化方面的情况汇报。会议强调，全省政产学研各主体要深刻认识科技成果转移转化在创新驱动发展战略中的重要作用，增强推动工作的责任感、紧迫感，通过深圳市先行先试、全省协同的模式，在国资管理、评价制度、资本支持等方面精准凝练问题，施行若干务实有效的措施，切实促进广东省科技成果转移转化。

3. 发挥深圳市先行先试优势，推动科技成果转移转化市场化闯出新路

在深圳市召开构建更加完善的技术要素市场化配置体制机制座谈会，加速技术要素市场化迈出改革创新步伐。2021 年 5 月，广东省政府领导在深圳市召开构建更加完善的技术要素市场化配置体制机制座谈会，来自广东省科技厅、深圳市人大常委会教科文卫工委、深圳市科技创新委员会、深圳市财政局、深圳清华大学研究院、中国科学院深圳先进技术研究院、深圳大学等的有关同志对健全职务科技成果产权制度等问题开展座谈。座谈会听取了深圳市赋予科研人员职务科技成果所有权或长期使用权改革情况和意见，完善了

广东省关于构建更加完善的要素市场化配置体制机制中有关技术要素的措施，对科技成果转移转化机制改革提出以下意见：一是要健全职务科技成果产权制度激励机制；二是在赋权改革中要在尊重科研人员意愿的基础上细化"先转化后奖励"和"先赋权后转化"等赋权管理分类；三是要建立职务科技成果转化尽职免责清单机制，制定相关负面清单，完善纪检监察、审计、财政等部门监督检查机制；四是要加强对粤港澳国家技术创新中心的定向支持；五是要探索进一步加大科技成果转化有关国有资产授权力度，建立相应容错纠错机制，实行审慎包容监管；六是要完善聚焦"四个面向"的科技成果评价机制，坚持质量、绩效、贡献为核心的评价导向，健全科技成果分类评价体系；七是要重视技术交易场所、平台载体的建设，完善技术要素的股权机制。

4. 组织召开地市专题科技成果转化体制机制改革座谈会，因地施策厚植科技成果转移转化土壤

2021 年 6 月，广东省政府领导在松山湖管委会召集东莞市有关部门和企事业单位召开科技成果转化体制机制改革座谈会。参会高校院所、企业代表对各自推进科技成果转化的做法和经验进行了分享，并提出存在的问题和相关建议。东莞市纪律检查委员会、东莞市审计局、东莞市检察院和东莞市人民法院表示，高校院所在科技成果转化过程中可以适用纪律检查的容错机制，总体上要以保护科研人员为原则，以帮助企业营造良好营商环境为前提，加大知识产权保护力度，推动高校院所积极开展科技成果转化工作。广东省政府领导表示，推动科技成果转化体制机制改革是一项重要且迫切的工作，要加快重构科技成果转化体制机制，省市联动设立科技成果转化体制机制改革工作专班，以小岗村式的改革精神，以国家技术创新中心为载体，设计清晰实在的科技成果转化制度，分步实施，充分调动科研人员推进科技成果转化的积极性，切实推动科技成果走出实验室，在市场上落地转化。

2.2　掌舵定向，描绘科技成果转移转化"施工图"

科技成果转移转化作为系统性重大工程，贯穿于科技创新大局的各个链条环节，要建立牵一发而动全身的整体思维，串珠成链，构建科技成果转化工作格局。广东省政府充分发挥"指挥部"的核心大脑作用，系统谋划布局全省科技成果转化工作，牵头出台系列政策，为各地市开展具体工作提供方向指引。

广东省政府牵头、职能部门配合出台系列重大政策，为科技成果转化工作定舵把向

2019 年 1 月，广东省政府以一号文形式印发实施《关于进一步促进科技创新的若干政策措施》（"科创 12 条"），基于区域创新、创新主体、创新要素、创新环境 4 个维度，从推进创新人才高地建设、加大企业创新普惠性支持、打通科技成果转化"最后一公里"等 12 个方面提出了许多创新性、突破性的政策措施，有助于优化完善科技成果转化环境。打通科技成果转化"最后一公里"方面的政策措施如下。一是构建国家重大科技项目接续支持机制，吸引一批国家项目在粤开展延展性研究和产业化应用，促使更多已结题、未转化的国家项目落地。二是高校独资设立的资产管理公司改革，高校资产管理公司可将高校委托或划拨的科技成果自主作价投资，对科技人员实施股权激励，所持企业国有股份收益分配及退出由高校自主审批，收益可部分留归公司使用。三是高校资产管理公司开展科技成果作价投资，经履行勤勉尽责义务仍发生投资亏损的，由高校及其主管部门审核后，不纳入国有资产对外投资保值增值考核范围，免责办理亏损资产核销手续。四是高校、科研机构开展技术开发、技术咨询、技术服务等活动取得的净收入视同科技成果转化收入，可留归自主使用。

2011 年，广东省制定了全国第一部规范自主创新促进活动的地方性法规《广东省自主创新促进条例》；2019 年 9 月，《广东省自主创新促进条例》进行修订并通过广东省人民代表大会常务委员会审议，在助推粤港澳大湾区和深圳先行示范区建设、加强基础研究和关键核心技术攻关、完善科技成果转化激励机制、规范科研人才评价标准、简化科研项目管理等方面，齐发力助推科技成果转化环境打造。

一是明确推进"双区"建设，有利于科技成果转化工作发挥先行先试优势和加强粤港澳三地融通。落实《粤港澳大湾区发展规划纲要》和《中共中央 国务院关于支持深圳建设中国特色社会主义先行示范区的意见》等国务院文件精神，首次以立法制度的形式明确面向港澳建立广东省级财政科研资金跨境使用机制，要求完善粤港澳大湾区知识产权跨境保护、信息共享和有效流通等合作发展机制，规定了粤港澳大湾区创新型人才公共服务衔接、联合引进和培养人才等。

二是提升科技成果能力和水平，从源头供给助力科技成果转化工作迈上新台阶。针对基础研究短板突出、企业对基础研究重视不够、重大原创性成果缺乏、关键核心技术受制于人的局面还没有得到根本性改变的状况，从完善投入体系、加强关键核心技术攻关、布

局建设广东省实验室和重大科技基础设施等方面进行系统规定，规定广东省人民政府设立广东省基础与应用基础研究基金，资助基础研究和科学前沿探索，促进原始创新能力和关键核心技术供给能力提升；组织实施广东省重点领域研发计划，强化企业对关键核心技术攻关的主体作用；注重引导各方力量对自主创新活动的参与，明确支持地级以上市人民政府、企业和广东省基础与应用基础研究基金联合设立有关基金。

2021 年，广东省委、省政府印发《关于构建更加完善的要素市场化配置体制机制的若干措施》，明确试点开展职务科技成果产权制度改革、完善科技创新资源配置方式、培育发展技术转移机构和技术经理人、促进技术要素与资本要素融合发展等举措。这一系列促进科技成果转化的相关法规政策措施，促进科技成果转化的制度环境不断优化完善。

国家层面及广东省促进科技成果转化的相关政策法规如表 2-1 所示。

表 2-1　国家层面及广东省促进科技成果转化的相关政策法规

政 策 文 件	重 要 意 义
《中华人民共和国促进科技成果转化法》	由全国人民代表大会常务委员会于 1996 年 5 月 15 日发布，自 1996 年 10 月 1 日起施行；2015 年 8 月 29 日修订；为促进科技成果转化为现实生产力、规范科技成果转化活动、加速科学技术进步、推动经济建设和社会发展而制定
《国务院关于印发实施〈中华人民共和国促进科技成果转化法〉若干规定的通知》（国发〔2016〕16 号）	2016 年出台，促进研究开发机构、高等院校技术转移；激励科技人员创新创业；营造科技成果转移转化良好环境
《国务院办公厅关于印发促进科技成果转移转化行动方案的通知》（国办发〔2016〕28 号）	2016 年出台，加强科技与经济紧密结合的关键环节，推进结构性改革尤其是供给侧结构性改革，支撑经济转型升级和产业结构调整，促进"大众创业、万众创新"，打造经济发展新引擎
《广东省促进科技成果转化条例》	2016 年 12 月 1 日广东省第十二届人民代表大会常务委员会第二十九次会议通过；根据 2019 年 11 月 29 日广东省第十三届人民代表大会常务委员会第十五次会议《关于修改〈广东省水利工程管理条例〉等十六项地方性法规的决定》修正；从立法层面解决阻碍广东省科技成果转化的体制机制痼疾，是广东省实施创新驱动发展及推动"政策洼地"向"环境高地"转变的重要举措
《广东省人民政府办公厅关于印发〈广东省经营性领域技术入股改革实施方案〉的通知》（粤府办〔2015〕46 号）	2015 年出台，明确提出一系列破解科技成果转化难的创新政策，如对科研负责人、骨干技术人员等重要贡献人员和团队的奖励不低于科技成果收益的 50%，且奖励后留归单位的部分处置收入不上缴国库，可用于奖励从事基础研究的科研人员等，破除制约科技成果转化的制度性障碍，打通科技成果转化"最后一公里"
《广东省人民政府办公厅关于进一步促进科技成果转移转化的实施意见》（粤府办〔2016〕118 号）	2016 年出台，实现了职务科技成果自主处置权、技术入股等成果转化政策实质性突破
《广东省人民政府关于加快科技创新的若干政策意见》（粤府〔2015〕1 号）	2015 年出台，从企业研发准备金、创新券补助、科技企业孵化器建设用地和财政补助，以及科技成果转化收益机制和人才保障等方面，提出了多个在国内首次探索实施的重大创新政策

2.3 权属改革，松开科技成果转移转化"紧箍咒"

长久以来，作为职务成果的科技成果属于国有资产，让科研人员与成果"一刀两断"，制约了成果转化的积极性。推行科技成果权属改革，树立"科技成果只有转化才能真正实现创新价值、不转化是最大损失"的理念，使科研人员以主角身份参与科技成果后续的科研和转化过程，有利于破除制约科技成果转化的障碍和藩篱，使科研人员能够以"共同所有权人"的平等身份与单位沟通协作，为利益分配奠定了基础。2020 年，科技部等 9 部门联合出台《赋予科研人员职务科技成果所有权或长期使用权试点实施方案》，广东省继续深化推进科技成果权属改革，取得系列显著进展。

1. 广东省人民政府印发《关于进一步促进科技创新的若干政策措施》，试点开展科技成果权属改革

高校、科研机构以市场委托方式取得的横向项目，可约定其成果权属归科技人员所有。对利用财政资金形成的新增职务科技成果，按照有利于提高成果转化效率的原则，高校、科研机构可与科技人员共同申请知识产权，赋予科技人员成果所有权。

2. 开展赋予科研人员职务科技成果所有权或长期使用权改革试点

按照科技部等 9 部门的统一部署，指导暨南大学、广东工业大学和广东省科学院 3 家试点单位完善各自的试点工作方案，建立健全本单位的职务科技成果赋权管理制度、工作流程、决策机制和转化收益分配机制。暨南大学、广东工业大学建立了"1+N"成果转化管理制度体系，即制定出台 1 个成果转化管理办法和多个实施细则等配套文件。在项目赋权具体实施方面，暨南大学制定赋权试点实施方案及管理细则，赋予成果完成人 85%的科技成果所有权或不低于 10 年的长期使用权。广东省科学院制定了职务科技成果赋权适用条件与赋权程序，明确赋权程序、管理架构、权利义务等相关规定，同时着力完善"三体系"（知识创造转移体系、技术育成孵化体系、产业技术服务体系）科技成果转化全流程管理制度，与科技赋权改革实施细则共同支撑成果转化，并建立起动态管理的成果赋权负面清单。

与此同时，试点单位积极探索多种转化模式，针对不同类别的职务科技成果在赋权过

程中存在的问题进行差异化探索，确保职务科技成果顺利转化。广东省科学院完善以重大成果产出为导向的人才评价体系，将专利分级分类与差异化赋权结合，创新设置"直接赋权""过程赋权""提前赋权" 3 种赋权方式，分别对应"有成果、有市场需求""有成果、暂无市场需求""暂无成果、有市场需求" 3 种不同情形，为处于不同研发阶段及转化阶段的职务科技成果分类科学设置赋权方案。暨南大学建立职务科技成果评估体系，对专利进行估值和分级分类，并根据成果的开发价值，探索"两次赋权+分期支付"的转化模式，分次赋予职务科技成果长期使用权和所有权，解决高校成果完成人与受让企业之间风险共担和后续开发等问题。广东工业大学选定 5 个重点学院、5 个重点平台和 20 个重点团队，筛选出 100 项专利开展成果赋权先行试点，按"先赋权后转化"方式先行推进成果赋权，同时打造线上线下集需求揭榜、技术交易、成果推送、产品展示等于一体的开放式的"广东高校科技成果超市"进行成果体系化管理。

3. 深圳市、广州市探索科技成果权属改革

2020 年，深圳市出台《深圳经济特区科技创新条例》，在全国率先以立法形式明确赋予科技人员科技成果所有权或长期所有权，高校、科研机构利用财政资金形成的科技成果转化收入全部留归其本单位，不上缴国库，将原来单一的"先转化后奖励"转变为"先转化后奖励"和"先赋权后转化"并行，充分调动科技人员创新积极性。2021 年，《深圳市关于进一步促进科技成果产业化的若干措施》发布，开展赋予科技人员职务科技成果所有权或长期使用权改革。2021 年，《广州市科技创新条例》提出，利用财政资金形成的职务科技成果依法赋予科技成果完成人或团队所有权、长期使用权。2022 年 4 月，广州市印发了《广州市促进科技成果转化实施办法》，鼓励高校、科研机构、医疗卫生机构等事业单位参考纳入国家赋予科研人员职务科技成果所有权或长期使用权试点单位的经验，选择合适的职务科技成果将所有权或 10 年以上长期使用权赋予成果完成人（团队）。

2.4　收益分配，用好科技成果转化激励"催化剂"

创新改革科技成果转化收益分配，旨在打破"职务成果归国家所有、转化收益是国有资产，不能分配给科研人员"的桎梏，尊重科研人员的创造性智力劳动，释放科技成果的科技和经济价值，扭转唯职称、唯奖励等成果创造导向，强化应用牵引，不仅有利于唤醒沉睡的科技成果，也有利于提升成果创造的质量和水平。因此，广东省采取系统性政策举

措，完善科技成果转化激励政策体系，不断突破创新收益分配机制，建立可复制、可推广的赋权机制和模式，最大限度地调动科技成果转化积极性和创造性，促进科技与经济深度融合，推动经济高质量发展。

1. 为科技成果收益分配激励机制锚定方向

2019 年，广东省对《广东省自主创新促进条例》进行了系统性的重大修订，其中在完善科技成果转化激励机制方面作了新的规定。一是为打破当前职称考核指标体系"重研发、轻转化"的镣铐，根据不同科研活动特点，完善科学技术人才分类评价标准，将自主创新成果转化与产业化情况作为科学技术人员职称评审、岗位聘用等的依据。二是为充分调动广大科技人员科技成果转化的积极性、创造性，完善成果转化激励机制，职务创新成果可以由项目承担单位与科技人员依法约定成果使用、处置、收益分配等事项。广东省人民政府印发的《关于进一步促进科技创新的若干政策措施》支持专业化技术转移服务机构建设，按促成的登记技术合同交易额给予奖补，调动科技成果转化积极性，对加速科技成果转化起到了强有力的推动作用。

2. 推行科技成果的国有资产激励机制改革

2020 年，《广东省财政厅关于进一步加大授权力度促进科技成果转化的通知》发布，进一步明确省级研究开发机构、高校对持有的科技成果，可以自主决定转让、许可或者作价投资，除涉及国家秘密、国家安全及关键核心技术外，无须报主管部门和广东省财政厅审批或者备案。对科技人员实施股权激励，所持企业国有股份收益分配及退出由省级研究开发机构、高校自主审批。

3. 完善高校成果转化激励机制

2020 年，广东省教育厅修订了高等教育有关考核指标体系，将科研成果转化、产学研合作等作为二级指标进行考核。同时，将高校向企业转移技术成果数及服务收入纳入地市创新驱动发展的考核监测指标。联合省直部门深入落实《关于广东省深化高等教育领域简政放权放管结合优化服务改革的实施意见》，引导高校把专利创造和科技成果推广应用、产业化等指标作为科研人员职称评定、职务晋升、岗位聘任及年度考核评价的重要依据，对在成果转化中作出重要贡献的人员予以优先考虑。

4. 广州市、深圳市率先探索科技成果转化收益激励新路

2021 年,《广州市科技创新条例》完善成果转化激励机制,规定科技成果转化所获得的收入全部留归单位,成果完成人在科技成果转化中的收益分配比例不低于 70%。2022 年,《广州市促进科技成果转化实施办法》聚焦科技成果转化的体制机制改革创新,如推动高校等事业单位建立健全科技成果收益分配激励制度,科技成果转化净收入的 70%以上,或者科技成果形成的股份、出资比例 70%以上可以奖励给科技成果完成人(团队)。在畅通转化机制方面,高校、科研机构、医疗卫生机构等事业单位对其持有的科技成果享有自主处置权、收益分配权,可以自主决定成果的转让、许可或者作价投资等,主管部门和财政部门不再审批或者备案(特殊类型技术除外,如涉密技术等)。在健全激励机制方面,国有企业对完成、转化职务科技成果作出重要贡献的人员给予奖励和报酬,计入当年本单位工资总额,但不受当年本单位工资总额限制,不纳入本单位工资总额基数。2021 年,《深圳经济特区科技创新条例》出台,侧重以赋权促激励,规定赋予科技成果完成人(团队)科技成果所有权的,单位与科技成果完成人(团队)可以约定共同共有或者按份共有。约定按份共有的,持有的份额不低于 70%,赋予科技成果长期使用权的,许可使用期限不少于 10 年。对于同一职务科技成果,科技人员获得所有权或长期使用权的,单位可以不再给予成果转化收益及相关奖励。

2.5　省市联动,出台科技成果转化政策"组合拳"

在广东省人民政府和职能部门发布的政策文件指导下,珠三角地区各地市结合自身特点,陆续出台和完善促进成果转化的相关政策措施,激发各类科技成果转移转化主体活力,形成省市政策"组合拳",上下协同推动科技成果转化政策落实落细和落地出成效。

2021 年,作为广州市科技创新工作的"基本法""保障法"和"促进法",《广州市科技创新条例》正式实施。围绕"科学发现、技术发明、产业发展、人才支撑、生态优化"科技创新全链条,着力打通"科学技术化、技术产品化、产品产业化、产业资本化"路径,形成了"成果转化"章节,对科技成果转化中的难点、关键点提出具体规定。一是促进科技成果和知识产权交易市场发展,扶持技术经纪行业发展。二是明确成果完成人及其所在单位的责任和义务。《广州市科技成果产业化引导基金管理办法》《中国创新创业成果交易会成果转化基地管理办法(修订稿)》出台,全方位促进科技成果转化。继 2015 年广

州市出台《广州市人民政府办公厅关于印发〈广州市促进科技成果转化实施办法〉的通知》，2022 年出台《广州市科学技术局关于印发〈广州市促进科技成果转化实施办法〉的通知》，涉及 5 大方面 29 条内容，提出支持工作成效明显的单位建设科技成果转化试点，广州市财政将给予每家不超过 200 万元的支持；在完善服务体系方面，加快科技成果转化服务机构建设，支持科技服务示范机构、国家技术转移示范机构、科技成果转化基地建设；在人才管理方面，科研人员可以通过离岗创业、在岗创业、兼职等方式，从事科技成果转化活动；在营造创新生态环境方面，对落户广州市的国家级、省级制造业创新中心给予最高不超过 1 亿元的支持等。

2020 年，《深圳建设中国特色社会主义先行示范区综合改革试点实施方案（2020—2025 年）》中的综合改革试点首批 40 项授权事项清单，明确要求深圳市在科技创新体制、知识产权和科技成果市场化等方面进行改革和创新。《深圳经济特区科技创新条例》作为全国首部覆盖科技创新全生态链的地方性法规，以立法的形式确立构建以"基础研究+技术攻关+成果产业化+科技金融+人才支撑"为重点的全过程创新生态链；率先在全国以立法形式固定财政对基础研究的投入（投入比例不低于财政科技专项资金的 30%）；"同股不同权"直接打破《中华人民共和国公司法》中规定的"同股同权"制度，从而避免大部分科创企业多次股权融资后导致的创始人股权稀释从而潜在失去公司实控权的风险。2021 年 1 月出台的《深圳市关于进一步促进科技成果产业化的若干措施》，通过整合现有零散的科技成果转化支持政策，在提出的一揽子 38 条创新举措中新增 26 条，构建"4 大工程、15 项计划"，促进成果产业化的全方位、全过程、全领域完备体系。以"科学（S）—技术（T）—工程（E）"双向循环共生为主要思路，坚持问题导向、需求导向、目标导向，从源头、过程、服务、体制 4 个方面发力，建立从"0"到"1"（基础研究）、从"1"到"2.5"（技术攻关）、从"2.5"到"6"（技术熟化）、从"6"到"9"（产业发展），再从"9"到"10"（跟踪反馈）的创新生态新闭环，从科技创新逻辑起点到产业发展，再到产业进步、产业反馈新需求的完整创新模式，构建多主体共同参与、协同推进的成果产业化创新体系，加速推动科技成果转化为现实生产力。

2019 年，佛山市出台《佛山市科学技术局关于促进科技成果转移转化实施细则》，单个省级和国家科学技术奖获奖项目最高资助 1000 万元，引导佛山市科创主体注重科技成果转化高质量发展。

2018 年，东莞市出台《东莞市科技成果双转化行动计划（2018—2020 年）》，积极搭建以需方市场为主导的成果转化平台，通过线上与线下相结合、国际与国内相融合等方式实现科技成果供需双方的双转化。2021 年，东莞松山湖集中发布《东莞松山湖促进源头创新实施办法》《东莞松山湖促进科技成果转移转化实施办法》等 7 份科技政策，加速构建覆盖全链条、全要素的科技计划体系。在发挥大科学装置集聚独特优势上，每年安排500 万元设立开放课题；支持企业开展基础与应用基础研究上，每年评选择优给予最高200 万元的资助；发表国际高水平源头创新成果的科研人员，也将获得最高奖励 10 万元，多管齐下促进东莞松山湖涌现更多更大的源头创新成果。

2021 年，惠州市出台《惠州市科学技术局关于鼓励科技成果转移转化的暂行办法》，支持社会机构打造区域特色突出、运营成效显著的技术市场交易平台，培育"市场为导向、资本化运作"的科创成果应用生态。

2019 年，中山市出台多项政策，形成政策工具握指成拳的合力。例如，中山市出台《关于促进科技创新推动高质量发展若干政策措施》，对已结题、未转化的国家、省重大科技专项在中山市开展科技成果转化的，最高给予 1000 万元的资助，发挥规模 20 亿元的中山创新创业投资引导基金作用，打造重点领域核心攻关技术成果集聚转化高地；中山市出台《中山市深化职称制度改革实施方案》，突出创新能力导向，取得重大基础研究和前沿技术突破的专业技术人才，可直接申报评审高级职称，突出成果运用考核，将技术交易额、技术作价入股、科技成果转化收益、专利授权使用纳入评价内容；《中山市科学技术局关于促进技术交易和科技服务业发展专项资金使用办法》制定并实施，支持引进科技服务机构建设，每个项目每年补助不超过 300 万元，注重科技服务业向专业化、网络化、规模化发展，打造"产学研合作+服务机构支撑"的成果转化模式，推动科技成果顺利落地。

2020 年，珠海市出台"双一号文"——《珠海市人民政府关于进一步促进科技创新的意见》《珠海市进一步促进科技创新的若干政策》，推出"硬核式"资金支持，给予新引进市级创新创业团队最高 1 亿元资助，设立基金规模 5 亿元的科技创业天使风险投资基金解决融资难问题。2021 年，珠海市修订出台《珠海经济特区科技创新促进条例》，设立"成果转化"专章，从职务科技成果权属分配、成果转化自主权及奖励、技术转移机构等方面通过特区立法的形式促进成果转化。

2019 年，江门市出台《江门市关于进一步促进科技创新推动高质量发展的工作措施》（又称江门"科创十条"），深化科技领域"放管服"改革，加快创新要素流动，加大成果转化"松绑"力度，做到应放尽放，对省市参与建设的事业单位性质新型研发机构，授予其自主审批下属创投公司最高 3000 万元的投资决策权。

2019 年，肇庆市印发实施《肇庆市关于进一步促进科技成果转移转化的实施意见》《肇庆市人民政府关于印发贯彻落实省政府进一步促进科技创新若干政策措施的实施意见的通知》，打破最实际、最受关切、与科研人员联系最紧密的成果转化桎梏，将直接费用调剂权全部下放至项目承担单位，横向项目结余经费可全部奖励项目组成员，保障成果运用的灵活性，激发成果转化的积极性。

2.6 单列管理，树好职务成果试点改革"风向标"

为贯彻落实《国家发展改革委 科技部关于深入推进全面创新改革工作的通知》要求，广东省科技厅积极组织广东省科学院、暨南大学、广东工业大学、深圳大学、南方科技大学、中国农业科学院（深圳）农业基因组研究所 6 家试点单位开始实施高校和科研院所职务科技成果单列管理试点工作。广东省科技厅作为该项改革的组织实施单位，采取了如下举措。

一是确立了职务科技成果赋权和单列管理一体化改革的工作思路，在具体改革任务实施过程中充分把握两项改革的关键点并发挥其叠加效应，聚焦解决科研人员"不愿转"和"不敢转"的难点、堵点问题。

二是通过建立工作群、召开广州市试点单位座谈会等方式搭建有效的沟通机制，深入了解试点单位的工作部署及存在问题。

三是于 2021 年 12 月向试点单位发出《关于加快推进高校和科研院所职务科技成果单列管理试点工作的通知》，督促试点单位加快工作进度，建立职务科技成果单列管理清单，确保试点任务高质保量完成。其中，6 家试点单位的改革工作全面推进。

1. 建立成果单列管理制度

暨南大学制定了《暨南大学职务科技成果单列管理试点工作方案》，明确改革具体任务安排和时间节点。广东省科学院起草了《广东省科学院职务科技成果单列管理暂行办法》，研究台账管理、成果处置、收益分配、尽职免责等重点任务，加强与职务科技成果赋权改革衔接。南方科技大学职务科技成果实施单列管理已实现由学校一级职能部门技术转移中心全生命周期、全流程管理，无须与学校国有资产管理部门联合处理，减少审批流程及行政手续，提高成果转化事项处理效率；同时，技术转移中心建设知识产权全流程线上台账系统，及时动态掌握职务科技成果情况。深圳大学起草了《深圳大学职务科技成果单列管理试点实施操作方案（送审稿）》，明确了学校各相关部门在职务科技成果单列管理和监督中的任务分工，规范、简化科技成果转化流程。

2. 积极完善改革工作组织架构

暨南大学成立了暨南大学职务科技成果单列管理试点工作小组，由主管科研的副校长担任组长，牵头研究制定切实可行的职务科技成果专项监管机制，避免出现重大违法违纪违规风险及资产损失风险。广东工业大学成立了广东工业大学科技成果转化领导工作小组，领导小组组长为校长，副组长为分管科技成果转化的副校长，成员为相关部门（产业技术研究与开发院、人事处、科学研究管理部、国有资产管理办公室、资产经营有限公司、财务处）正处级干部，领导小组下设成果赋权工作小组、成果转化工作小组、对外合作工作小组、保密与风险管控工作小组及成果转化办公室，其中，成果转化办公室设在产业技术研究与开发院。深圳大学成立了以校领导为组长的深圳大学职务科技成果单列管理试点工作小组。

3. 健全科技成果转化风险防控机制

暨南大学将科技成果单列试点改革任务工作纳入暨南大学知识产权管理与科技成果转化咨询委员会职能，制定详细的议事规范，明确委员会为学校科技成果转化政策制定和相关重大事项决策提供建议和咨询意见，对相关风险进行把控。南方科技大学引入专业第三方产学研专项法律顾问，对科技成果的管理、转化、保护等全流程提供法律咨询服务，避免造成重大违法违纪违规风险及资产损失风险。

4. 探索职务科技成果单列管理模式

南方科技大学已探索建立以技术转移中心为主导管理的职务科技成果新型国有资产管理机制，不再将职务科技成果纳入传统国有资产管理范围，并已建立真实有效、有迹可循、有证可查的职务科技成果全流程管理的信息化系统，以技术手段支撑职务科技成果管理制度和监管机制的建立健全。此经验模式在实操层面具有很好的借鉴意义。

5. 赋权与单列管理改革共同激发试点单位的成果转化活力

2021—2022 年，6 家试点单位完成 891 项成果的转移转化，转化合同金额 83557.38 万元；

其中，成果赋权 261 项，赋权成果完成转化 234 项，协议金额 25536.7 万元。

专栏：南方科技大学职务科技成果单列管理改革

南方科技大学已探索建立以技术转移中心为主导管理的职务科技成果新型国有资产管理机制，不再将职务科技成果纳入传统国有资产管理范围，并已建立真实有效、有迹可循、有证可查的职务科技成果全流程管理的信息化系统。该信息化系统从多层次、多阶段对职务科技成果进行管理。一是通过记录对外合作协议，从源头厘清知识产权归属约定。二是探索专利申请前评估，对专利质量、代理所质量进行动态分析评估。三是通过知识产权全流程管理，打通代理机构，及时确认知识产权的法律状态。四是通过成果转化子系统，明确登记知识产权赋权、转让许可状态，记录费用收取约定，做到随时可查。该信息化系统从技术方面支撑南方科技大学职务科技成果管理制度和监管机制的建立健全。此经验模式在实操层面具有很好的借鉴意义。

第 3 章　成果转化源头供给

党的十八大以来，创新作为引领发展的第一动力，见证了我国科技事业取得历史性成就、发生历史性变革。重大创新成果竞相涌现，一些前沿领域开始进入并跑、领跑阶段，科技实力正在从量的积累迈向质的飞跃，从点的突破迈向系统能力提升。广东省拥有数量众多的科技工作者、规模庞大的研发投入，针对不同层次、水平、领域的科技工作者，搭建其施展才华的舞台，不断改善科技创新生态、激发创新创造活力。部署落地"**从无到 0**"科学问题和规律的自由探索发现、"**从 0 到 1**"前沿原始创新的基础研究突破、"**从1 到 100**"战略性新兴领域的应用研究提升，离不开顶尖科学家引领、广大科技工作者支撑，如何集聚广大科技人才力量，将其拧成一股绳，汇聚成科技创新强省建设的磅礴力量，是建设珠三角示范区的重要命题。《中国区域创新能力评价报告 2021》显示，广东省区域创新能力继续保持全国领先，这也是广东省自 2017 年起连续第 5 年排名首位。

3.1　自由探索，坚毅勇闯科学重大发现"无人区"

不同于一般科技创新，变革性、颠覆性技术创新聚焦原创，突破边界，具有特殊性和难预见性，是需要突破现有科技体制约束的长期性系统工程。颠覆性技术对产业格局的冲击力更强、破坏性更大，有可能在短时间内彻底改变行业格局，抢占国际核心技术竞争力的制高点。广东省一直以来充分发挥高校、科研院所主力军和企业生力军作用，瞄准国际科学前沿和战略必争领域，对接国家基础研究重大布局，注重科学现象、重大规律的发现和探索，涌现出一批引领性、原创性的重大科学技术成果。

1. 2018—2020 年度"中国科学十大进展"中牵头参与 6 项

2021 年 2 月 27 日，科技部高技术研究发展中心（基础研究管理中心）发布"2020 年度中国科学十大进展"。由南方科技大学理学院院长杨学明院士团队牵头的"**实验观测到化学反应中的量子干涉现象**"入选（见图 3-1），该研究观测到了化学反应的量子性，有利于进一步揭示化学反应的本质。由钟南山院士团队参与的**"我国科学家积极应对新冠疫情取得突出进展"**（见图 3-2）入选，该研究成果为我国新冠疫情攻关提供了有力的科研支撑。

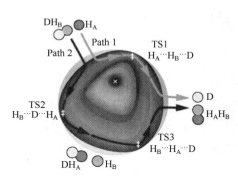

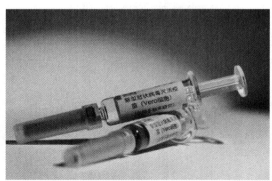

图 3-1 实验观测到化学反应中的量子干涉现象 （2020 年度）

图 3-2 我国科学家积极应对新冠疫情取得突出进展 （2020 年度）

南方科技大学张立源团队的**"首次观测到三维量子霍尔效应"**（见图 3-3）入选"2019 年度中国科学十大进展"。该研究指出该量子化现象可能由磁场下相互作用产生的电荷密度波诱导，补全了量子霍尔效应家族的一个重要拼图，提供了一个进一步探索三维电子体系中奇异量子相及其相变的很有前景的平台。松山湖材料实验室主任汪卫华院士团队全职博士后李明星、双聘研究员柳延辉的研究成果**"基于材料基因工程研制出高温块体金属玻璃"**（见图 3-4）入选"2019 年度中国科学十大进展"。该研究克服难以形成大尺寸材料、进行零部件加工等问题，开发了具有高效性、无损性、易推广等特点的高通量实验方法，颠覆了金属玻璃领域 60 年来"炒菜式"的材料研发模式，证实了材料基因工程在新材料研发中的有效性和高效率，为解决金属玻璃新材料高效探索的难题开辟了新的途径，也为新型高温、高性能合金材料的设计提供了新的思路。南方科技大学量子科学与工程研究院范靖云研究员参与的**"实现对引力诱导量子退相干模型的卫星检验"**（见图 3-5）入选"2019 年度中国科学十大进展"。量子力学和广义相对论是现代物理学的两大支柱，融合模型众多，但都普遍缺乏实验检验，该研究是国际上首次利用量子卫星在地球引力场中对尝试融合量子力学与广义相对论的理论进行实验检验，将极大地推动相关物理学基础理论和实验研究。

中国科学院广州地球化学研究所朱照宇牵头的**"将人类生活在黄土高原的历史推前至距今 212 万年"**（见图 3-6）的研究成果入选"2018 年度中国科学十大进展"。该研究使上陈遗址成为非洲以外最古老的古人类遗迹地点之一，并将促使科学家重新审视早期人类起源、迁徙、扩散和路径等重大问题。另外，世界罕见的含有 20 多层旧石器文化层的连续黄土—古土壤剖面的发现为中国黄土研究拓展了一个新研究方向。

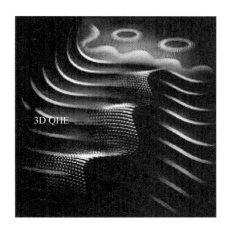

图 3-3　首次观测到三维量子霍尔效应
（2019 年度）

图 3-4　基于材料基因工程研制出高温块体
金属玻璃（2019 年度）

图 3-5　实现对引力诱导量子退相干模型的
卫星检验（2019 年度）

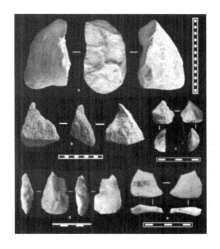

图 3-6　将人类生活在黄土高原的历史推前至
距今 212 万年（2018 年度）

2. 2018—2021 年度 5 项研究成果入选教育部科技委评选的"中国高等学校十大科技进展"

广州医科大学钟南山院士团队成果**"新型冠状病毒感染的防控、临床诊治及机制研究"**入选"2021 年度中国高等学校十大科技进展"。该成果系统阐明新型冠状病毒的传播特点及进化变异规律，最早提出新型冠状病毒能够"人传人"的观点及"封城""群防群治"等防控理念，创建了世界领先的新型冠状病毒临床治疗体系，从样本采集、诊断到隔离防控，打造全链条新型冠状病毒防控技术和产品，为全球筛查新型冠状病毒感染、阻断病毒传播和降低交叉感染率提供坚实手段。

来自中山大学的两项成果"**关键量子信息器件——'三高'量子纠缠光源研究**""**鼻咽癌'吉西他滨+顺铂'新方案前沿技术研究**"入选"2019 年度中国高等学校十大科技进展"。国际上，量子纠缠光子源的研究停滞于"高纠缠保真度和高不可区分性"的"二高"水平，"三高"量子纠缠光子源一直是量子信息科学领域未能解决的一个重大挑战，中山大学的研究成果提出一种能克服光子侧向和背向泄漏，并能极大提高光子前向出射的新型高效微纳"射灯"量子光源结构（见图 3-7），研究团队掌握 160nm 厚的量子点薄膜转移技术、精度小于 10nm 的量子点光学精确定位技术、环形槽宽度制备精度小于 5nm 的微纳制备技术三大核心微纳制备技术，在国际上率先实现了"三高"量子纠缠光子对源，是可扩展、可集成量子光子学和信息处理的一个重要里程碑。中国是鼻咽癌的高发区，中山大学肿瘤防治中心马骏教授（见图 3-8）开展的"吉西他滨+顺铂"新方案前沿技术研究，建立了鼻咽癌高效、低毒的用药新体系，形成了国际领先的前沿技术新标准，马骏教授受邀为《柳叶刀》杂志撰写了其创刊以来首次由中国学者完成的疾病综述，标志着中国的鼻咽癌研究水平已达到世界领先水平。

图 3-7 新型高效微纳"射灯"量子光源结构　　图 3-8 马骏教授带领临床医生对试验患者进行查房

中国科学院院士、中山大学校长罗俊团队的"**万有引力常数 G 的精确测量**"，以及中山大学孙逸仙纪念医院乳腺外科教授、主任医师宋尔卫团队的"**靶向肿瘤微环境的抗肿瘤治疗新策略**"入选"2018 年度中国高等学校十大科技进展"。"万有引力常数 G 的精确测量"项目研究给出了国际上最高精度的万有引力常数 G，相对不确定度优于 12ppm，实现了对国际顶尖水平的赶超，对于计量学和检测万有引力定律及一系列相关的空间引力探索都具有重大意义，为精密重力测量国家重大科技基础设施以及空间引力波探测——"天琴计划"的顺利实施奠定了良好基础。中国科学院院士宋尔卫团队在肿瘤微环境中发现了一群具有促肿瘤生成和诱导肿瘤化疗耐受作用的癌相关成纤维细胞（CAF），并找到其独特的细胞表面标记分子。"靶向肿瘤微环境的抗肿瘤治疗新策略"项目通过靶向干预这些表面标记分子，可抑制肿瘤生成，增强化疗敏感性，研究成果揭示了肿瘤微环境的新治疗靶点，为靶向肿瘤微环境诊治开拓了新思路，产生了重要的国际影响。

3. 广东省 2018—2021 年度科学技术奖累计评选 715 项（人），涌现出大量引领性成果和领军人才

2018 年，广东省人民政府发文实施科技奖励制度改革，明确重组科技奖励体系、实行提名制、实施定标定额的评审制度等改革举措，在自然科学奖、技术发明奖、科技进步奖的基础上，增加了突出贡献奖、科技合作奖，这些奖项均为人物类奖项，鼓励基础研究和原始创新，进一步优化奖励结构，逐步提高自然科学奖、技术发明奖的授奖数量比例。2022 年，广东省人民政府官网公布修订后的《广东省科学技术奖励办法》，广东省科学技术奖的类别增至 7 类，新设青年科技创新奖、科技成果推广奖，旨在奖励工作在科研一线、作出重要贡献的青年科技工作者，加快推动科技成果转化应用。

2019 年，广东省科技创新大会上颁发了 2018 年度广东省科学技术奖，包括突出贡献奖 2 人、自然科学奖 22 项、技术发明奖 14 项、科技进步奖 133 项、科技合作奖 5 人，合计 176 项（人），获奖项目成果转化应用后新增销售额累计达 1682 亿元，新增利润累计达 293 亿元，充分展现了科技创新引领产业高质量发展。在所有奖项中，由企业牵头或参与的项目占 67.6%，显示出企业创新主体地位更加稳健。青年科学家获奖群体也引人注目。45 岁以下的第一完成人在获奖总人数中占 34.8%，他们正成长为广东省科技创新的中坚力量。2018 年度广东省科学技术奖首次设立了科技合作奖，推动科技合作开放发展，乌克兰的郭瑞·弗拉基米尔、英国的马丁·门席斯、荷兰的周国富、英国的诸自强、中国香港的黄国全被授予此奖。其中，门席斯与中国科学院广州地球化学研究所合作，在国际上率先提出"华北克拉通破坏"学术思想，支撑了同位素地球化学国家重点实验室的成立。

2019 年度广东省科学技术奖，包括突出贡献奖 2 人、自然科学奖 24 项、技术发明奖 14 项、科技进步奖 135 项、科技合作奖 4 人，合计 179 项（人）。其中，45 岁以下的第一完成人有 61 人，企业牵头或参与的项目达 123 项，占获奖项目总数的 68.75%。获奖项目成果转化应用后在完成单位新增销售额累计 893.3 亿元，新增利润累计 136.7 亿元；在应

用单位新增销售额累计 1054.1 亿元，新增利润累计 122.3 亿元，产生了显著的社会效益和经济效益。2019 年度广东省科学技术奖吸引北京市、上海市、江苏省、湖南省等 18 个外省市参与的项目达到 68 项，较 2018 年度增长 70%，占获奖项目总数的 38%。2019 年度评选出的 4 名科技合作奖获奖人，来自法国、德国、印度、斯里兰卡 4 个国家，2019 年开放外籍科研人员提名，中国科学院广州生物医药与健康研究院西班牙籍研究员米格尔·埃斯特班牵头完成的"尿液诱导多能干细胞技术及体细胞重编程机制"获自然科学奖一等奖，彰显了广东省对外开放合作共赢新格局[①]。

2020 年度广东省科学技术奖评选出突出贡献奖 1 人、自然科学奖 23 项、技术发明奖 11 项、科技进步奖 142 项、科技合作奖 3 人，合计 180 项（人）。企业牵头或参与的达 126 项，占获奖项目总数的 70%，可见企业创新主体地位更加稳健。被授予 2020 年度广东省科技合作奖的 3 位外籍科学家分别是兰卡斯特大学的凯文·琼斯、国际水稻研究所的罗兰·约瑟夫·伯雷西和法国国家科学研究中心 ICB-LERMPS 实验室的廖汉林。2020 年度，广东省更多科技成果实现"从 0 到 1"的突破，如线粒体信号调控细胞命运研究等。从获奖项目来看，有一批面向产业发展重大需求的关键核心技术取得了突破，使广东省自主创新能力进一步增强。在新冠疫情背景下，在此次获奖项目中，有 4 项与疫情防控紧密相关，涉及科学防控策略、临床诊治方法、防护用品生产、检测采样技术等多个领域。尤其是由广东工业大学王成勇教授等完成的"高质高效医疗防护制品制造装备关键技术及产业化应用"项目，突破了医疗防护制品制造装备核心技术瓶颈，助力广东省生产全国 80% 的口罩机，在全球 50 个国家和地区应用，推动了医疗防护制品装备行业进步，获得科技进步奖一等奖，该项目没有代表性论文专著，这也体现了广东省科学技术奖评审克服唯论文、唯职称、唯学历、唯奖项倾向，坚持"唯学术、唯贡献"的评价标准[②]。

2021 年度广东省科学技术奖（见图 3-9）评选出自然科学奖 22 项、技术发明奖 12 项、科技进步奖 142 项和科技合作奖 4 人。在 142 项科技进步奖中，特等奖 3 项，一等奖 35 项，二等奖 104 项。这批项目成果产业化应用后，在完成单位新增销售额累计 3757.34 亿元，新增利润累计 644.03 亿元，产生了显著的社会效益和经济效益。在 2021 年度广东省科学技术奖获奖项目中，企业牵头或参与的项目占比维持在 70%，其中，企业牵头项目 59 项，同比增加 18%[③]。

---

① 广东科技发布。
② 2020 年度广东省科学技术奖 180 个项目（个人）获表彰，广东省人民政府。
③ 180 个项目（人）获得 2021 年度广东省科学技术奖 从"一升一降"看广东省科技新走势，广东省人民政府。

图 3-9　广东省科技创新大会颁发 2021 年度广东省科学技术奖

3.2　国之重器，战略谋划布局原始创新"先手棋"

重大科技基础设施（大科学装置）是为探索未知世界、发现自然规律、引领技术变革提供极限研究手段的大型复杂科学技术研究装置或系统，为前沿领域基础研究和应用基础研究提供重要支撑。虽然建设周期长，但大科学装置已成为现代科学技术诸多领域取得突破的必要条件，成为众多高新技术的源泉和高新技术产业的摇篮，须发挥我国社会主义制度能够集中力量办大事的优势，探索新型举国体制"广东路径"，对属于战略性、需要久久为功的技术提前部署"国之重器"大科学装置，整合优化科技资源配置，狠抓创新体系顶层谋划，推动重要领域关键核心技术攻关。

目前，16 个大科学装置列入国家"十四五"相关规划，以中国科学院为主体推进建设的有 8 个，其中 4 个在广东省落地。中国散裂中子源二期工程、先进阿秒光源激光装置落户东莞市，人类细胞谱系、冷泉生态系统研究装置落户广州市。粤港澳大湾区正在形成大科学装置集群，集群将在微小粒子探索、人类细胞谱系研究、经略南海等方面发挥重大作用。根据《广东省国民经济和社会发展第十四个五年规划和 2035 年远景目标纲要》，广东省将布局建设人类细胞谱系等 5 个设施，数量居全国首位，助力粤港澳大湾区打造重大科技基础设施集群。围绕国家战略需求，按照"学科集中、区域聚集"和"谋划一批、建设一批、运行一批"的原则，聚焦信息、生命、材料、海洋、能源等重点学科领域，合理有序布局建设重大科技基础设施集群。完善重大科技基础设施管理运营和开放共享机制，推动各类创新主体依托重大科技基础设施开展技术研发、成果转化及产业化。

目前，大科学装置集中部署在珠三角地区，形成大装置集群发展趋势，为高质量成果创造提供先进科研环境。

东莞市在材料科学领域完成中国散裂中子源（CSNS）验收，实现了广东省在国家重大科技基础设施领域零的突破，鼓舞广东省推动重大科技基础设施实现了"从 0 到 1""从 1 到多"的跨越，这是中国首台、世界第 4 台脉冲型散裂中子源（见图 3-10），是研究中子特性、探测物质微观结构和运动的科研装置；新启动散裂中子源二期建设，未来谱仪数量将在目前基础上扩建到 20 台左右，打靶功率将从 100kW 提升到 500kW，设备实验能力进一步提升[①]。建设中国散裂中子源互补"姐妹花"装置——南方先进光源装置（SAPS），这是一台中能区衍射极限第四代同步辐射光源，2022 年 11 月南方光源研究测试平台交付使用，为未来科学研判和使用奠定了扎实的工程基础。全新启动先进阿秒激光装置建设，将打造国际最先进的、波段和性能及应用终端覆盖最全的综合性超快电子动力学研究设施，建成后将能同时从阿秒时间尺度和纳米空间尺度全面揭示自然界存在的内壳层电子、价电子、自由电子等电子形态运动规律，以及与电子耦合的其他作用机理，实现对超快电子运动的跟踪测量和操控，为包括高温超导、量子计算、癌症治疗等在内的多个重大基础科学问题的突破提供强劲推力。

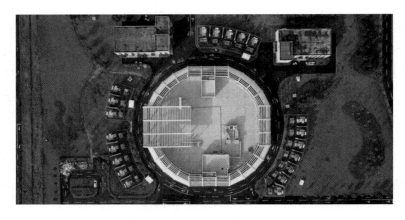

图 3-10　广东省东莞市的中国散裂中子源

惠州市在能源科学领域加快建设国际领先的核物理研究中心，落地建设中国科学院两大科学装置。加速器驱动嬗变研究装置（CiADS），将满足我国长寿命高放核反应堆废料安全、妥善处理处置的研究需求；强流重离子加速器装置（HIAF），将打造成为国际上脉

---

① 松山湖 20 年⑤|将启动建设中子源二期+阿秒激光，人民资讯。

冲束流强度最高的重离子加速器装置，成为国际上第一个加速器驱动次临界系统研究装置，将在元素合成、宇宙起源、物质演化等基础物理研究方面取得重大发现。

江门市在基础物理领域建设江门中微子实验站（见图 3-11），旨在解决基本粒子质量起源、宇宙原初反物质消失和暗物质之谜等重大前沿科学问题，首要目标是确定中微子的质量顺序，以及精确测量中微子的混合参数，研究超新星、地球及太阳中微子，寻找质子衰变、不活跃中微子等。

图 3-11　江门中微子实验站的中心探测器

广州市建设国内首个航空轮胎动力学大科学装置（见图 3-12），于 2021 年 12 月试投产，将填补国内航空轮胎动力学试验平台空白，解决我国航空轮胎制造"卡脖子"问题。广州市还建设了慧眼大设施工程预研项目，打造全球第一个"碳—硅"融合智能终端大科学装置，并已经于 2021 年 9 月投入试运行。

图 3-12　广州市建设航空轮胎动力学大科学装置项目工地图

在海洋科学领域，冷泉生态系统研究装置完成预研前期工作，剑指有序开发可燃冰，实现深海减碳增汇的宏大征程；加快建设新型地球物理综合科学考察船，2020 年 12 月投入使用考察船"实验 6"号（见图 3-13），填补了目前国内中型地球物理综合科学考察船的空白①；积极建设天然气水合物钻采船（大洋钻探船），保障我国天然气水合物勘查与试采，推动我国深水油气勘探技术发展；极端海洋动态过程多尺度自主观测科考设备完成预研前期工作，将重点开展岸基智能科考示范中心、智能科考实验系统、极端环境智能科学载荷等预先建设与研发工作。

图 3-13　广州市建设的新型地球物理综合科学考察船"实验 6"号

在航空航天领域，推进智能化动态宽域高超声速风洞建设，以天地往返、临近空间高速飞行等国家重大战略需求为背景，将建设开展高超声速飞行器沿飞行包线飞行全过程的地面试验与仿真平台。

在生命科学领域，推进人类细胞谱系等大科学装置预研项目立项，破解隐藏在细胞中的生命奥秘，促进细胞治疗和再生医学科学技术的突破，推动粤港澳大湾区生物医药产业从目前以检测型为主向以提供深度治疗服务为主的转型升级，为新型颠覆性医疗技术的诞生奠定科学基础。

深圳市加速建设中能同步辐射衍射极限光源、中能高重复频率 X 射线自由电子激光装置、深圳超级计算中心二期 3 大通用型重大科技基础设施，以及鹏城云脑Ⅲ、材料基因组大科学装置平台、特殊环境材料器件科学及应用研究装置、合成生物研究设施、脑解析

---

① 新型地球物理综合科考船"实验 6"号正式投入使用，新华网。

与脑模拟设施、精准医学影像大设施 6 大专用型重大科技基础设施，涉及信息科学、材料科学、生命科学等领域。

专栏：中国散裂中子源（CSNS）

我国早在 21 世纪初就开始谋划建设散裂中子源，最终确定由中国科学院和广东省共同建设。2011 年，中国散裂中子源在东莞市松山湖落地奠基，总投资约 23.5 亿元，设备国产化率达到 90%以上，装置整体设计先进，研制设备质量精良，靶站最高中子效率和 3 台谱仪综合性能达到国际先进水平。中国散裂中子源大装置催生了硼中子俘获疗法和设备等关键技术，开创了攻克恶性肿瘤的新途径，也推动中国散裂中子源中子检测关键设备摆脱依赖国外进口、早日实现国产化。

2018 年，中国散裂中子源大装置通过国家验收，并投入正式运行。首期建设中，散裂中子源已对用户开放通用粉末衍射仪、小角散射仪、多功能反射仪 3 台谱仪。2021 年 10 月，国内首台中子全散射多物理谱仪对外开放运行，通量超过英国散裂中子源同类型谱仪，分辨率达世界先进水平。2022 年 4 月 2 日，大气中子辐照谱仪成功出束，标志着该谱仪设备研制与安装成功，填补了我国在相关领域的空白。截至 2022 年 4 月，中国散裂中子源已在新型能源材料、航空材料、可燃冰、页岩、催化剂等领域取得一批重要成果，注册用户超过 3400 人，完成用户试验课题约 700 项，累计发表论文 120 余篇，研究成果涵盖航空航天、磁性、量子、能源、合金、高分子、信息材料等前沿领域，极大提升了我国在相关研究领域的竞争力与影响力。

依托中国散裂中子源，2020 年 8 月，中国科学院高能物理研究所成功研制出我国首台自主研发的硼中子俘获治疗（BNCT）试验装置，为我国医用硼中子俘获治疗装置整机产业化奠定了技术基础。首台临床设备于 2022 年 7 月底在东莞市人民医院安装，2023 年 5 月完成安装调试。

作为粤港澳大湾区首个国家重大科技基础设施，中国散裂中子源已成为粤港澳大湾区科技创新的"桥梁"，吸引了许多创新研究落地粤港澳大湾区。在广东省科技厅的支持下，中国散裂中子源科学中心还与东莞理工学院、香港城市大学、澳门大学共建了"粤港澳中子散射科学技术联合实验室"。

针对中国散裂中子源一年开放机时超过 5000 小时、运行效率达到 97%，但仍然供不应求的问题，中国散裂中子源二期工程已获批纳入国家重大科技基础设施建设"十四五"规划，并于 2022 年正式动工。中国散裂中子源二期工程建成后，谱仪数量将增加到 20 台，加速器打靶束流功率也将成倍提升，加速器打靶束流功率将从 100 千瓦提升到 500 千瓦，将满足国内外更多用户需求。

3.3 源头创新，筑牢高端成果人才供给"压舱石"

广东省以实验室体系建设为抓手，下大力气补齐高端创新资源匮乏的短板，大力强化源头创新，促进知识创造，推动成果有效向产业转化。广东省已初步构建起以鹏城实验室、广州实验室为引领，由 10 家广东省实验室、30 家国家重点实验室、430 家广东省重点实验室、20 家粤港澳联合实验室、4 家"一带一路"联合实验室，以及 11 家国家级和 16 家省级野外科学观测研究站等组成的高水平、多层次实验室体系，搭建了实验室体系"四梁八柱"，对推动前沿研究、基础研究、应用研究和应用开发研究发挥了重要引领支撑作用。

截至 2021 年，珠三角示范区内建设各类实验室 452 家，占广东省实验室总数的 89.86%；其中，广东省实验室总部及分中心共 14 家；国家重点实验室 30 家（学科类国家重点实验室 12 家，企业类国家重点实验室 13 家，省部共建国家重点实验室 5 家），占广东省国家重点实验室总数的 100%；粤港澳联合实验室 19 家，占广东省粤港澳联合实验室总数的 95%；广东省重点实验室 389 家（学科类 271 家，企业类 118 家），占广东省重点实验室总数的 90.47%。尤其是推动国家重点实验室建设实现重大突破，鹏城实验室、广州实验室先后挂牌启动，迈出了广东省国家重点实验室建设的第一步。

1. 广东省实验室作为高水平战略科技力量，肩负着解决高新技术领域的"卡脖子"问题、助力当地产业转型升级的双重使命

南方海洋科学与工程广东省实验室（广州）瞄准国家重大战略需求和国际海洋科学技术前沿，研发出国际领先的可燃冰开采综合模拟技术系统，攻克地层构建、钻井、井网部署及排采等技术难点，助力可燃冰成功试采，为未来建立商业开采平台提供技术支持和保障。季华实验室牵头承担广东省重点领域研发计划——"芯片制造设备核心部件研发及制造"项目，成功研制微波电源样机并实现小批量试产，解决了后摩尔时代信息产业发展中的关键集成电路制造装备"瓶颈"问题。2021 年，季华实验室标志性创新成果"佛山一号"卫星在太原成功发射，是全球首颗质量小于 100kg、对地分辨率达 0.5m 的光学成像卫星，相关技术指标达到国际先进水平，在国土资源调查、环境保护、防灾减灾、资源开发利用、功能区划等国家重大战略、区域信息化建设等领域发挥重要作用，同时将带动佛山市实现超轻量化遥感装备的工程化、产品化。化学与精细化工广东省实验室与中国顶尖科

学学会（中国化学会）、央企［中海油惠州石化有限公司、中国石油天然气股份有限公司广东石化分公司、中石化广州（洛阳）工程有限公司］、当地企业签订战略协议，通过产学研合作推进科研成果应用与转化，辐射带动区域经济和产业跨越式发展。

2. 广东省实验室还致力于探索建立"前沿基础研究→应用基础研究→产业技术研究→产业转化"的全链条研发模式，多手段助力成果转化

松山湖材料实验室设立创新样板工厂发展部、知识产权办公室、松山湖（东莞）材料科技发展有限公司等，搭建"众创空间→孵化器→加速器"全链条创业孵化载体，通过提供产业资源、商业顾问、创业教育、种子基金、投融资机构和孵化空间来推进成果转化，目前，创新样板工厂已引进 25 项优质项目，孵化成立产业化公司 25 家，总注册资本近 2 亿元。深圳湾实验室建立 10 余条药物研发管线，建成化学技术平台、靶点科学平台，并筹建开发药物制剂与传输平台、发现生物学平台、小分子药物研发平台等，为成果转化提供技术支撑。生物岛实验室与广州开发区基金合作发起设立规模 2 亿元的成果转化基金，实现多领域、多形式的科技成果转化形式，已签约横向课题收入 5500 多万元、技术成果转化合同收入 7000 多万元。

3. 以实验室为点，对标最高最好最优，建设广东省实验室，打造科学家们真正的自己的实验室

按照"一室一策""核心+网络"等新模式，启动实验室体系"创新赋能计划"，全面激发广东省实验室体系科研骨干的创新思维和创新活力。此外，在实验室管理上，出台首份广东省实验室建设管理规范性文件，通过"放管服"和去行政化改革，赋予广东省实验室自立项目视同广东省科技计划项目、正高职称评审、进口科研设备备案制采购、社会化用人模式和市场化薪酬等多项自主权限。截至目前，广东省拥有国家重点实验室 30 家，广东省实验室已吸引高水平人才 4000 余人，聚集院士近 200 位，自主设立科研项目数超 200 项。

3.4　大院大所，夯实科技成果高端供给"主阵地"

广东省通过成建制、成体系地引进建设一批高水平创新研究院，通过支持高水平创新研究院加强团队建设，以及广东省科学院等地方科研机构高质量发展，引进和培育领军人才，支持组织开展前瞻性、战略性研究，突破关键核心技术，催生出一批又一批高质量科技成果，支撑产业发展。

1. 重点推进高校建设

广东省加快建设世界一流大学和一流学科，深化体制机制改革，整合优势资源，重点支持中山大学、华南理工大学建设世界一流大学，推动华南农业大学、南方医科大学、广东工业大学、广州医科大学、深圳大学、南方科技大学等高水平大学进入国家"双一流"建设高校范围，支持高校加强数学、物理、化学等基础学科建设。此外，聚焦国家和广东省重大战略，整合高校基础研究优势特色，主动对接国家重大项目和工程，组建大团队、培育大项目、建设大平台，力争在关键领域产生原始创新重大突破。到 2022 年，广东省共有 2 所大学、18 个学科入选国家"双一流"建设名单，进入 ESI 全球前 1%的学科数量居全国第 4 位。

2. 建设高水平创新研究院

2019 年，广东省科技厅发布《广东省科学技术厅关于加快推进高水平创新研究院建设工作的通知》，大力推进国家大院大所、高校、央企开展高水平创新研究院建设工作，为粤港澳大湾区国际科技创新中心建设和科技强省建设提供重要支撑。广东省高水平创新研究院建设是与广东省人民政府签订战略合作协议，或与地市政府签订共建协议，成建制、成体系引进国家级科研机构、高校、央企等国家科研力量，在广东省设立并登记注册为独立法人的创新机构，常年开展建设工作，定期论证评审，成熟一个，组建一个。由广东省领导带队到全国高水平大学和科研院所逐家筛选对接，帮助解决用地、用人、启动经费困难等问题，成建制、成体系、机构化引进中国科学院空天信息创新研究院、中国科学院苏州纳米技术与纳米仿生研究所、北京协同创新研究院、中国科学院微电子研究所、中国科学院沈阳自动化研究所、中国科学院力学研究所等 14 家国家级大院大所在广东省落地建设高水平创新研究院，吸引了一批高层次人才和团队汇聚广东省，对创新资源的"虹吸效应"不断放大。在广东省公布首批建设的 8 家高水平研究院中，以中国科学院力量为主建设的达 7 家，包括中国科学院空天信息创新研究院粤港澳大湾区研究院（广州）、中国科学院苏州纳米技术与纳米仿生研究所广东（佛山）研究院、广东琴智科技研究院有限公司（珠海）等。截至 2022 年，广东省成建制、成体系引进 21 家高水平创新研究院落地建设。

3. 支持广东省科学院高质量发展

广东省科学院的组成机构包括：广东省科学院广州地理研究所等 17 家研究机构，1 家公共支撑单位——广东省科学院产业技术育成中心，广东省科学院佛山产业技术研究院、广东省科学院梅州产业技术研究院、广东省科学院珠海产业技术研究院、广东省科学院江门产业技术研究院、广东省科学院海南产业技术研究院 5 家技术转移机构，广东省微生物分析检测中心等 12 家技术服务机构，广东省科学院国有资产监督与运营平台——广东省科学院控股有限公司。广东省科学院是珠三角地区乃至广东省研究院所的中流砥柱，较好地代表了研究院所的实力，成为重大科技成果供给的重要来源。

3.5　协同港澳，拓宽湾区科技成果流通"传送带"

港澳科研能力强劲，香港拥有 5 所位居世界 100 强之列的大学，澳门拥有 10 所高校和 4 家国家重点实验室。广东省具有独特的毗邻港澳的优势，加强粤港澳三地科研实力和优势协同，有利于发挥"1+1>2"的作用。长期以来，粤港澳大湾区保持着密切的科技创新合作交流，尤其是依托高校院所、实验室等成果和人才集聚载体，促进科创要素流通互融互促。

1. 引进港澳高校资源落地珠三角地区办学

支持粤港澳大湾区集聚国内外优质高等教育资源，稳步推进中外、内地与港澳合作办学。目前，北京师范大学—香港浸会大学联合国际学院、香港中文大学、香港科技大学等香港高校分别在珠海市、广州市、深圳市落地办学；澳门大学、澳门科技大学等澳门高校建立珠海校区。2022 年，香港大学（广州）在南沙区开学，已招收第一批学生。未来几年，香港理工大学（佛山）、香港城市大学（东莞）、香港大学（深圳）、香港都会大学（肇庆）等将陆续落地广东省办学。

2. 共同推进粤港澳联合实验室建设，加强基础与应用基础研究方面的合作

自 2019 年起，广东省聚焦人工智能、新材料、先进制造、生物医药和环境科技等领域，已建设两批 20 家粤港澳联合实验室。粤港澳联合实验室由粤方单位牵头建设，港澳

有关单位联合共建及实质性参与。2020 年开放广东省内企业牵头与港澳合作申报联合实验室建设，当年新增 1 家企业牵头组建的粤港澳联合实验室。两批粤港澳联合实验室中有 19 所香港高校参与建设。过去两年，广东省级科技计划项目中的广东省重点领域研发计划、广东省自然科学基金面上项目、港澳科技成果来粤转化项目逐步已面向港澳开放，香港城市大学、香港浸会大学、香港中文大学、香港理工大学、香港科技大学、香港大学及香港生产力促进局积极与广东省单位开展基础与应用基础研究合作，在 5G、大数据、人工智能、医疗健康等领域获得立项资助。两地高校还成立了粤港澳高校智慧联盟、粤港澳高校生物电子学专业联盟、粤港澳高校机器人科技联盟等多个高校联盟，围绕生物电子学、机器人研究、高校资讯化等领域，促进粤港大湾区学术界之间的交流。

3. 深入推进粤港科技创新联合资助计划，支持两地创新主体共同开展技术研发及成果产业化合作

2019 年 6 月，建立广东省财政科研资金跨境使用机制，建立科研绿色拨付通道；2019 年 7 月，顺利拨付香港科技大学省级科研资金 316.96 万元，成为首例港澳高校参与省级科研资金科技计划的成功案例[①]。2019 年度、2020 年度粤港同步发布申报指南征集合作项目，分别收到 96 项和 128 项联合申报，在新冠疫情对跨境交流带来不利影响的情况下，粤港科研人员开展项目合作的积极性持续上涨。在 2019 年度征集的项目中，8 项获得粤港联合资助，2020 年度粤港联合资助项目 16 项，立项数倍增。

3.6 面向世界，释放国际科技创新要素"引力场"

广东省市场化开放程度高，对外依存度大，国际合作一直是科技创新发展的重要主题。广东省通过持续加强与欧美创新型国家合作与交流、建设高水平国际科技合作平台、加大力度吸引国际高端人才等举措，建立了与创新密集型国家的合作关系，引进和培养了一批高水平的科技人才和创新团队，推动了广东省企业和科研机构"引进来"和"走出去"，完善多层次国际科技合作机制，持续改革开放，构建更高水平的科技创新合作格局，助推将广东省打造成为国际创新资源集聚高地和科技成果转化热土。

---

① 广东财政支持粤港澳大湾区建设首笔省级科研资金拨付香港，广东省财政厅。

1. 积极推动与国外高校合作办学

推动广东以色列理工学院、深圳北理莫斯科大学、暨南大学伯明翰大学联合学院、中山大学中法核工程与技术学院等中外合作办学机构建设发展。其中，广东以色列理工学院起步迅速，作为我国目前唯一一所理工科中外合作大学，仅成立两年就被列入广东省高水平大学建设计划，材料科学与工程、食品科学与工程、化学工程与技术、环境科学与工程4 个学科同时被列为高水平大学重点建设学科。截至 2022 年，广东以色列理工学院已获批国家自然科学基金项目、广东省自然科学基金项目等 73 项，在国际期刊发表论文 634 篇，其中约 91%的论文被 SCIE/EI 收录，新建广东省能源转换材料与技术重点实验室[1]。科研人才培养成效显著，2021 年和 2022 年首届和第二批本科生毕业，约 90%的学生选择继续升学，其中，升入全球排名前 10 大学的学生约占 15%，升入全球排名前 50 大学的学生约占 53%，升入全球排名前 100 大学的学生约占 90%[2]。

2. 联合国际科研力量搭建高水平实验室

深圳市启动建设格拉布斯研究院（见图 3-14）、中村修二激光照明实验室、科比尔卡创新药物开发研究院、瓦谢尔计算生物研究院（见图 3-15）、盖姆石墨烯中心等 11 家诺贝尔奖实验室，并建设深圳量子科学与工程研究院、深圳华大生命科学研究院、深圳合成生物学创新研究院等新型基础研究机构。依托各类创新载体加强基础与应用基础研究，聚集和培养高水平科研人才，构建科技创新资源高地，增加源头创新供给。

图 3-14　格拉布斯研究院

图 3-15　瓦谢尔计算生物研究院

---

① 广东以色列理工学院。

② 羊城晚报。

3. 依托平台、项目等载体引入国际高科技研发资源

广东省积极发展与世界创新型国家、"一带一路"沿线国家和地区及"关键小国"的科技交流与创新合作，并深化对日本、韩国等重点国家，以色列、新加坡等关键国家和欧洲、大洋洲发达国家的科技合作关系，加强与白俄罗斯国家科学院、澳大利亚昆士兰科技大学、荷兰格罗林根大学等国际知名科研组织和大学的合作。2019 年，广东省与奥地利联合参与在巴基斯坦共建信息技术与人工智能卓越中心项目，有望建成粤港澳大湾区与"一带一路"沿线国家和地区的重要合作平台；2020 年，中国—芬兰高技术领域线上对接会成功举办，中国—乌克兰材料连接与先进制造"一带一路"联合实验室获批建设。2020 年至今，广东省资助各类创新主体与以色列开展合作项目 4 项，资助金额达 200 万元；与"一带一路"沿线国家和地区开展合作项目 48 项，资助金额达 2374 万元，覆盖新加坡、韩国、意大利、印度尼西亚、黎巴嫩、俄罗斯、巴基斯坦等 34 个国家；与此同时，支持高校、科研院所、企业等创新主体在"一带一路"沿线国家和地区设立境外研发机构，以及面向"一带一路"沿线国家和地区合作建立国际科技合作基地。2020 年至今，与"一带一路"沿线国家和地区开展合作的国际合作基地项目有 5 项，以广东省农业科学院、广州中医药大学为代表的广东省创新主体，在生物医药、农业技术、新材料等领域面向科摩罗、巴布亚新几内亚、喀麦隆、乌干达、乌克兰等 17 个"一带一路"沿线国家和地区，建设具有高水平科学研究与技术开发能力的国际联合研究中心，以及具有技术转移经验和科技合作中介服务能力的国际技术转移中心。此外，广东省主动向国际社会推介分享广东省疫情防控科研成果，推动广东省研发的 AI 辅助诊断系统在伊拉克等境外医疗机构临床应用。

3.7 应用牵引，打造研究成果落地转化"助推器"

为提升原始创新能力，2019 年，广东省基础与应用基础研究基金委员会成立。委员会坚持需求导向，强化应用牵引，凝聚和培养有国际影响力的基础学科人才，鼓励由科技界和产业界共同围绕广东省经济社会发展重大需求凝练科学问题，实现重大原创成果"点"的突破，推动广东省基础与应用基础研究基金项目初步建立从重大项目、国家联合基金到省内联合基金、广东省自然科学基金等纵横联动的基础与应用基础研究的资助体系，形成了从 10 万元到上亿元的系列化支持格局。其中，重大项目主要面向世界科技前沿，着眼广东省优势特色产业及未来发展关键领域的前瞻性基础研究、引领性原创成果，

支持力度达每项 3000 万～5000 万元。国家联合基金重点围绕广东省发展需求，发挥国家自然科学基金导向作用，吸引全国的优势科研力量聚焦粤港澳科学问题，支持力度从几百万元到几千万元不等。省内联合基金主要加强省市人民政府及科技龙头企业等的联动，引导社会加大基础研究投入，支持力度从几十万元到几百万元不等。广东省自然科学基金重点面向广大科研人员，重视青年骨干人才的培养，支持力度分为十万元、百万元两个等次。

1. 研发投入主要集中在珠三角地区

2021 年，广东省共投入研究与试验发展经费 4002.18 亿元，比 2020 年增加 522.30 亿元，增长 15.01%。分活动类型看，广东省用于基础研究的经费投入为 274.27 亿元，比 2020 年增长 34.4%；应用研究经费 356.72 亿元，比 2020 年增长 11.5%；试验发展经费 3371.19 亿元，比 2020 年增长 14.1%。基础研究经费所占比重为 6.9%，比 2020 年提升 1 个百分点；应用研究和试验发展经费所占比重分别为 8.9% 和 84.2%。分地区看，珠江三角洲核心区研究与试验发展经费支出为 3826.75 亿元，占广东省研究与试验发展经费的 95.6%。研究与试验发展经费支出超过百亿元的地市有 6 个，依次为深圳市（1682.15 亿元）、广州市（881.72 亿元）、东莞市（434.45 亿元）、佛山市（342.36 亿元）、惠州市（168.97 亿元）、珠海市（113.73 亿元）。研究与试验发展经费投入强度超过 3% 的地市依次为深圳市（5.49%）、东莞市（4.00%）、惠州市（3.39%）、广州市（3.12%）[①]。

2. 广东省基础与应用基础研究基金委员会逐渐打造基础研究多元投入新格局

成立 3 年来，广东省基础与应用基础研究基金委员会共受理各类基金项目申请 11 批次、5 万多项，资助项目超过 1 万项，广东省财政投入 8.22 亿元，项目资金近 20 亿元，参与单位 765 家、科研人员 18.4 万人次，有力促进了广东省基础研究竞争力和原始创新能力提升。引导地市财政大幅投入支持基础研究，广东省财政投入 1.85 亿元，按 1：3 引导广州市、深圳市、佛山市、东莞市 4 地市财政投入 5.55 亿元，设立 4 只省内联合基金。促进基础研究队伍年轻化，获资助的广东省基金项目负责人年龄不超过 40 岁的占66.1%，其中，青年基金项目负责人平均年龄为 31 岁，已资助 3656 位 35 周岁（女性放宽至 38 周岁）以下科技人才，通过广东省杰出青年项目和青年基金项目资助青年人才3889 位，其中 120 多位获得国家级人才项目或人才称号。成立 3 年来，受资助项目共发表 SCI/SSCI 论文 14167 篇、ESI 高水平论文 145 篇，在《自然》等国际顶级学术期刊发

---

① 2021 年广东省科技经费投入公报，广东统计信息网。

表论文 10 篇、热点论文 25 篇。在推动粤港澳科技合作深度融合方面，共资助 8 所港澳高校 84 项自然科学基金项目，向港澳机构拨付资金 860 万元；资助 22 项粤港澳研究团队合作项目，合作经费达 5000 万元①。

3. 广东省基础与应用基础研究重大项目重点打造"旗舰"和"基石"

重大项目强化原创导向，坚持需求牵引，重点支持半导体器件和集成电路、前沿基础新材料、新一代通信网络、未来计算、先进制造、合成生物学、干细胞与再生医学、绿色低碳能源、资源与环境、现代种业、数理与前沿交叉 11 个领域。"旗舰"项目每项资助经费 1000 万～2000 万元，支持领军科学家集中和整合优势科研资源，有组织地开展原创研究，力争产出一批国内领先、国际一流的重大原创成果。"基石"项目每项资助经费为 500 万元，支持从事基础研究的中青年学术带头人，在已有较好基础的前沿方向上进一步开展系统性研究，取得一批原创性成果，推动若干重要领域取得突破。在重大项目计划支持下，中山大学"天琴一号"试验卫星在轨试验顺利进行，将我国的惯性传感器等核心指标提高了两个量级以上；鹏城实验室着力开发自主可控的国产云计算操作系统，相关测试报告居国际 SPEC（标准性能评估组织）榜首②。2022 年，广东省第十三次党员代表大会提出，实施基础与应用基础研究十年"卓粤"计划，催生更多原创成果。

4. 发挥企业在科技项目研发投入和组织实施中的主体作用，强化需求导向的科技成果供给

目前，广东省有"4 个 90%"，即约 90% 的科研机构、90% 的科研人员、90% 的研发经费、90% 的发明专利申请都来源于企业。2021 年，各类企业研究与试验发展经费投入 3470.63 亿元，比 2020 年增长 15.7%；高技术制造业研究与试验发展经费投入 1638.06 亿元，在规模以上工业企业中，研究与试验发展经费投入超过 100 亿元的行业大类有 5 个，经费投入合计占全部规模以上工业企业研究与试验发展经费投入的 75.2%③。在关键核心技术攻关方面，广东省构建龙头企业牵头、高校院所支撑、各创新主体相互协同的创新联合体，全力探索新型举国体制下关键核心技术攻关的"广东路径"。发挥行业骨干企业、转制科研院所主导作用，联合上下游企业和高校、科研院所等产业技术创新联合体，推动

---

① 人民资讯。

② 五年来聚力打造原始创新高地更多原创性科学成果"产自广东"，南方日报。

③ 2021 年广东省科技经费投入公报，广东统计信息网。

跨领域跨行业协同创新，加强行业共性关键技术研发和推广应用和重大科技成果转化项目，探索联合攻关、利益共享、知识产权运营的有效机制与模式。截至 2021 年年底，共组织实施了 8 批次项目，在 5G、超高清视频、高端电子元器件等领域打破一批技术"瓶颈"[①]。

3.8　汇智引才，高举科学家精神新时代"新旗帜"

习近平总书记在科学家座谈会上强调，科学成就离不开精神支撑。科学家精神是科技工作者在长期科学实践中积累的宝贵精神财富[②]，形成了"爱国、创新、求实、奉献、协同、育人"的精神内核，弘扬科学家精神是新时代做好人才工作的重要理念。广东省充分考虑不同受众群体特点，分类并精准施策，多样化开展宣传活动，通过弘扬科学家精神引领广大科技工作者加强作风学风建设，营造风清气正的科研环境，推动科技成果创造立足国家社会发展之需，将科学家精神功能价值发挥到最大化。

1. 旗帜鲜明、全力支持科学家精神弘扬，营造全社会尊才引才用才留才氛围环境

广东省大力弘扬勇攀高峰、敢于担当、严谨治学、乐于奉献的科学家精神，涵养优良学风，营造风清气正、求真务实的科研环境，在全社会形成尊重知识、崇尚创新、尊重人才、热爱科学、献身科学的浓厚氛围。组织开展了"我和我的祖国"——中国科学家精神主题展广东巡展活动（见图 3-16），先后在汕头市、广州市、湛江市、揭阳市等地巡展；举行"共和国的脊梁——科学大师名校宣传工程"，在广州市、深圳市、汕头市、湛江市的 4 所高校，分别演出了《大地之光》《寻找师昌绪》《求是魂》《侯德榜》4 部科学家主题剧目，广泛宣传国家脊梁的光辉业绩、崇高形象。组织开展了科学家精神报告团"传承2020""传承 2021"广东行活动，深入广州市、佛山市、肇庆市、梅州市、汕尾市、汕头市、揭阳市、潮州市等地相关县（市、区）的 26 所学校宣讲，1 万多名广东学子近距离聆听了郭永怀、邓稼先、朱光亚、彭士禄、黄旭华等老一辈科学家胸怀祖国、服务人民、勇攀高峰、敢为人先、追求真理、严谨治学、淡泊名利、潜心研究的家国情怀故事。组建了由中国工程院院士何镜堂、刘人怀，俄罗斯科学院外籍院士谢先德等领衔，广东省内高

① 人民资讯。
② 习近平：在科学家座谈会上的讲话（全文），科技日报。

校院所 43 位专家组成的科学道德与学风建设宣讲团，组织开展科学道德与学风建设宣讲教育活动，引导高校广大师生和科技工作者遵守学术规范，维护学术尊严，树立良好学风，增强科研诚信和科研伦理意识①。

图 3-16　科学家精神主题宣传活动现场

2. 顶尖人才重大政策不断优化科技创新生态，汇聚全球顶尖人才为建设世界科技强国汇聚磅礴力量

2022 年 4 月，广东省在省基金项目中全面开展经费使用"负面清单＋包干制"改革试点。2022 年 5 月，《广东省人民政府办公厅关于改革完善省级财政科研经费使用管理的实施意见》提出"三个自主"改革举措，开展顶尖领衔科学家支持方式试点，由领衔科学家自主确定研究课题，自主选聘科研团队，自主安排科研经费使用。广州市 2022 年重点工作任务提到，"建立以信任为前提的战略科学家负责制，赋予更大科研自主权，探索顶尖科学家负责制。"2021 年 7 月，松山湖首次推出源头创新专项政策——《东莞松山湖促进源头创新实施办法》，每年安排高达数千万元的资金支持各类创新主体开展源头创新工

---

① 广东省科协大力弘扬科学家精神，营造风清气正科研环境，中国科协。

作。2022 年，《东莞市引进战略科学家团队组织实施办法（试行）》提到，每个战略科学家团队最高给予 1.5 亿元经费资助。在延揽人才上，广东省充分发挥重大人才工程、重大科技项目、重大创新平台引才育才作用，大力引进培育战略科学家、科技领军人才和高水平创新团队，不断加大青年科技人才支持培养力度，优化实施外国人来华工作许可制度。2022 年，广东省持有效"外国人工作许可证"的人员超过 4 万人，其中 A 类高端人才过万人[①]。

3. 落地顶尖人才交流活动，汇聚"最强大脑"为区域发展出谋划策

自 2018 年以来，粤港澳院士峰会已连续 4 年在东莞市举办，累计邀请了 173 位院士。2021 年，由"一带一路"国际科学组织联盟（ANSO）发起、广东省人民政府主办的大湾区科学论坛开幕。首届论坛集聚 2 位诺贝尔奖得主和 130 位院士等顶尖人才，旨在打造"科技达沃斯"，为各界共同探讨科学前沿突破性进展、交流交叉学科发展新态势搭建了科学技术与工程技术对接平台。为实现高水平科技自立自强，须以全球视野用好国际人才、创新资源，让创新之路越走越宽，各地出台系列支持政策。根据《东莞松山湖营造创新环境实施办法》，财政出资大力支持举办高水平科技交流活动及参加境外高水平国际学术会议。

---

① 广东"创"出经济发展新动能，南方网。

第4章　成果转化需求锻造

　　基础研究是整个科学体系的源头，而基础材料、基础工艺是整个产业发展的源头，从科学到产业技术是科技成果转化为现实生产力必经的蜕变之路。科技成果转化的需求既要面向经济主战场领域、国家战略发展需求等宏观国家发展层面，也要面向来自各地战略性新兴产业集群发展需求等中观区域产业层面，以及不同类型科技企业创新成长需求、高校院所产教融合导向的研发转化需求等微观科创主体层面。成果转化需求须始终以企业为主体、以产业为基础，没有产业基础的企业需求最终是纸上谈兵、无法落地，没有企业基础的产业需求注定是空中楼阁、低端徘徊。成果转化能否最终成功落地，企业承载着将科技成果产业化、市场化的重要使命，是释放成果经济价值、社会价值、市场价值、技术价值的阀门。成果转化需求的关键在于需求的有无、大小、高低。成果转化需求的有无取决于企业产业领域，不同行业企业的主体数量不一；成果转化需求的大小取决于企业发展阶段，不同规模的企业需求强度不一；成果转化需求的高低取决于企业科技含量，不同水平的企业需求转化能力不一。因此，成果转化工作须注重企业的数量、质量、能力的培育，这直接关系着产业能力和科技成果转化的最终命运。珠三角地区作为"世界工厂"，加速从"制造"向"智造"升级，为"科技成果"蜕变成"高新产品"走进千家万户提供强大的工业基础。2022年1月，广东省统计局发布2021年广东省经济运行成绩单，广东省成为全国首个地区生产总值突破12万亿元大关的省份。在系列政策的支持下，以三大国家技术创新中心为核心引领，在集群化、链长制等创新举措加持下，广东省企业逐步形成"千军万马齐转化"的局面，尤其是珠三角地区涌现出一批在国际竞争中脱颖而出的科技领军企业，培育出一大批新兴产业硬科技企业，这些企业成为广东省科技成果转化大局的中流砥柱。

4.1　关键共性，磨砺核心技术联合攻关"金刚钻"

　　科技成果转化往往面临着工艺放大、中试量产等产业化条件不成熟的梗阻，在很大程度上是因为缺乏实现实验室技术向产品技术转变的创新平台和中试系统，以及创新资源要素在产业链各环节上的多头部署和分散投入，技术创新成果以单点突破为主的"技术孤岛"现象，导致产业链整体无法爬坡跃升，制约着科技成果转化成效释放。因此，亟须将零散的成果转化活动进行统一布局，突破"选题→研究→开发→中试放大→工程化→产业化"的线性创新模式，转向全要素汇聚的产业链一体化协同创新，弥补技术创新与产业发展之间的断层，围绕产业链部署创新链，围绕创新链完善资金链，实现产业链系统突破。我国围绕技术、制造业、产业积极推进三大国家创新中心建设，打造科技成果技术化、产业关键核心技术攻关、产业技术商业化等相互支持的平台体系，盘活产业上下游、产学研创新资源，形成大平台、大团队、大网络，促进先进技术推广应用、系统性技术解决方案研发、高成长型科技企业投资孵化。广东省厚植政策优势与创新沃土，不断推进产业升级，正在形成大大小小科技企业"千军万马齐转化"的生态。

1. 珠三角地区获批建设 3 个国家技术创新中心，以产业前沿引领技术和关键共性技术研发与应用为核心，强化上游研发和下游应用之间的有效衔接及从科学到技术的转化，促进重大科技成果产业化，为产业发展提供源头技术供给

2020 年 12 月，广东省获批建设全国首批 3 个综合类国家技术创新中心之一——粤港澳大湾区国家技术创新中心；2021 年 3 月，珠三角地区获批建设国家新型显示技术创新中心、国家第三代半导体技术创新中心 2 个领域类国家技术创新中心，并支持国家工程技术研究中心转建领域类国家技术创新中心，提升广东省产业技术研究与转化服务体系的效能，实现"东西南北中，成果来广东"的体制机制。

粤港澳大湾区国家技术创新中心积极构建"1 个核心战略总部 + 9 个王牌军分中心 + N 个独立团"的原始创新到产业应用的转化体系，以集成电路与关键软件、生物医药与器械、智能制造与装备等领域为主攻方向，打造国际领先的产业技术创新枢纽平台（见图 4-1）。

图 4-1　粤港澳大湾区国家技术创新中心揭牌仪式

国家新型显示技术创新中心以新型显示产业前沿引领技术和关键共性技术研发与应用为核心，围绕解决新型显示领域关键材料和核心装备国产化 2 个"卡脖子"问题，促进新型显示技术成果转化，组织国内新型显示上下游企业、高校院所等 112 家单位成立了新型显示产业技术创新战略联盟，打通了材料、装备、面板、终端整个产业链，组建新型显示国创中心专利池，专利已达 6000 多件，印刷 OLED 及 QLED 显示部分材料的性能已达到国际先进水平，促进了显示产业发展和开展系统创新。

国家第三代半导体技术创新中心在珠三角地区由深圳市牵头建设，第三代半导体器件重点实验室、深圳第三代半导体研究院、深圳清华大学研究院第三代半导体材料与器件研发中心、广东省第三代半导体技术创新中心等平台相继落地，提供强大的产业技术支撑（见图 4-2）。

图 4-2　国家第三代半导体技术创新中心第一届理事会第一次会议

专栏：粤港澳大湾区国家技术创新中心

2020 年 12 月，科技部函复广东省人民政府支持建设粤港澳大湾区国家技术创新中心（以下简称大湾区国创中心）。2021 年 4 月，科技部、广东省主要领导、清华大学领导为大湾区国创中心揭牌。同年 11 月，大湾区国创中心按照广东省事业单位进行登记注册。大湾区国创中心是根据国家战略部署打造的跨区域、跨领域、跨学科、跨产业的综合类国家技术创新中心，是国家在广东省布局的战略科技力量、国家区域创新体系的"四梁八柱"。大湾区国创中心聚焦核心任务，以关键技术研发为核心使命，产学研协同推动科技成果转移转化与产业化，在"基础研究+技术攻关+成果转化+科技金融+人才支撑"全过程创新生态链中发挥示范引领作用。

2022 年 8 月，大湾区国创中心正式入轨运行，"1+9+N"体系布局建设不断夯实，搭建起"核心总部—王牌军—独立团"的技术研发与成果产业化"集团军体系"。"1"指

"核心总部"，一方面承担大湾区国创中心综合管理、战略规划等职能，另一方面打造一批总部直属创新平台，瞄准"卡脖子"技术和"长板反制"技术重点攻关。"9"指"王牌军"，独立运作，遴选兼具技术研发与成果产业化能力的科研机构，支持其结合所在地市的资源禀赋创建大湾区国创中心分中心。"N"指"独立团"，通过梳理整合粤港澳大湾区存量优秀创新资源，择优纳入大湾区国创中心体系。一是大力推进直属创新平台建设。首期启动"3+1"直属创新平台，包括工业软件产业发展中心、粒子应用技术创新中心、智能系统创新基地以及综合成果转化平台（清华珠三角研究院）；同时，正在推进成立集成电路、数字电网领域创新平台，积极谋划生物医药、能源与储能领域创新平台。二是积极推进分中心建设。首期已选定国家新型显示技术创新中心、深圳清华大学研究院、中国科学院深圳先进技术研究院、广东华中科技大学工业技术研究院 4 家兼具技术研发与成果转化能力的科研机构。与此同时，持续与科技部沟通，谋划推动大湾区国创中心香港、澳门中心建设。三是规划完善"独立团"工作方案。梳理整合粤港澳大湾区内优质存量创新资源，遴选一批国内一流的中试验证与成果转化机构纳入大湾区国创中心体系，组成粤港澳大湾区创新网络，通过网络内任务总承、分解、发包，实现"订单式"研发和成果中试、转化、产业化。

2. 珠三角地区牵头联合建设 4 家国家制造业创新中心，旨在面向制造业的重大需求，加强从中试到量产共性技术开发和验证的公共技术服务，实现从技术开发到转移扩散和首次商业化应用的创新链各环节的互动，降低中小型企业在中试—量产环节的投入门槛和创新成本，打造跨界协同的创新生态系统，加速技术成果首次商用进程

广东省自 2019 年起获批组建国家印刷及柔性显示创新中心、国家高性能医疗器械创新中心、5G 中高频器件创新中心、超高清视频创新中心（共建）4 家国家制造业创新中心，同时在国家创新中心年度考评中多次获得优秀等次及点名表扬。国家高性能医疗器械创新中心研发成果达到国际水平，填补了国内高端重症及生命支持的空白。国家印刷及柔性显示创新中心取得先进技术成果，研发了全球首款 31 英寸印刷可卷绕柔性显示样机。5G 中高频器件创新中心组建不到 1 年已申请知识产权 99 件，进行了全面的知识产权布局。广东省现有国家制造业创新中心数量居全国第一位、质量领先。此外，广东省紧跟国家重点领域布局要求，高标准建设省级制造业创新中心，为创建国家制造业创新中心营造良好的培育条件。目前，广东省已培育建设 6 批 33 家省级制造业创新中心和 21 批 1201 家省级企业技术中心，超过 40 家广东省企业参与国家制造业创新中心的建设，初步构建以国家制造业创新中心为核心引领，以省级制造业创新中心、省级企业技术中心为重要载体的制造业创新体系[①]。

---

① 广东省工业和信息化厅。

3. 建设国家先进高分子材料产业创新中心，旨在整合行业内的创新资源，开发、推广、应用战略性领域颠覆性创新技术、先进适用产业技术，推动产业技术成果转移转化，扩散新技术新模式，培育新业态新产业

2017 年，国家先进高分子材料产业创新中心落户广东省（见图 4-3），成为全国第二家国家产业创新中心①。先进高分子材料是新能源、高端装备、绿色环保、生物技术等战略性新兴材料的重要基础材料，针对我国新材料产业发展普遍面临的基础材料品质不高、低端产能过剩，关键战略材料保障不力、高度依赖进口，前沿新材料创新不足、转化率低三大难题，国家发展改革委批复广东省建设国家先进高分子材料产业创新中心。作为唯一一家高分子材料国家级产业创新中心，国家先进高分子材料产业创新中心以突破当前高分子材料"卡脖子"技术问题和国家重大需求为导向，通过对产业链从终端应用向上游原料的全景梳理，精准定位产业发展"卡点""堵点"，致力于打造高分子材料产业新型创新联合体，为高分子材料企业提供从产品设计、原材料获取、产品生产、产品性能评估和废弃后回收处理的全生命周期技术服务。

图 4-3　国家先进高分子材料产业创新中心

4.2　集群发展，构建战略产业成果需求"蓄水池"

制造业是科技创新的主战场，是科技成果转化落地的沃土。在列入全国统计的 41 个大类工业行业中，广东省有 40 个，产业配套能力强劲，通过发展战略性新兴产业，打造更加强大、更加坚韧的产业链、供应链。作为国家首批战略性新兴产业区域集聚发展试

---

① 南沙区工商联。

点，在 2019 年国家发展改革委公布的首批 66 个国家级战略性新兴产业集群名单上，广东省以深圳市的新型显示器、人工智能、智能制造产业集群，广州市的生物医药、智能制造产业集群，珠海市的生物医药产业集群，位居全国第二[①]。近年来，珠三角地区先进制造业快速发展，珠江东岸的电子信息产业带已经初具规模，具有了世界级影响力。华为、vivo、OPPO 生产了全球近 1/4 的智能手机，电子信息产业带向中高端迈进；珠江西岸的高端先进装备制造带正在抓紧构建，格力、美的等世界 500 强企业带动产业集群崛起。珠三角地区坚持集聚发展，推动产业链协同发展，通过优化增量和调整存量，推动新产业、新业态加快发展和向集群发展，打造一批产业链条完善、辐射带动力强、具有国际竞争力的战略性新兴产业集群，建设成为全国战略性新兴产业发展重要策源地，也成为重大战略性高水平科技成果的高需地。

1. 出台政策"组合拳"，助力广东省加快建立具有国际竞争力的现代化产业体系，"双十"产业集群成为战略性重大科技成果转化沃土

集群化发展不仅是地理聚集，而是资源要素的流动和重构，甚至包括对产品需求的精准投放，实现产业集群内的流程再造、产业链上下游的高效运转等。自《广东省战略性新兴产业发展"十三五"规划》发布以来，广东省站在高起点出台"1+20"战略性新兴产业集群政策文件，由《广东省人民政府关于培育发展战略性支柱产业集群和战略性新兴产业集群的意见》统领全省一盘棋，广东省科技厅等多部门联合出台 20 个战略性新兴产业集群行动计划，组建广东省战略性新兴产业集群建设工作专班来监督任务目标落实落细。通过前期摸底广东省产业集群发展情况，全面布局、科学规划未来发展方向和目标，突破"以点带面"的传统发展方式，以更契合数字时代的"全面布局，开放发展"新模式，以产业链、创新链、人才链、资金链、政策链五大链条将产业牢牢集合成群。《广东省战略性产业集群联动协调推进机制》提出"链长制"，以省长、制造强省建设领导小组组长为"总链长"的省领导分别定向联系若干战略性产业集群，指导建立和完善"五个一"工作体系[②]。发挥"链长"统筹产业要素资源的优势和"链主"企业"头雁引领"和生态主导优势，整合产业链上下游资源，引导点状的产业分布发展成链状的产业联动，进而形成网状的产业集群发展生态。广东省科技厅联合广东省工业和信息化厅印发了《关于加快构建广东省战略性产业集群创新体系 支撑产业集群高质量发展的通知》，围绕强化产业关键核

---

① 国家发展和改革委员会。

② "五个一"工作体系：一张产业集群龙头企业和"隐形冠军"企业表，一份产业集群重点项目清单，一套产业集群创新体系，一个产业集群政策工具包，一家产业集群战略咨询支撑机构。

心技术攻坚战、推进产业集群创新平台建设、强化企业技术创新主体地位、加快科技成果转化应用、推动科技金融深度融合、汇聚高水平产业创新人才、发挥知识产权与标准引领作用 7 个方面，重点突出科技成果转化对于产业竞争力提升的带动作用。珠江两岸世界级产业集群正加速崛起，2021 年工业和信息化部公布全国 25 个先进制造业集群决赛优胜者名单，广东省占据 6 席，占比接近 1/4，广深佛莞智能装备集群、深广高端医疗器械集群等"组团"入选。其中，广佛惠 3 地已形成全国乃至全球规模最大、品类最齐全的显示家电配件产业链，其超高清视频和智能家电集群产值规模居全国之首，辐射带动粤港澳大湾区相关产业规模超万亿元。截至 2022 年，珠三角示范区战略性产业集群实现创新发展，高起点培育 20 个战略性产业集群，形成了新一代电子信息、绿色石化、智能家电、先进材料、现代轻工纺织、软件与信息服务、现代农业与食品、汽车 8 个万亿元级产业集群；同时，在前沿新材料产业集群中，电子新材料及电子化学品、新能源材料等细分领域产业规模保持较高增速；在激光与增材制造产业集群中，动力电池激光加工市场持续爆发，部分企业营业收入实现超过 100%的高速增长。围绕电子信息、新能源、先进材料、生物医药与健康、高端装备制造等产业，珠海市、佛山市、中山市、江门市、肇庆市等加快建设大型产业集聚区，引进大项目、培育大产业，不断提升产业承载能力和发展能级。

2. 谋划未来产业布局培育，对未来产业进行前瞻布局，衔接迈向战略性新兴产业，以产业需求引导高水平成果供给孕育

未来产业是基于前沿、重大科技创新而形成，尚处于孕育阶段或成长初期，代表科技和产业长期发展方向，并将会对未来经济社会发展产生重要支撑和巨大带动作用的先导性产业，具有原创前沿引领性、突破性、颠覆性、未来高成长性、战略支撑性、生态网络属性强等主要特征，对于科技成果创造供给具有强有力的引导作用。"十四五"时期，广东省聚焦世界新产业、新技术发展前沿领域，立足广东省技术和产业发展基础优势，积极谋划培育卫星互联网、光通信与太赫兹、干细胞、超材料、天然气水合物、可控核聚变—人造太阳等若干未来产业领域，着力推动广东省未来产业不断开创新的经济增长点，抢占制造业未来发展战略制高点。广州市、深圳市、惠州市、东莞市和中山市等在"十四五"规划中提到建设未来产业，各有侧重。2022 年，《深圳市培育发展未来产业行动计划（2022—2025 年）》指明，合成生物、区块链、细胞与基因、空天技术 4 个未来产业处于扩张期，已初具规模，5～10 年内有望实现倍数级增长；脑科学与类脑智能、深地深海、可见光通信与光计算、量子信息 4 个未来产业处于孕育期，规模较小，10～15 年内有望成为战略性新兴产业中坚力量。《广州市科技创新"十四五"规划》提出，重点发展生命科学、海洋科技、半导体与集成电路、空天科技 4 大战略前沿与基础研究领域，以及先进制造、新

材料、新能源等前沿技术与重点产业领域。广州市规划天然气水合物、区块链、量子科技、太赫兹和纳米科技 5 大产业。东莞市部署新概念材料、量子技术、类脑信息、边缘计算、通用航空航天 5 大产业。中山市谋划通信高清器件、量子互联网、前沿生物技术和生命科学、前沿新材料、前沿卫星应用技术设备、类脑智能 6 大产业。各地纷纷紧盯元宇宙发展风口。2021 年，广州市落地粤港澳大湾区首个元宇宙研究院；2022 年，广州市挂牌成立广州元宇宙创新联盟和元宇宙产业集聚区，推出粤港澳大湾区首个元宇宙专项扶持政策——《广州市黄埔区、广州开发区促进元宇宙创新发展办法》。珠海市推出《横琴粤澳深度合作区元宇宙产业促进办法》，打造全国首个元宇宙开放创新试验区。

3. 加强产教融合深化改革，推动高校院所以产业需求为导向的研发供给

截至 2021 年年底，广东省拥有普通高校 160 所，其中，11 所高校入围 2021 年软科世界大学学术排行榜中国大学（港澳台地区除外）前 100 名，8 所高校入围国家"双一流"建设行列，130 个学科入围 ESI 全球排名前 1%。与新一代信息技术、生物医药等战略性新兴产业等领域相关的 139 个学科纳入省级重点学科建设行列，占重点学科总量的69.5%。广东省加快推进"新工科"改革，深化科产教融合改革，立项建设 65 个省级科产教融合实践教学基地、20 家省级校企联合实验室；广东省本科高校建有 173 个产业学院，覆盖电子、通信等 40 多个产业领域，其中 81.5%的产业学院直接服务于"双十"产业集群发展。广东省已成立区域和行业职业教育集团 80 个，实体化运作省级示范职业教育集团 24 个，近 80%的高职院校推行现代学徒制。

4.3　龙头带动，强健科技成果转化需求"主心骨"

科技成果转化工作要坚持强化企业技术创新主体地位，加大产业集群企业培育力度，强化"科技型中小企业、高新技术企业、科技领军企业"这个科技型企业梯次培育机制，建立完善的、具有生态主导力的产业链"链主"企业、龙头企业、单项冠军企业、"专精特新"企业等优质企业梯度培育体系，打造"链主"企业引领、单项冠军企业攻坚、"专精特新"企业铸基的世界一流企业群。目前，广东省约 90%的科研机构、90%的科研人员、90%的研发经费、90%的发明专利申请来源于企业[①]，尤其是科技领军企业是国家战略科技力量的重要组成部分，在科技成果转化工作中发挥主力军作用，呈现创新意识活

---

① 　4 个 90%：企业创新主力军，广东省科学技术厅。

跃、创新能力强、科技成果转化需求旺盛等特征，并且企业梯度培育体系为不同层次水平的科技成果落地广东省提供了广阔的空间。

1. "链主"企业带动产业上下游齐头并进共发展，科技成果转化需求大量涌现

广东省通过明确"创新型中小企业—'专精特新'中小企业—专精特新'小巨人'企业"梯度培育格局，着力打造"群—链—企"工作架构，打造"链主"企业引领、单项冠军企业攻坚、"专精特新"企业铸基的世界一流企业群。通过"链主"企业掌舵定向、企业群落配套协作，推动科技成果需求指数级涌现。广东省已出台《广东省"专精特新"中小企业股权融资对接专项行动方案》《广东省进一步支持中小企业和个体工商户纾困发展的若干政策措施》等政策文件，通过省市联合资助，支持多家银行推出"专精特新"培育贷、"专精特新"中小企业贷、"专精特新"巨人贷等量身定做的金融产品。截至 2022 年 10 月，工业和信息化部发布的 4 批"专精特新"小巨人企业共计 9090 家，其中，广东省有 877 家，占比 9.65%，企业研究与试验发展投入占营业收入比重超过 8%，平均每家拥有发明专利 12 件、实用新型专利 32 件、外观设计专利 9 件、计算机软件著作权 13 件；主营业务收入占营业收入比重超过 98%，5 成以上企业主导产品市场占有率超过 40%，7 成以上"专精特新"企业深耕细分领域 10 年以上。2021 年，广东省全年主营业务收入超百亿元、超千亿元的大型骨干企业分别达到 310 家、36 家，累计培育制造业单项冠军企业（含产品）85 家、"专精特新"小巨人企业 429 家、省级"专精特新"企业 2704 家[①]。2022 年 10 月，广东省战略性产业集群重点产业链"链主"企业申报工作已启动，围绕 20 个战略性产业集群，每条重点产业链遴选 2～3 家"链主"企业[②]。

2. 上市企业展现当下科技成果转化需求方向，提供成熟的成果市场化转化案例和模式经验

上市企业具有体量大、产业链上下游带动效应强等特征，是带动产业集群崛起的主力军，也是科技成果转化的标杆案例。目前，广东省有 3000 多家风投机构，管理基金规模约 2 万亿元，全省 A 股上市企业 8 成以上是高新技术企业，广东省科技、产业、金融三大领域已经初步形成一个良性循环。Wind 数据显示，截至 2022 年 9 月 4 日，按照注册地统计，广东省共有 823 家 A 股上市企业，数量位居全国第一；上市企业总市值约 14.2 万亿元，覆盖行业较广，接近 30 个行业，凸显出广东省健全的产业结构。上市企业数量排

---

① 羊城派。

② 相关内容来自《广东省战略性产业集群重点产业链"链主"企业遴选管理办法》。

名前 5 位的行业分别是电子（153 家）、机械设备（71 家）、计算机（69 家）、医药生物（56 家）、电力设备（54 家），总数达 403 家，占比约 5 成。电子行业的上市企业数量最多。十大战略性支柱产业集群突出"稳"，广东省上市企业的产业分布与之匹配度较好；十大战略性新兴产业集群则体现"进"，是未来几年广东省新增上市企业的重点产业领域，也表明半导体及集成电路、前沿新材料、新能源、高端装备制造、数字创业等新兴产业须加速培育龙头企业。上市企业营业收入、研究与试验发展投入分别为 4.56 万亿元、1167.97 亿元，同比变动幅度分别为 9.35%、17.85%，稳居全国前列，极大地带动所处产业链能力跃升。

3. 独角兽企业领跑新兴行业赛道，成为科技成果产业价值向经济价值释放的风向标

全球独角兽企业可以视为一个观察新产业、新技术突破的窗口。珠三角地区大力推动产业转型升级、战略性新兴产业壮大培育等，高新技术研发制造产业集群基础和创新环境日益优化，孵化出越来越多的独角兽企业。在"2022 年全球独角兽榜"上榜的 1312 家企业中，中国有 312 家独角兽企业上榜，62 家企业总部在粤港澳大湾区，其中，深圳市有 33 家，广州市有 19 家，香港特别行政区有 7 家，珠海市有 2 家，东莞市有 1 家，涉及健康科技、半导体、人工智能、金融科技、机器人、生物科技、大数据、新能源汽车、软件服务、新能源等行业，整体与"双十"产业集群发展方向保持较大程度一致①。

4.4 企业群落，涵养科技成果转化需求"主力军"

我国中小企业作为国民经济和社会发展的"生力军"，贡献了约 50%的税收、60%的GDP、70%的技术创新、80%的就业岗位，我国 90%以上的市场主体都是中小企业。我国的科技成果转化工作脱离不了中小企业。广东省以能力建设为主线，推动科技型中小企业的创新发展，不断提升科技成果转化的消化吸收能力，从而推动科技成果需求换挡升级。

1. 多措并举推动高新技术企业量质齐升，成为科技成果转化需求的主力军

珠三角地区大力实施高新技术企业树标提质行动，推动高新技术企业科技研究与试验发展投入不断加大，知识产权产出持续增加，高质量成果不断涌现，成为推动区域创新发展的核心引擎和促进科技成果转化的重要支撑力量。2021 年，广东省高新技术企业数量

---

① 最新全球独角兽榜单出炉！62 家落地粤港澳大湾区，3 家企业估值超千亿元，腾讯网。

连续 6 年排名全国第一，广东省高新技术企业营业收入总额超 10 万亿元、出口总额约 2 万亿元，超 5 万家高新技术企业分布在广东省 20 个战略性产业集群，成为构建现代产业体系、实现产业链供应链自主可控的重要力量[①]。2020 年，珠三角示范区内高新技术企业数量达 51062 家，占广东省高新技术企业总数的 94.8%，两年平均增长率达 8.9%；高新技术企业科研人员总数为 163.8 万人，占广东省从业人员比重超 23%，科技研究与试验发展投入总额达 5939.7 亿元，研发强度达 6.8%，是规模以上工业企业的 2 倍以上，拥有有效发明专利 36.8 万件，每万名从业人员发明专利拥有量达 517 件，同比增长 8.1%。

2. 扶持中小微创新型企业创新发展，培育未来成果转化需求池

通过"初创企业—科技型中小企业—四科企业"[②]的创新能力提升路线，依托"众创空间—孵化器—加速器—产业园"孵化链条，采取加强研发支持、加大金融供给、强化人才和平台支撑、支持技术产品示范应用、加强创新服务和管理等举措，完善科技型中小企业培育体系，持续优化科技型中小企业创新环境，提升科技型中小企业研发能力，促进科技型中小企业成长。2020 年，珠三角地区入库科技型中小企业 34572 家，占广东省科技型中小企业总数的 93.5%，同比增长 28.2%，其中 8 地市入库科技型中小企业超过 1000 家。2020 年，广东省在全国率先发布《广东科创板上市企业知识产权蓝皮书》和《广东科创企业上市知识产权工作指引》，推动知识产权与科创板建设深度融合。广东省推动深圳市、中山市深入实施国家中小企业知识产权战略推进工程。截至 2020 年，珠三角示范区拥有国家知识产权优势示范企业 726 家，通过知识产权管理规范国家标准认证的企业有 15449 家。

3. 知识产权作为科技成果的重要载体，是企业创新发展必不可少的"护城河"和重要的金融资产，知识产权转化培育了一批更有竞争力的中小企业和更具韧性的产业

广东省中小企业数量、拥有专利的中小企业数量、战略性产业集群中拥有专利的中小企业数量均居全国首位，创业创新程度活跃。截至 2020 年年底，广东省的中小企业数量为 586.5 万家，占全国中小企业总量的 13.7%；其中，拥有专利的中小企业数量为 20 万家，占全国拥有专利的中小企业总量的 19.8%。广东省战略性产业集群中拥有专利的中小

---

① 广东"创"出经济发展新功能，南方新闻网。

② "四科"标准科技型中小企业：每家科技企业要拥有关键核心技术的科技产品，科技人员占比大于 60%，以高价值知识产权为代表的科技成果超过 5 项，研发投入强度高于 6%。

企业数量为 11.5 万家，占全国战略性产业集群中拥有专利的中小企业总量的 18%。在战略性产业集群中拥有专利的中小企业中，广东省上市企业、国家高新技术企业、近 3 年注册企业和科技型中小企业数量均排名全国前两位，独角兽企业和隐形冠军企业数量分别排在全国第 3 位和第 4 位。战略性产业集群中拥有专利的中小企业数量最多的 6 个广东省内城市依次为深圳市（4.4 万家）、广州市（2.3 万家）、东莞市（1.6 万家）、佛山市（1 万家）、中山市（5272 家）和珠海市（3840 家），全部来自珠三角地区。从全国排名看，广东省战略性产业集群中拥有专利的中小企业数量优势明显，共有 12 个产业（新一代电子信息、新能源、汽车、智能机器人、生物医药与健康、软件与信息服务、数字创意、超高清视频显示、半导体与集成电路、智能家电、现代农业与食品、区块链与量子信息）中拥有专利的中小企业数量排名全国第一，其余 8 个产业（安全应急与环保、精密仪器设备、高端装备制造、先进材料、前沿新材料、现代轻工纺织、绿色石化、激光与增材制造）中拥有专利的中小企业数量均排名全国第二[1]。

4.5　省部院委，铺设重大成果转化需求"引水渠"

广东省工业部门齐全，创新氛围浓厚，尤其是相较于京津冀等其他示范区，珠三角地区的 9 地市省内协同更有"一盘棋"的凝聚力，毗邻港澳，更具有打开面向世界更广阔发展空间的机遇。2005 年 9 月，广东省开创全国之先河，与教育部联合签署了《关于提高自主创新能力加快广东经济社会发展合作协议》，省部产学研合作正式起航。其后，广东省陆续启动与国家自然科学基金委、科技部、教育部、工业和信息化部、中国科学院、中国工程院的产学研合作，2010 年形成了以企业为主体、以市场为导向的"三部两院一委一省"产学研合作格局，推动广东省产学研合作形成了三大推进机制、四大保障体系、五大创新模式的"三四五"发展格局，以及以派驻企业科技特派员为"点"、以建设产学研创新联盟为"线"、以建立产学研区域示范基地为"面"的"点线面"合作体系。省部院委合作体系把提高自主创新能力和促进科技成果产业化作为重要目标，以高新技术产业化促进自主创新，通过产学研合作，不断为产业发展提供新工艺、新技术和新产品，加速自主创新成果转化为现实生产力，实现自主创新与产业化良性循环，把全国高校、科研机构的科技优势、人才优势与广东省市场经济发展较为成熟的优势紧密结合起来，打造科学技术与经济社会发展互利共赢的广东新高点[2]。

---

① 相关内容来自《广东省战略性产业集群中小企业知识产权发展状况蓝皮书》。

② 教育部科技发展中心。

1. 打破了以往项目只接受广东省内单位申报的单一局面，发出全国重大科研成果项目齐聚广东省"集结令"

2018 年 8 月，广东省科技厅发布了《广东省科学技术厅关于主动承接国家重大科技项目遴选一批符合广东需求的项目入库支持的通知》，首次面向全国（包括港澳地区）发出好项目落地邀请，包括国家科技重大专项、国家重点研发计划、国家重大仪器专项等重大科技计划项目等，通过将其纳入广东省重点领域研发计划及相关专项予以资助，给予相应政策支持和落地保障，并建立以科技创新质量、贡献、绩效为导向的分类评价系统，保障项目成果能为市场所需、为企业所用，注重推进研发成果在广东省的落地转化和产业化。

2. 推动国家自然科学基金委成果在粤转化

国家自然科学基金委一直以来高度重视和广东省的合作，把广东省作为其开展科技成果转移转化、科技服务经济社会发展工作的重点区域之一。早在 2006 年，为充分使国家自然科学基金成果、人才资源落地广东省，国家自然科学基金委和广东省人民政府共同设立了"国家自然科学基金委—广东联合基金"，这是国家自然科学基金委与地方政府共同设立的第一个联合基金，成功探索了国家引导地方支持基础研究的新模式。此后，双方合作关系不断升温。2019 年 12 月，广东省与国家自然科学基金委签署《广东省加入国家自然科学基金区域创新发展联合基金协议》，共同促进跨区域协同创新，推动区域自主创新能力提升。2020 年，国家自然科学基金委和广东省人民政府联合举办国家自然科学基金优秀成果对接活动，采取"广州主会场+深圳、佛山、东莞、中山分会场"的形式，共遴选了生物医药与健康、新能源与新材料、5G 通信设备、高端装备制造、电子信息、精密仪器设备、食品加工、人工智能 8 大领域 83 项国家自然科学基金优秀成果参会，组织了国内 72 位杰出科学家来广东省开展成果对接，成功对接项目 23 项，有对接意向的项目达 46 项，会上成功签约项目 6 项，促成一大批优秀成果在广东省落地。

3. 携手中国工程院开展高水平产学研合作

2010 年 7 月，广东省与中国工程院签署《广东省人民政府 中国工程院全面推进产学研合作协议》，2016 年 7 月双方签订《广东省人民政府 中国工程院深化推进产学研合作协议》。广东省和中国工程院围绕粤港澳大湾区国际科技创新中心建设、加快推进共建中国工程科技广东战略研究院、加强院士工作站建设、发挥院士国家团队作用积极引导国家重大科技成果在广东省落地等方面，深化双方高水平产学研合作。2018 年 6 月，双方已在院士工作站建设、共同推动广东省数控一代机械产品创新应用示范工程、重大战略决策咨询、高端学术交流等方面进行高水平产学研合作。广东省共引入中国工程院院士105 位、双院院士 2 位，参与建设院士工作站 118 个，引进院士及团队核心技术人员驻粤800 多人，制定技术及产业规划 140 多项，突破核心技术 800 多项，为企业培养各类科技人才 3500 多人，转化各项成果 1100 多项，实现经济效益 200 多亿元[①]。

4. 与中国科学院建立全面战略合作关系

2009 年 1 月 22 日，中国科学院与广东省在广州市签署了全面战略合作协议，拉开了院省全面战略合作的序幕。到 2019 年，中国科学院与广东省签署全面战略合作协议十周年，院省合作行稳致远，在科技创新发展上频亮新招，构建了覆盖广东省的"一园（明珠科学园）、一廊（深圳—东莞—广州—佛山科技创新走廊）、一网络（科技服务网络）、一体系（国家大科学装置体系）"科技创新生态，探索出一套具有广东省特色的科技成果转移转化模式，为广东省建设有国际竞争力的现代产业体系和实现高质量发展发挥着重要科技支撑作用。双方在重大科技基础设施建设、高水平研究机构布局、产业技术创新体系构建、新型研发机构与创业孵化平台培育、重大科技成果转移转化、人才引进与培养等方面开展了全方位、多层次、宽领域的务实合作，签署了《广东省人民政府与中国科学院全面战略合作协议》《关于共建创新型广东的合作协议》《共建珠三角国家大科学中心意向协议》《广东省人民政府　中国科学院"十三五"全面战略合作协议》《共同推进粤港澳大湾区国际科技创新中心建设合作协议》等一系列重大院地合作协议，推动一大批重大项目和成果落地广东省。中国科学院在粤院属单位涉及的研究领域包括海洋开发、资源环境、生态保护、新能源与新材料、生物医药、先进制造、人工智能、大数据与云计算等，在广东省的科研布局日臻完善，瞄准地方产业需求，通过共建一批新的技术研发平台、成果产业化基地、孵化基金体系，形成"技术研发—成果转化—孵化育成"的完整链条，加快构建覆盖广东省的科技产业创新和成果转移转化体系，为粤港澳大湾区建设世界一流创新型企业提供支撑。截至 2019 年年底，中国科学院相关单位在粤合作共建省级新型研发机构 34家，共同设立科技产业基金 8 只，总规模 28.15 亿元，建设国家级科技企业孵化器 3 个，成立产业创新联盟 48 个[②]。

---

① 广东省科技厅。

② 广东省与中国科学院战略合作十周年，省院牵手结出哪些硕果？南方新闻网。

5. 与科技部、教育部、工业和信息化部开展跨部门多层次产学研合作

广东省人民政府和教育部充分发挥部属高校具有的科研、教育、人才、科技成果优势和广东省企业制造业基础，共同支持部属高校来粤进行科技成果转化和产业化，支持推进部属高校自建或与广东省珠三角地区各地市合作共建产学研平台 44 个、科研平台 60 个（其中，国家级 5 个，省部级 32 个，省级 9 个）、转化服务机构 11 家（其中，国家级 6 家，省部级 1 家），组建省部产学研创新联盟 286 个，不定期举办中国海外人才交流大会暨中国留学人员广州科技交流会、中国国际高新技术成果交易会、长三角科技成果交易博览会等科技成果展示、推介、交易等平台活动，促进部属高校科技资源与广东省企业技术需求的对接，加速科技成果的转化和产业化。广东省自 2008 年起在全国率先实施企业科技特派员行动计划，2020 年 4 月，行动计划"2.0 版"启动实施，依托华南技术转移中心建设的全国首个企业科技特派员线上精准对接服务平台正式上线，让企业精准"定制"科技特派员成为可能，深入实施以企业技术需求为导向的科技成果转化模式。截至 2022 年 10 月底，平台已集聚来自清华大学、北京大学及港澳地区的 4081 位高端科研人才，推动 1172 项关键技术成果对接转化，实现技术交易额超过 6 亿元。广东省人民政府联合科技部本着"国家主导、部省联动，需求牵引、聚焦重大，规范高效、开放融合"的原则，探索建立部省共同出资、共同组织实施国家重大研发任务的新机制，促进重大科技成果在广东省转化落地，推动广东省建立具有国际竞争力的现代产业技术体系。2018—2022 年，联动组织实施国家重点研发计划"宽带通信和新型网络"重点专项等，集聚全国创新资源，抢占未来产业创新制高点，加大科技资源配置方式创新力度。广东省人民政府联合工业和信息化部围绕重点产业发展，签订《工业和信息化部、应急管理部、广东省人民政府共同推进安全产业发展战略合作协议》等细化合作协议，成立中国制造业创新联盟等重要抓手，加快推进引领性、关键性、基础性重大项目建设，建立完善产业创新体系和生态体系，推动将广东省打造成为全国创新要素的集聚地、先进技术的策源地和制造业创新的示范地。未来，珠三角地区将充分发挥制造业发达优势，打造先进制造技术成果转化应用示范区。

4.6 尊重企业，唱好弘扬企业家精神的"主旋律"

党的十八大以来，以习近平同志为核心的党中央高度重视企业家群体和企业家精神在国家发展中的重要作用。2020 年，习近平总书记在企业家座谈会上指出，企业家要带领企业战胜当前的困难，走向更辉煌的未来，就要弘扬企业家精神，在爱国、创新、诚信、

社会责任和国际视野等方面不断提升自己，努力成为新时代构建新发展格局、建设现代化经济体系、推动高质量发展的生力军。在民营企业座谈会上，勉励民营企业家"弘扬企业家精神，做爱国敬业、守法经营、创业创新、回报社会的典范"[①]。2020 年 10 月，习近平总书记在广东省考察时强调："大家要深刻领会党中央战略意图，在构建新发展格局这个主战场中选准自己的定位，发扬企业家精神，推动企业发展更上一层楼，为国家作出更大贡献。"[②]大力弘扬新时代企业家精神，要形成理解企业家、尊重企业家、爱护企业家、支持企业家的良好氛围，要千方百计把市场主体保护好，激发市场主体活力，发挥好企业家的作用，要培育高层次企业家队伍，助力科技企业基业长青、做大做强，带动更多科技领军企业和世界一流企业不断涌现。优秀企业家和企业家精神，是科技成果转化的重要力量。弘扬企业家精神、锻造企业家队伍，激发科技成果转化的积极性、主动性、创造性，增强科技成果转化的使命感，推动企业发挥更大作用、实现更大发展，开启科技成果转化工作新局面，是科技强省大局的强大精神支撑。

1. 实施科技型企业家职称评审直通车制度，可破格直接申请高级职称

企业是科研组织、研发投入、技术创新、成果转化的主体，广东省在 2018 年发布"科创 12 条"——《关于进一步促进科技创新的若干政策措施》，提出建立科技型企业家高级职称评价直接申报和认定机制的"绿色通道"，均可突破现行职称评审标准中关于资历、学历、论文、年限、课题等规定，按照现有职称评审程序，直接向对应评审委员会申报，以充分激发科技型企业家的创新积极性，更好发挥科技型企业在广东省科技创新和产业发展中的示范引领作用。广东省科技厅会同广东省人力资源和社会保障厅共同组织开展科技型企业家高级职称评审，根据职称分类评价和业内专家评审原则，2019 年和2020 年共有 264 人获得高级职称[③]。

2. 多措并举，大力弘扬新时代广东企业家精神

2017 年，我国首个聚焦企业家精神的文件《中共中央 国务院关于营造企业家健康成长环境弘扬优秀企业家精神更好发挥企业家作用的意见》发布。党的十九大报告指出，激

---

① 在企业家座谈会上的讲话（2020 年 7 月 21 日），中国政府网。

② 习近平在广东考察时强调以更大魄力在更高起点上推进改革开放在全面建设社会主义现代化国家新征程中走在全国前列创造新的辉煌，人民网。

③ 广东省人力资源和社会保障厅。

发和保护企业家精神，鼓励更多社会主体投身创新创业。激发企业家精神，就要营造公平的生产环境，给各个经济主体以平等的地位，拓展企业家精神生存空间。2018年，广东省发布了《关于促进民营经济高质量发展的若干政策措施》，提出弘扬企业家精神，打造"风云粤商"等品牌活动，定期发布广东省民营企业社会责任报告，在评选表彰活动中发挥优秀企业家示范带动作用，加强诚信体系建设和宣传教育等。企业家精神具有时代性和一定的地域性，广东企业家用"闯"的精神、"创"的劲头、"干"的作风，奋发向上、追求卓越，以工匠精神铸就制造业强省，以"敢为天下先"的精神打造改革开放前沿阵地，以爱国精神推动广东省稳定发展。作为拥有超过300万个商事主体的国际化大都市，深圳市90%以上的企业是民营企业，深圳市人民政府一直以来与人才同频共振，与企业家同心共荣。2019年，深圳市在全国率先法定设立"深圳企业家日"，打造多层次的政企沟通和企业交流平台。2022年，佛山市在广东省内率先设立"佛山市企业家日"，致敬作出贡献的优秀企业家，实现企业家精神的传承，在全市营造尊重企业家、爱护企业家、支持企业家的良好氛围（见图4-4）。2022年7月，佛山市正式施行全国首部服务市场主体的地方性法规《佛山市市场主体服务条例》；8月，佛山市印发《中共佛山市委办公室 佛山市人民政府办公室关于扎实开展"三走"工作的通知》，要求各级干部"走下去"服务企业、"走出去"招商引资、"走上去"争取支持，强化服务企业意识。广州市在全国首推100项智能秒批（核）事项，在全国率先推出"专精特新10条"，在全国首创"上管老、下管小"全链条人才服务，在全省首推"免申即享"等惠企举措，打造良好的企业发展环境。

图4-4　2022年佛山市企业家大会

第 5 章　成果转化平台对接

　　技术转移机构是科技与经济协调发展的纽带，是实现高新技术产业化和成果转化的关键节点。专业化技术转移机构是为科技成果转移转化活动提供全链条、综合性服务的专业机构。通过建立专业化技术转移机构来开展科技成果转化是技术转移和成果转化的重要方式，核心是发挥技术经理人的专业优势，为转化成果提供专业化服务。2020 年 3 月，中共中央、国务院印发《中共中央　国务院关于构建更加完善的要素市场化配置体制机制的意见》，将培育发展技术转移机构作为加快发展技术要素市场的重要举措和明确任务，提出新的更高要求。广东省加强对技术转移机构发展的统筹、指导、协调，引导技术转移机构市场化、规范化发展，提升服务能力和水平，培育一批具有示范带动作用的技术转移机构。加强高校、科研院所技术转移机构建设，鼓励建设专业化技术转移机构，加强科技成果的市场开拓、营销推广、售后服务。加快社会化技术转移机构发展。鼓励各类中介机构为技术转移提供知识产权、法律咨询、资产评估、技术评价等专业服务。引导各类创新主体和技术转移机构联合组建技术转移联盟，强化信息共享与业务合作。鼓励有条件的地方结合服务绩效对相关技术转移机构给予支持。

5.1　专业服务，牵住技术转移服务机构"领头羊"

　　一直以来，广东省通过引导建立和培育各类科技成果转化服务机构，推动科技成果转化由政府主导迈向市场化、社会化。珠三角地区作为科技成果转化活动密集地，目前已建成以国家技术转移中心为牵引、以各类技术转移服务平台为支撑的专业机构矩阵，建立健全地方科技成果转化工作网络，完善承接科技成果转移转化的平台与机制，帮助中小企业寻找应用科技成果，搭建产学研合作信息服务平台。

1. 国家技术转移机构示范引领科技成果转化服务

　　国家技术转移体系是国家创新体系的重要组成部分，是推动科技成果不断产生，促进科技成果扩散、流动、共享、应用，并实现经济社会价值的生态体系。国家技术转移机构是技术转移体系的重要组成部分，是为促进知识流动和技术转移提供技术经纪、技术集成、中试孵化、技术评价、检验检测、技术投融资等服务的机构。近年来，广东省积极推进技术转移机构建设，调动各类创新主体的积极性，技术交易活跃。作为我国科技成果资本化、产业化的重要"推手"，国家技术转移区域中心建设正加快推进，以中关村国家技术转移集聚区、国家技术转移南方中心为牵引的全国技术转移"2+N"体系布局业已成型，国家技术转移南方中心快速推进技术转移机构备案工作。截至 2020 年，广东省 31 家国家技术转移机构全部分布在珠三角地区，数量居全国第 3 位；从业人员 4384 人，其中，专职从事技术转移的人员有 1167 人，技术经纪人有 374 人；促成技术转移项目 21068 项，促成金额 37.55 亿元，在聚合创新资源、推动协同创新、促进资源共享和专业化运营等方面发挥了显著作用[①]。

2. 珠三角示范区多地市推进各类技术转移服务平台建设

深圳市目前共有备案技术转移机构 92 家，重点推进国家技术转移南方中心暨深圳科技创新服务大厦建设，目前已完成国家技术转移南方中心启动区建设，包括 1300m² 的展示厅和 1700m² 的小型技术转移服务机构集聚区。在区域分节点上，深圳市积极推动国家技术转移南方中心光明分中心建设，探索建立概念验证中心、中试孵化基地、检验检测基地等，整合粤港澳大湾区技术供给资源，对接国内外技术市场需求，集聚一批世界前沿科技成果在深圳市转移转化。佛山市共有市级科技成果转化平台 43 个，2020 年市级科技成果转化平台资助金额共 453 万元，其中，建设广东高校科技成果转化中心成效显著，2020 年前三季度已完成 5 批 700 余人次成果转化技术经理人培训，举办区域性科技成果对接活动 20 场，累计 1094 人次参与，促进高校科技成果落地转化金额累计 1 亿多元。东莞市建设知识产权交易服务中心、"东莞科技在线"等成果交易对接平台。中山市引入科易网建设技术转移和知识产权交易协同创新中心，自 2018 年 3 月平台试运行至 2021 年 9 月，服务企业 5200 家，走访和来访重点企业 1040 家，征集企业技术难题需求 816 项，举办线上线下对接活动 35 场，对接高校院所 130 余次，平台线上签订技术交易合同 182 项，合同金额 1.47 亿元。惠州市与科易网共建技术转移及招才引智平台，为企业技术转移及招才引智提供服务。珠海市依托粤澳合作中医药科技产业园建设粤港澳中医药科技成果转化基地，构建中医药科技成果服务平台，建立中医药科技成果数据库，促进粤港澳大湾区中医药科技成果孵化及转化，力争成为推动粤港澳大湾区中医药科技产业发展的重要引擎。广

---

① 张宗法，周慊，陈敏. 广东国家技术转移机构发展现状、问题和对策[J]. 科技创新发展战略研究，2021，5（4）：6.

州市在"环华工"建设成果转化天河基地，成为全国首个粤港澳大湾区科技成果转化板，首批注册展示科技成果就达 200 多项。同时，广州市正积极推动"环中大""环大学城"等高教集中区域建设开放式成果转化基地，充分发挥高校的"锚定"作用，形成围绕高校技术力量的成果转化生态圈。江门市建设江门市珠西科技产业创新服务中心，将其打造成为集技术交易、科技金融等功能于一体的综合服务平台；发挥江门市技术交易中心的平台优势，利用大数据、云计算等技术促进科技成果与产业需求精准对接，推动先进适用技术在江门市落地转化。

5.2　有效连接，厚培研发与应用一体化"试验田"

科技成果转化工作长久以来面临着科技和经济"两张皮"问题，关键阻点在于成果从高校院所到企业、从实验室到车间、从研发到生产，须跨主体、跨区域、跨项目，还面临着匹配对接等核心难题。广东省坚持企业在成果转化中的主体地位，引导支持企业与高校，科研院所与地方政府、企业共建新型研发机构，直接缩短成果转化的时间和环节，提高成果转化工作系统协同，并实行 3 年滚动评估等监督机制，提升新型研发机构研发、孵化和服务能力。支持企业与高校、科研院所联合建立工程技术研究中心、企业重点实验室等机构，共同开展研究开发、成果应用和推广等，不断完善技术成果向企业转移扩散的机制。

1. 全国首创引导培育新型研发机构，打通科技成果研发和应用的中间环节

2017 年，广东省在全国率先制定出台《广东省科学技术厅关于新型研发机构管理的暂行办法》，启动建设新型研发机构。作为广东省创新"土壤"上成长起来的科技"新业态"，新型研发机构是在新一轮科技革命和产业变革背景下，因经济社会发展形势变化，着力于促进科技成果转化而逐步形成的产学研相结合的创新载体。通过引进全国高校院所的优质创新资源，新型研发机构致力于构建面向产业需求的研发机制，建立产学研相结合的技术研发应用基地，提供技术研发和集成、中试熟化与工程化服务，支撑行业共性技术成果扩散与转化应用。近年来，新型研发机构在推动科技创新、集聚创新资源、创新创业孵化、服务经济社会发展等方面取得了突出成效，已成为广东省实施创新驱动发展的新动力。截至 2020 年年底，珠三角示范区 9 地市共有省级新型研发机构 200 家，占全省新型研发机构总数的 80.5%，引进了北京理工大学、中国空间技术研究院、中国科学院药物创

新研究院、复旦大学、新加坡南洋理工大学等一批优质创新资源来粤布局建设技术创新体系，有效促进了高校、科研机构与市场紧密对接，加快提高广东省产业自主创新能力。截至 2020 年年底，由珠三角示范区内新型研发机构培育的在孵企业超过 4300 家，成果转化收入和技术服务收入达 550 亿元以上的企业分别占广东省新型研发机构相应指标的 91% 和 99%，在广东省形成较好示范及支撑作用，带动提升了区域创新能力和产业支撑能力。

2. 加快推进省级工程技术研究中心、省级企业技术中心、省级工程研究中心建设，充分发挥这些机构在促进技术创新、推动科技成果转化及产业化方面的示范和带动作用

省级工程技术研究中心聚焦强化企业科技创新主体地位和促进各类创新要素向企业集聚，形成以企业为主体、以市场为导向、产学研用深度融合的技术创新体系，对具有广阔应用前景的科研成果进行系统化、配套化和工程化研究开发，是聚集和培养高水平工程技术人才、开展产业共性技术研发、产学研协同推动科技成果转移转化、服务产业高质量发展的重要平台。

省级企业技术中心是为了满足企业市场竞争需要而设立的技术研发与创新机构，负责制定企业技术创新规划、开展产业技术研发、创造运用保护知识产权、建立技术标准体系、凝聚培养创新人才、构建协同创新网络。

省级工程研究中心聚焦战略任务、关键技术、核心装备制约突破，是在产业技术创新链条上连接基础研究、应用基础研究及重大科技成果工程化和产业化应用的桥梁和纽带，推动应用研究成果向工程技术转化。

3 类中心分别从创新要素集聚转化提升技术创新能力、创新服务企业市场竞争、创新支撑关键核心技术攻关 3 个维度强化技术转移转化不同的使命。截至 2021 年，广东省共有省级工程技术研发中心 6714 家、省级企业技术中心 1434 家。《广东省发展和改革委员会关于省工程研究中心的管理办法》自 2022 年起施行，同时废止《广东省发展和改革委员会关于工程实验室管理的暂行办法》。2022 年度，广东省共认定省级工程研究中心 16 家。

 专栏：典型新型研发机构

1. 科大讯飞华南人工智能研究院

科大讯飞华南人工智能研究院紧紧围绕广州市 IAB 产业发展和南沙区人工智能产业集聚区建设要求，以基础性、前瞻性、应用性研发为原则，定位于立足广东、辐射华南、

服务全国，打造华南人工智能研发新高地。在应用技术研发方面，其重点发展"AI+教育"，初步建成了具有南沙特色的"人工智能+智慧教育"体系；在"AI+医疗"方面，建立了人工智能辅助诊断中心、多病种人工智能影像工作站和医疗人工智能平台，具备人工智能医学影像辅助诊断、肺部多病种医学影像智能检测、医疗人工智能语音服务等功能；在"AI+工业"方面，重点在纺织行业突破，打造了一款多端协同智能质量检测产品；在"AI+机器人"方面，承建"机器人智能交互"广东省新一代人工智能开放创新平台，提升机器人的交互体验和应用实施效率。

2．东莞松山湖国际机器人研究院有限公司

东莞松山湖国际机器人研究院有限公司重点围绕运动控制器、精密减速器、电主轴等核心零部件研制，在运动控制器方面，全新设计了第二代控制器架构，可提供高层控制计算能力，剔除了定制电缆，有效降低了机器人控制系统的成本，并提升其可靠性和扩展性；在超声电主轴方面，研制的超声波电主轴、独创的无线传输技术、即插即用且高精度的闭环控制系统，使加工质量、加工效率、加工稳定性得到了显著提升，处于世界领先地位。东莞松山湖国际机器人研究院有限公司还为满足机器人企业孵化和人才培养的长期发展需求，建设机器人产业孵化基地项目，大力发展工业 4.0、农业 4.0 和智慧城市，形成集研发、生产、配套等功能于一体的国际领先、国内一流的国家级机器人产业示范基地，打造世界第一个"机器人小镇"。

5.3　高校牵头，释放沉睡科技成果转化"清醒剂"

高校作为我国基础研究和高技术领域原始创新的主力军，是国家及区域科技创新体系的重要组成部分，在技术创新、人才培养、科研平台及研究设备等方面有独特优势，具备科技成果转化的天然优势。《中国科技成果转化年度报告 2019（高等院校与科研院所篇）》显示，全国设立技术转移机构的高校占比仅为 30.1%，已建立的技术转移机构也不同程度地存在职能定位散、服务水平低、发挥作用弱、人才储备少等问题，难以有效承担高校科技成果转移转化的职责和使命。2020 年，科技部和教育部印发《关于进一步推进高等学校专业化技术转移机构建设发展的实施意见》，提出了设立内设机构、与地方联合设立专业化机构、全资设立公司 3 种主要的高校技术转移机构建设模式，鼓励高校在健全高校科技成果转化管理和流程、完善激励机制、培育转化人才队伍等方面形成完整的工作体系，结合实际探索新的建设方式和运作机制，全面强化高校科技成果转移转化能力建设，进一步完善高校科技成果转化体系。目前，在珠三角地区，科技成果转化成效较好的高校普遍设立了适合自身特点的技术转移机构，具有机制逐步完善、专业服务能力不断增强等特征，是国家技术转移体系的重要组成部分。

1. 建设广东高校科技成果转化中心

2018 年，经广东省人民政府批准，广东高校科技成果转化中心注册成立，以"管理中心+线上服务平台+转化基地"的模式建设，目前已搭建起有成果、有专家、有投资、有政策、有基地、有人才、有案例的"七有"科技成果转化平台，出台实操性强的《标准化成果转化管理流程》，形成包括 4 个一级流程、12 个二级流程、30 个三级流程及 100 多个规范、模板与标准操作的成果转化全流程。强化地市合作，2020 年，推动广东省本科院校向佛山市企业转移技术成果 673 项，服务收入达 1.68 亿元。深化高校独家代理合作，获得包括刘焕明院士在内的 20 位教师的成果转化独家代理权，代理制推动成果落地金额 2.7 亿元。强化与美的、顺威等制造业强企战略合作，共建联合研发平台，探索开发高校科技成果运用场景。打造集培训、路演、对接会于一体的科创服务体系，搭建聚集广东省 154 所高校、全国 400 余所高校的科研资源网络，建设深圳市医药领域基地、粤东分中心、粤港澳大湾区高校科技成果转化中心、国际化协同创新中心等资源抓手，实现钟南山院士团队院感防控创新技术、清华大学兰旭东副教授团队动力单元系统等重大项目转化金额过 1 亿元。

2. 建设高校科技成果转化和技术转移基地

高校科技成果转化和技术转移基地以服务国家重大区域发展战略和经济社会发展需求为导向，充分发挥科技创新对高校人才培养和"双一流"建设的带动作用，打造一批体系健全、机制创新、市场导向的高校科技成果转化和技术转移平台，结合实际开展体制机制探索，形成一批可复制、可推广的经验做法，促进高校科技成果转移转化能力明显提升，各具特色的高校科技成果转移转化体系逐步建立和完善。教育部于 2019 年、2020 年开展两批次高校科技成果转化和技术转移基地认定工作，形成了良好的工作基础。科技创新基础好、成果转化需求强烈、高校成果转化工作特色鲜明、转化协同成效显著的地方和高校，服务国家、区域重大战略实施及重点产业发展贡献突出。目前，广东省有中山大学、华南理工大学、华南农业大学、暨南大学 4 所高校获得认定，全部分布在珠三角示范区内。此外，香港大学、香港中文大学、香港科技大学、香港理工大学均在深圳市和广州市南沙区设立了科技成果转化基地，澳门大学国家中医药重点实验室、澳门科技大学国家中医药重点实验室在珠海市建设了粤澳中医药科技产业园。

3．依托高校试点，培育建设一批示范性、专业化国家技术转移机构，促进高校技术转移机构专业化水平整体提升

专业化国家技术转移中心建设试点在已被认定为"国家技术转移机构""高校科技成果转化和技术转移基地"，且科技成果转化成效显著的高校开展。在 2020 年全国已认定的 453 家国家技术转移机构中，依托高校建立的机构有 134 家。2021 年 10 月，科技部启动首批高校专业化国家技术转移机构建设试点，中山大学、华南理工大学入选。以高校专业化国家技术转移机构建设为工作抓手和突破口，进一步改革完善高校科技成果转化体系和转化能力建设，围绕建立技术转移机构、明确成果转化职能、建立专业化人员队伍、完善机构运行机制、提升专业服务能力和加强监督管理 6 方面重点任务，坚持高水平、专业化发展，为高校和科研人员成果转化提供全流程、多元化服务，通过带动性强的试点示范机构的带动作用，全面提升我国高校技术转移机构的专业化水平，支持高校技术转移机构与国家自主创新示范区、国家科技成果转移转化示范区、高新区建立合作，支持科技成果转化成效显著的高校牵头承担应用导向类国家科技计划项目。

4．校地融合，加速提升高校院所科技成果转化能力

2021 年，广州市番禺区政府和广东工业大学携手共建广州大学城（广工）科技成果转化基地（见图 5-1）。基地运营主体——广州大学城（广工）科技成果转化中心已正式登记成立，力争将基地打造成为一个集项目引进孵化、产业育成、展示体验、交易于一体的综合性平台，将广州大学城打造成为粤港澳大湾区创新策源地及人工智能与数字经济试验区

图 5-1　广州大学城（广工）科技成果转化基地

的"最强大脑"。广东工业大学拥有在佛山市、东莞市、惠州市等地市建立的 12 个跨学科协同创新平台及国家级科技企业孵化器 4 家、国家级众创空间 5 家、广东省新型研发机构 7 家等优势，以及累计培育高新技术企业 50 多家、孵化科技企业超过 800 家、培养创新创业人才近万人次等经验。目前，基地引入的 13 项入驻项目覆盖了人工智能、芯片、工业互联网、智能装备等领域，目标是在 5 年内实现就地转化项目 80 项，新增成果转化 200 项，技术合同成交额超 5 亿元，新增产值 5 亿元，助力广州市番禺区产业提质增效、提档升级。

5. 以市场化、企业化运营方式成立科技成果转化服务公司，联动校内技术转移办公室，实施"两块牌子、一班人马"

珠三角地区高校成立广州中大知识产权服务有限公司、广东财大资产经营有限公司等公司，建立专业技术转移队伍，打造"学校管理人员—院系兼职职业经理人—公司专业队伍—科研人员" 4 个层次一体化运行的成果转化人才体系，提供专业化科技成果转化服务，实现"前期科研创新成果转化""后期实施运营投后管理"的有效衔接。依据技术转移绩效对技术转移机构给予激励，支持科技人员通过创业实施科技成果转化，不断提升市场化科技成果转化水平，有力推动科技成果转化服务机构市场化、企业化运营。

专栏：华南理工大学

作为全国最早开展科技成果转化体制机制改革的高校之一，华南理工大学不断探索促进科技成果转化的高质量发展体制机制，组建了提供"一站式"服务的科技成果转化职能部门和管理服务团队，加大了科技成果转化的激励力度，创新了向企业派驻科技特派员、建设"校企联合实验室"、共建"五院一园"科技成果转化创新示范区等科技成果转化举措，有效推动了国家重大战略和粤港澳大湾区产业发展前沿需求与学校科技成果的有效对接。

"十三五"期间，华南理工大学科技成果转化项目合同总经费比"十二五"同期增长50%。科技成果在服务区域创新建设发展过程中，赢得了社会各界的广泛认可，先后被认定为首批"高等学校科技成果转化和技术转移基地""国家知识产权战略实施先进集体""国家知识产权示范高校"等，2018—2019 年连续两年的《在穗主要高校和科研院所支撑地方经济社会发展评价报告》显示，2018 年、2019 年华南理工大学总体支撑指数和科技成果转化指数均为 100 分,稳居广州高校首位①。2021 年 10 月,华南理工大学成为首批入选高校专业化国家技术转移机构建设试点的 20 所高校之一。华南理工大学通过建立市场化运作机制和灵活的人才激励机制,培养了一支高水平的技术转移人才队伍;通过联合知识产权代理公司、成果价值评估公司、技术交易平台、投融资机构等专业的第三方服务机构,构建立体联合、开放创新的技术转移全链条服务体系。通过校企联合实验室、校地创新平台搭建科学完善的科技成果转化网络,加速促进科技成果资本化、产业化,形成经济持续稳定增长的新动力,从而推动形成学校科技成果转化和创新创业的新格局,支撑学校成为粤港澳大湾区产业发展的创新策源地、人才输送地、科技成果转化示范地。从建设到初步运行,华南理工大学高校技术转移机构建设试点运行现状和创新机制可以归纳为以下 5 点。

1. 建立以知识价值为导向的激励制度

通过完善科技成果转化管理等制度文件、增设成果转化专业技术岗,深化考核评价机制和市场化收益分配,调动科技成果转化积极性。

2. 构建多元化技术转移转化模式

深入产业一线,联合上下游企业,推动产学研联盟、产学研合作基地、校企联合研究机构建设,构建以企业为主体、以市场为导向、产学研相结合的技术创新体系,推进与产业行业龙头企业共建联合实验室、联盟,与重点企业联合攻关行业关键技术难题。

3. 形成市场化的知识产权运营合作模式

与区域优质第三方的科技服务和知识产权服务机构合作,开展专利挂牌交易、专利交易托管、专利在线交易、校企精准对接等运营新模式,促成高分子材料加工、光电材料等领域近千件专利和计算机软件著作权通过技术转让、许可或技术入股等方式实施转化,合同总经费超过 4.08 亿元。

4. 完善科技金融投资体系

科技成果转化办公室联合学校法务、人事、资产等有关部门针对专利作价入股创办企业事项,探索了全流程的服务机制。2017 年以来,华南理工大学推动 130 件专利和计算机软件著作权作价出资超过 2.4 亿元。以国家大学科技园为试点,联合银行和投资机构,为学

---

① 再居榜首!华南理工领衔在穗主要高校总体支撑指数排行榜,华南理工大学。

校科技成果作价出资创办的企业定制金融服务方案和融资辅导，加速创新企业成长壮大。

5. 运营省级技术合同认定登记点

作为全省唯一一家设立在高校内部、由高校运营的技术合同登记机构，华南理工大学负责广州市天河区 20 家高校和科研院所的技术合同登记工作，年技术交易合同登记量超过 2000 项，自 2018 年起年合同登记金额均超过 10 亿元。

5.4 院所路径，把牢科技成果转移转化"方向标"

广东省科学院作为广东省科研院所重要组成部分，较好地反映了科研机构的基本概貌。《中国科技成果转化年度报告 2021（高等院校与科研院所篇）》显示，2020 年广东省科学院以转让、许可、作价投资和产学研合作（技术开发、咨询、服务）方式（以下简称"所有转化方式"）转化科技成果合同金额 87240.07 万元，较 2019 年增长 32.6%，在全国科研院所中排名第 4 位，在全国 3554 家高等院校和科研院所中排名第 21 位，首次参与排名的以产学研合作方式转移转化科技成果中，实现合同金额 84889.59 万元，在所有地方所属科研院所中排名第 1 位，在全国高校院所中排名第 15 位。自《中国科技成果转化年度报告 2018（高等院校与科研院所篇）》首次发布以来，广东省科学院以所有转化方式转化科技成果合同金额已连续 4 年排名全国科研院所前 10 位，在粤科研院所中排名第 1 位。

1. 深刻认识和把握资本作为生产要素的内涵与规律，构建省院多层次科技金融体系，引导撬动社会资本发挥助燃科技成果转化"新引擎"的积极作用

广东省科学院为解决成果转化中"基础研究→开发→商业化→产业化"各环节的资金瓶颈问题，遵循梯次培育主线，构建了覆盖"创业苗圃—众创空间—孵化器—加速器—产业园"的全方位、全链条、多层次的科技金融体系，旨在为高新技术企业提供精准、个性化的全生命周期金融服务，并加强与银行合作，为科创团队提供"科技贷""投资与担保联动"等金融产品，着力破解初创期高新技术企业"融资难、融资贵、融资繁"问题。为引导撬动各细分领域产业基金、风险投资等金融资本流向技术创新和成果产业化，积极探索建立"科技+产业基金+VC、PE、风投"新机制，对有条件的院属参股、控股科技企业进行股权改革，在一定程度上缩短了科研成果"找资金""找战略伙伴"的时间。

2. 遵循科技创新与市场经济规律，建立"拨投结合"的市场化支持机制，最大限度地发挥省院基金赋能区域科技自立自强的"双轮驱动"效能

广东省科学院为打通科技成果转化"最先一公里"和"最后一公里"赋能加力。通过设立广东省科学院发展种子基金，在成果转化初期提供支持。为高新技术成果产业化项目团队探索形成"拨投结合、先拨后投、适度收益、适时退出"的支持模式，在前期由广东省科学院发展种子基金立项支持，之后进行市场融资，将前期资金支持转化为股权投资，参照市场化方式进行管理或退出。这样既保证引导和扶持作用，又保障创新团队在早期研发阶段的主导权，以市场机制来确定项目支持强度和获得研发成果的收益，最大限度地发挥了广东省财政资金与省院发展基金的使用效能。以广东粤科欣发新材料有限公司为例，它是由广东省科学院稀有金属研究所发光团队在"拨投结合"的市场化支持机制支持下创办的，致力于高稳定性超细稀土余辉发光材料制备关键技术及产业化项目成果转化应用，目前吸引百余位人才到梅州创新创业，孵化企业产值超 6000 万元，成为面向广东省推广道路安全应急管理的"梅州产品"。

3. 创新体制机制改革着力破解社会资本"不敢投、不愿投、不知道往哪投"的困境，引导社会资本"投早""投小""投科技"

广东省科学院积极创新产权保护制度、诚信体系平台与融资体制机制，通过探索建立以"利益捆绑、利益共享、风险共担"为原则的"院天使基金池引导+研发团队现金投入+技术经纪（经理）人持股跟投+合伙制天使基金池+社会风险投资加速"机制模式，发力引导各类社会资本"投早""投小""投科技"。在原始创新前端环节，广东省科学院扎实推进职务科技成果赋权改革，对科研人员实施"直接赋权""过程赋权""提前赋权"，规定科研人员从成果转让收入中可提取的比例不低于 70%、上不封顶，远高于国家规定的不低于 50%的比例，激活科研人员科技成果转化的内生动力。在成果转化中端环节，为破解"一方不懂经营，另一方不懂技术"的困境，广东省科学院创设了"科研团队控股+技术经纪（经理）人持股、跟投"等股权激励模式。这既激活了技术经理（经纪）人的主观能动性，又充分保障了科学家安心做科研，扩大了科技成果转化半径。在成果转化中后端环节，为提升科技成果转化全方位支撑能力，降低单一项目投资带来的高风险，广东省科学院积极探索股权改造机制、交叉持股机制、持股跟投机制，联合各类投资机构共同投资原始技术创新和成果转化应用，为探索实现"从 0 到 1""从 1 到 10""从 10 到无穷大"科技成果产业化贡献了"省院智慧"与"省院力量"。

4. 积极探索建设适宜广东省特点的技术育成孵化组织载体——地方产业技术研究院，参照企业化运营的管理模式和多元化的组建模式，提升服务企业创新效率，促进产业结构升级

在组织架构设计上，地方产业技术研究院实行董事会领导下的院长（总经理）负责制和无行政级别的企业独立法人运行管理机制。其围绕当地产业需求，依托政府组织、科研机构及高校，联合相关企业面向产业共性技术与关键技术开展前瞻性研究和应用，解决产业发展中的技术瓶颈问题，有效整合创新链与产业链，打通科学、技术、产业环节；通过布局地市机构，实现由"个体单打独斗"向"群体协同突破"演化，培育从"要素驱动"转向"创新驱动"，探索建立多层次立体产学研合作与技术育成孵化组织载体。

5. 坚持"引进来"和"走出去"双管齐下，致力打造聚焦产业技术、服务区域协调发展的综合产业技术创新中心

通过孵化载体国际化发展，集聚全球高端英才，鼓励开放创新，支持先进技术境内外双向转化，打造一批国际创业者的群居集聚区和创业孵化区。截至 2021 年，广东省科学院与以色列、俄罗斯、乌克兰等世界创新高地，联合举办国际化高端创新创业论坛及相关活动，并成立院士创新成果转化中心、中国—乌克兰科技产业创新中心、中国—白俄罗斯科技产业创新中心等离岸产业技术创新载体，初步建立了"全球项目+国际孵化+广东加速转化"境内外孵化模式，同时也为国内企业"走出去"提供支持。

6. 加强体制机制改革，全方位释放科技成果转化活力

（1）引入混合所有制模式。2019 年经广东省人民政府批复成立广东省科学院控股有限公司，代表广东省科学院统一对院所控股、参股企业依法行使股东权利，并对院所其他经营性国有资产承担监督管理责任，确保国有资产保值增值，逐步构建起以地方产业技术研究院、广科双创产业发展（广州）公司等为主的科技企业孵化器运营主体；积极推进职务科技成果赋权改革试点与单列管理试点工作，强化全过程管理和服务，探索分类赋权激励机制、决策机制、风控机制、评价机制、容错机制。

（2）探索建立技术经理（经纪人）运营模式。通过建立限制性股权激励工具，创设"科研团队控股+技术经理（经纪）人"持股跟投等股权激励模式，形成利益捆绑、利益共享机制。

（3）不断完善薪酬分配与激励机制，鼓励科研人员双向流动，既提升科技成果的应用价值，又形成稳定的产学研合作关系。

以"机制+载体+人才"模式建立起以市场为导向、以企业为主体，技术经理（经纪）人运营，利益捆绑、利益共享的技术育成孵化和产业技术服务工作机制。探索"科技+金融+产业"的发展模式，打造广东省科学院天使资本池，撬动财政资金、金融资本、社会资本投入科技成果转化[①]。

7. 深度参与"基础研究+技术攻关+成果转化+科技金融+人才支撑"全过程创新生态链

在基础研究、技术攻关和成果转化方面，广东省科学院主要通过建设知识创造转移体系、技术育成孵化体系、产业技术服务体系"三体系"畅通科创全链条，打造自身的全过程创新生态体系，全链条推动知识转化为现实生产力，使各创新要素在"研究技术化—技术商品化—商品产业化—产业规模化"过程中实现增值。在科技金融方面，遵循梯次培育主线，提供全生命周期的精准、个性化融资服务，搭建"院发展基金引导+研发团队现金投入+技术经纪人持股跟投+合伙制天使基金培育+金融/社会风险投资加速"的融资方阵，建立"拨投结合、先拨后投、适度收益、适时退出"的市场化支持机制，引导资金活水流向技术创新和成果产业化。

在人才支撑方面，建设"杰出科学家+科技领军人才+骨干科研人才+青年科技人才+技术经纪人"的梯度式人才方阵，进而支撑科创全链条发展。目前，广东省科学院探索建立以"有得转、转得了、转得快、转得好"为鲜明特征的技术创新生态系统，以"机制+载体+人才"的创新模式，建立起以市场为导向、以企业为主体，技术经理（经纪）人运营，利益捆绑、利益共享的技术育成孵化和产业技术服务工作机制，在广东省内布局了一批产业技术研究院、产业技术服务中心和双创产业园，促进创新链、产业链、资金链、政策链的有效嫁接与深度融合，营造了创新创业创富的活力生态圈。

📖 **专栏：广东省科学院佛山产业技术研究院**

广东省科学院佛山产业技术研究院是广东省科学院与佛山市人民政府共同建立的高新科技创新孵化产业基地，也是广东省科学院布局区域产业发展的首个地方产业技术研究院。佛山产业技术研究院自 2018 年 10 月成立以来，全力加速推进高新科技成果在佛山市

---

① 建设技术育成孵化体系助推产业高质量发展——广东省科学院的探索与实践，广东省科学院。

的转移转化，全面加快推进建设立足佛山市、服务珠三角地区、辐射粤港澳大湾区、面向全中国的国际高新科技创新孵化产业基地。

广东省科学院佛山产业技术研究院坚持"崇尚科学、尊重创造，以科技引领产业、让知识创造价值"的办院宗旨，实行"省院主导、政府支持、院市共建、市场运作"运行模式，围绕佛山市"2+2+4"产业集群培育，依托广东省科学院科创枢纽平台优势，整合国内外优势创新资源，聚焦智能制造、电子信息、新材料、生物健康4大领域，在探索以市场为导向、以公司为主体，科学家"专利技术+现金"、佛山产业技术研究院"专业服务+投资"、社会资源（资本）导入的孵化模式等方面积累了很好的经验。2022年，广东省科学院佛山产业技术研究院正式被认定为国家级孵化器，营业面积约1.6万平方米，累计进驻60余家科技型企业，累计孵化3家国家高新技术企业；共孵化（含引入）院士项目2项、省级科技型中小企业12家、省级创新团队2个、佛山市（含高新区）科技创新团队11个、区级科技创新团队2个。

5.5 专业撮合，驶入技术转移服务发展"快车道"

珠三角地区部署落地一批专业化、社会化、市场化科技成果转化服务机构，涌现出一些龙头机构。华南技术转移中心定位于集聚整合国内外高端科技成果、人才、机构、资本等资源，努力建设成为立足粤港澳大湾区、辐射全国、面向国际的综合性技术转移转化高端枢纽平台；广州（国际）科技成果转化天河基地旨在打造科技成果转化的"科技金融标杆"；中国高校（华南）科技成果转化中心则是面向高校院所科技成果转化的"省部共建抓手"。广东省通过树典范、发挥示范带动作用，引领专业技术转移转化服务机构朝更高质量发展。

1. 华南技术转移中心

在广东省人民政府统一部署，广东省科技厅、广州市科技局、广州市南沙区管委会联合支持共建下，华南技术转移中心作为粤港澳大湾区及珠三角示范区建设的重要载体和枢纽平台，目前已初步构建起覆盖"技术需求—成果供给—技术交易—孵化育成—创业投资"等关键环节的成果转化服务体系。其自主开发完成华转网，率先在全国以"科技服务电商"模式打造科技Mall，搭建了知识产权运营、8分钟路演、孵化器赋能等9大功能分平台，累计访问量突破 3500 万人次，注册用户超 4 万个，集聚各类优质创新资源 6 万余项，在百度搜索"技术转移"排名第一，率先实现创新券"全国使用、广东兑付"。依托华转网，打造"科技京东"服务模式，吸引了华为云、天翼云、工业和信息化部电子五所、赛宝实验室等 750 多家优质科技服务机构入驻，超过 5000 家科技型中小企业受益。依托华转网推出全国首个企业科技特派员精准对接平台，实施"揭榜挂帅、精准特派"的企业科技特派员新模式，已汇聚了 4081 位全球高端科技人才为粤港澳大湾区企业服务，引导 2390 家企业发布技术需求 1763 项，共有 1172 项关键技术成果对接转化，实现技术交易额超 8 亿元，带动企业创造经济社会效益超 36 亿元。

华南技术转移中心"1+1+4+9"平台框架体系如图 5-2 所示。

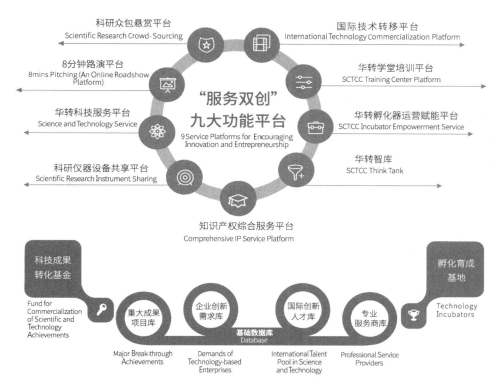

图 5-2　华南技术转移中心"1+1+4+9"平台框架体系

2. 广州（国际）科技成果转化天河基地

在广东省科技厅指导下，广州市天河区委、区政府和广州市科技局在五山—石牌高教区全力建设广州（国际）科技成果转化天河基地，引进广州市国企混改标杆企业——粤港澳大湾区科技创新服务中心（广州）有限公司作为天河基地运营机构；通过要素市场化配置，推动科技成果转化孵化产业化，全方位推动科技成果进入经济社会"主战场"，谱写科技成果转化的"天河样本"。广州（国际）科技成果转化天河基地通过强化顶层设计，紧紧抓住两个关键——"充分发挥政府的主导作用、充分发挥市场在资源配置中的决定性作用"，打造天河科技成果转化"654321"模式（见图 5-3），并进行"从 0 到 1"的探索。2020 年，广州（国际）科技成果转化天河基地实现技术合同登记成交额 734.96 亿元，服务 413 家企业获广州市科技型中小企业信贷风险损失补偿资金池授信 28.92 亿元，"中银天河创新贷"累计为区内企业授信超 10 亿元。突出平台"科技+金融"属性，疏通技术和市场协同创新网络中的现实堵点。举办科技成果对接、投融资对接、高端论坛、品牌赛事、政策宣讲、各类培训等线上线下活动 130 余场，服务科技企业超过 10000 家次，线上观看累计超过 500 万人次。进行了一系列"从 0 到 1"的探索，包括联合广东省股权交易中心发起设立全国首个科技成果转化板，已吸引注册展示科技成果 270 项，成立了湾创创投科技成果转化投资平台，建立"工具+服务"模式，实现"科技成果转化—产业—资本赋能"闭环，以"选、诊、投、管"路径为技术成功孵化一路保驾护航，以"专家之脑"转化重大战略需求的高水平科研成果，以"市场之手"调节要素配置，以"资本之腿"助力跑赢成长竞争。

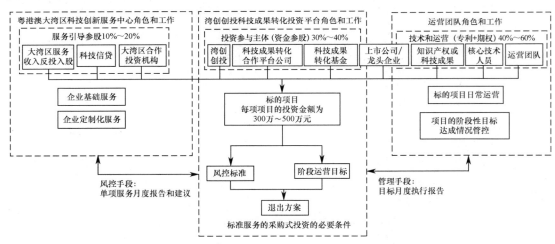

图 5-3　广州（国际）科技成果转化天河基地服务模式

3. 中国高校（华南）科技成果转化中心

中国高校（华南）科技成果转化中心（见图 5-4）是教育部科技发展中心在全国设立的第一个区域性的产学研合作公共服务平台，是经惠州市人民政府批准成立的二类事业单位，旨在构建高校科技成果转移转化的新体制、新机制，建设以需求为导向、市场化运作的科技创新集成服务体系，促进产学深度交流与合作、科技与金融互动发展。中国高校

（华南）科技成果转化中心是承办中国高校科技成果交易会及科交会的常态性展示对接中心，参与运营教育部"大学创新园"，建设运营"网上科交会"，搭建"企业家协同创新俱乐部"及校企产学研合作平台。

图 5-4　中国高校（华南）科技成果转化中心

5.6　辐射全球，扩大国际技术转移转化"合作区"

拓展国际技术转移空间，加速技术转移载体全球化布局。珠三角地区通过加快国际技术转移中心建设，与"一带一路"沿线国家和地区共建技术转移中心及创新合作中心，鼓励企业等法人积极参与，构建国际技术转移协作和信息对接平台，从而加强与国内外技术转移机构对接，在技术引进、技术孵化、消化吸收、技术输出和人才引进等方面加强国际合作和创新合作，形成技术双向转移通道，实现对全球技术资源的整合利用。

1. 设立多属性国际技术转移机构和开展多形式国际技术转移活动，与技术转移国际组织建立常态化交流机制，为企业技术转移搭建展示交流平台

广东省科技厅发布《对外科技合作平台专题申报指南》，重点支持广东省创新主体以独资新建、合资合作及其他方式在境外设立研发中心、联合实验室、分支研究机构等研发机构；重点支持在广东省内建成的、面向创新型国家和"一带一路"沿线国家和地区设立的国际联合研究中心、国际技术转移中心等国际科技合作基地。广东省设立 9 个国家级国际技术转移机构之一——中国—拉美和加勒比国家技术转移中心，面向拉美和加勒比地区等"一带一路"沿线国家和地区开展科技创新合作技术转移行动，构建"一带一路"技术转移协作网络，向"一带一路"沿线国家和地区转移先进适用技术，发挥对"一带一路"沿线国家和地区产能合作的先导作用；以横琴、前海、河套等合作区为牵引，集聚国际创新资源，与全球多个发达国家、"一带一路"沿线国家和地区建立科技交流联系，已建成34 家国家级、71 家省级国际科技合作基地[①]。珠三角地区各地市注重培育技术转移机构，尤其是以法人实体运营的机构，积极与境外技术先进企业、技术转移机构、高校、科研院所建立战略联盟关系，开展技术交流、技术引进和合作研发。深圳市现已培育发展了85 家独立法人或法人内设的技术转移服务机构，其中包括国家技术转移示范机构 11 家[②]。

2. 建设海外人才创新创业离岸基地，助力建立健全"国内大循环、国内国际双循环"的孵化体系

国家海外人才创新创业离岸基地是中国科协探索"柔性引才"新机制，通过"区内注册，海内外经营"模式，创建海外人才"不求所有、但求所用，不求所在、但求所为"的新举措，服务企业更加便利对接海外科创资源。2020 年，国家海外人才创新创业离岸基地（珠海横琴新区）获批建设，珠海市设立澳门大学、澳门科技大学、横琴澳门青年创业谷、横琴国际科技创新中心首批 4 个合作基地，借助澳门中葡交流平台优势，打造"粤港澳创新高地"和"高水平对外开放门户枢纽"。2021 年，广州市南沙区和黄埔区同期获得国家海外人才创新创业离岸基地授牌（见图 5-5），开创中国科协首次批准在同一个城市设立两个国家海外人才创新创业离岸基地的先例。国家海外人才创新创业离岸基地（广州经济技术开发区）聚焦"知识创造新高地、国际人才自由港、湾区创新策源地、开放合作示范区"四大战略定位，构筑集"招才引智、科研攻关、创业孵化、成果转化、专业服务"等功能

图 5-5 广州市南沙区和黄埔区被授予国家海外人才创新创业离岸基地

---

① 广东举行经济社会发展成就系列新闻发布会（科技创新强省建设专场）。
② 深圳市技术转移及服务机构发展研究报告，深圳市科技创新委员会。

于一体的国际化综合性平台。国家海外人才创新创业离岸基地（南沙区）在全国率先提出打造以"人才"为核心的离岸孵化模式，依托以华南技术转移中心为核心的离岸孵化空间和产业园区，按照"离岸创新、在线创业、链接世界、智汇大湾区"建设思路，为离岸或来广州市南沙区开展创新创业活动的项目团队及人才提供一站式支撑保障。此外，广东省加快融入全球科技创新网络，以横琴、前海、河套等合作区为牵引，集聚国际创新资源，与全球多个发达国家、"一带一路"沿线国家和地区建立科技交流联系，已建成 34 家国家级、71 家省级国际科技合作基地。

第6章　成果转化服务支撑

技术转移行业作为推动科技创新和科技成果转化、调整优化产业结构、培育新经济增长点的重要环节，在数字经济风口下，应紧抓数字化机遇，将互联网、大数据、人工智能、区块链等新技术与技术转移行业深度融合，进而提升技术转移转化效率。广东省一直以来注重构建专业化技术转移服务体系，发展研发设计、中试熟化、创业孵化、检验检测认证、知识产权等各类科技服务，完善全国技术交易市场体系，发展规范化、专业化、市场化、网络化的技术和知识产权交易平台。科研院所和高校建立专业化技术转移机构和职业化技术转移人才队伍，支撑技术转移更好发展。

6.1　信息赋能，跑出供需精准对接落地"加速度"

广东省充分发挥数字化对技术转移的赋能作用，将大数据、区块链、云计算、人工智能、知识图谱等新型"互联网+"信息技术应用于技术成果转化平台，推进科技创新要素数字化，构建线上技术转移服务体系，加强对科技成果和各类市场主体的精准画像，提升技术转移交易的安全性和匹配的精准性，促进创新成果转化。

1. 建成广东省重大科技成果转化数据库，加速在粤科创资源陆续上线对接

目前，广东省已建成一个贯穿政产学研金介、多主体参与、科技研发与成果转化双向联动的成果转化服务信息平台，功能模块包括：基础数据库，基于 PC 端的网络平台，基于移动端 iOS、Android 系统的 App、微信公众号，一套技术就绪度评价软件系统。该平台可实现数据信息的动态征集及即时更新，可为研发机构和企业提供成果展示、需求发布、智能对接、技术就绪度评价、信息推送等服务。广东省重大科技成果转化数据库结构与功能如图 6-1 所示。

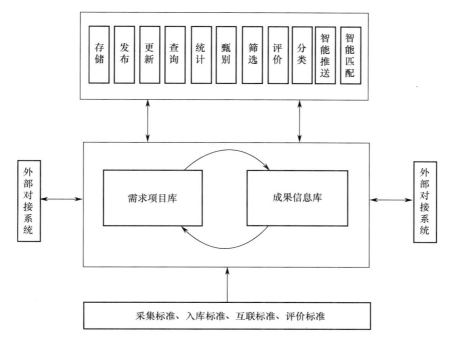

图 6-1　广东省重大科技成果转化数据库结构与功能

　　截至 2022 年，广东省重大科技成果转化数据库入库成果和需求项目超 8000 项，单位及个人注册用户 1269 个，技术需求近 1000 项；构建了完整的技术就绪度评价体系，研发了重大科技成果技术就绪度评价软件，在高端装备、电子信息、人工智能、生物医疗等领域完成项目评价 2000 余项，并服务 2017 年度、2018 年度中国高校科技成果交易会的项目路演活动及 2017 年江门高校科技成果展暨校企对接活动等[①]。以广东省重大科技成果转化数据库为基础，广东省正在开发建设全省统一的科技成果汇交信息平台，旨在实现全省面向应用的科技成果信息统一存储和公开，集约化、高效化推动科技成果的转移应用。

2. 打造粤港澳大湾区资源集聚高端枢纽"华转网"，促进科技成果转化创新要素跨境数字化流动

　　"华转网"（见图 6-2）作为广东省推进粤港澳大湾区建设重点打造的科技成果对接转化平台，主动对接港澳资源，与香港、澳门特别行政区政府机构、高校、科研院所、创新载体协同互动，共同推动粤港澳科技人才、成果、项目互联互通；与香港机电工程署建设

---

① 部分资料来源于《广东省重大科技成果转化数据库建设项目实施工作总结报告》。

的"E&M InnoPortal"实现互联互通，开设香港创新资源专场平台，聚集创新成果 678 项，技术需求 312 项，实现 201 项技术需求精准对接，不断推动粤港澳大湾区科技创新发展及创意应用；与澳门科学技术发展基金搭建"产学研线上配对平台"，实现技术"硬联通"和机制"软联通"。澳门企业通过平台与高校实现技术对接，可申请参与"企业产学研配对资助计划"，最高可获 25 万元资金资助。截至 2022 年 10 月底，"华转网"累计访问量突破 3000 万人次，服务用户超 6 万个，集聚各类优质创新资源 60000 余项。同时，依托"华转网"打造"科技京东"服务模式，率先实现创新券"全国使用、广东兑付"，吸引了华为云、天翼云、工业和信息化部电子五所、赛宝实验室等 750 多家优质科技服务机构入驻，超过 5000 家科技型中小企业受益。

图 6-2 "华转网"

3. 依托深圳市"技术转移区块链联盟"，推动区块链与国际技术转移深度融合

"技术转移区块链联盟"（Technology Transfer Blockchain Alliance，TTBA）是由清华大学深圳国际研究生院联合世界顶尖高校、企业和组织共同发起的全球首个倡导利用区块链技术进行技术转移的国际平等促进组织，在第二十一届中国国际高新技术成果交易会上启动（见图 6-3）。通过机器信任、智能合约和知识产权通证化，汇聚创新资源、搭建信任机制、有效稀释风险，推动区块链与国际技术转移深度融合，为技术转移各方贡献者的未

来收益提供有力保障，创建大众自由参与的共享经济型国际技术转移新范式，实现继《拜杜法案》后科技创新的进一步市场化，在全球范围内打开成果转化新局面，占据创新经济"制高点"。与此同时，技术转移区块链联盟还将发挥国际技术转移经纪人在中国的联络作用，组织和挖掘涵盖高校、企业、孵化器、创投等全创新链条的技术转移经纪人队伍。

图 6-3 "技术转移区块链联盟"发起仪式

6.2 硬核资本，挂好成果转化金融服务"加速挡"

科技成果转化具有投入多、链条长、周期慢等特征，成功落地转化离不开金融资本的加持。广东省采取多举措推动科技金融深度融合，包括：充分发挥国家和广东省政府投资基金的引导作用，落地国投（广东）科技成果转化基金、中国科学院科技成果转化母基金等国家级基金，聚焦广东省重大科技成果开展股权投资，对抢占技术制高点、突破关键核心技术的企业加大支持力度；按照产业发展需求对广东省政府投资基金进行优化调整，推出创新创业基金，依托平台搭建广东省科技金融服务网络，充分利用多层次资本市场服务科技型企业，打造科技金融服务集聚区，为科技企业提供全成长周期的科技金融服务；引导在粤银行等金融机构基于不同的产业链、供应链特点创新科技信贷产品，精准支持链上科技型企业的融资需求，优化科技信贷风险补偿机制，引导银行加大对高新技术企业和科技型中小企业信贷支持力度等。

1. 推动国家科技成果转化引导基金顺利落户广东省，以政府引导、社会资本参与的方式加速成果资本化、产业化

科技部、财政部设立国家科技成果转化引导基金，主要用于支持转化利用财政资金形成的科技成果，包括国家（行业、部门）科技计划（专项、项目）、地方科技计划（专项、项目）及其他由事业单位产生的新技术、新产品、新工艺、新材料、新装置及其系统等。截至 2021 年，6 只创业投资子基金中仍有 2 只在粤[①]。国投（广东）科技成果转化创业投资基金合伙企业（有限合伙）总规模为 150 亿元，国家科技成果转化引导基金拟出资 30 亿元，管理机构为国投（广东）创业投资管理有限公司，基金将主要投向先进制造、电子信息、材料、能源和生物医药等领域。围绕粤港澳大湾区打造我国集成电路产业发展"第三极"战略目标，国投（广东）科技成果转化创业投资基金已投资粤芯半导体、广州华星光电、国华新材、芯聚能半导体、恒运昌、世炬网络、臻智微芯等项目，在晶圆制造、材料和器件、半导体设备和下游应用等领域开展半导体全产业链布局；还投资了创新药高效转化平台嘉越医药、拥有全球最大的菌株保藏企业库的慕恩生物，并在 mRNA、细胞治疗、重大新药创制、蛋白和抗体研发等领域持续深耕，构建生物医药生态圈[②]。广州凯得一期生物医药产业投资基金合伙企业（有限合伙）总规模为 4.15 亿元，国家科技成果转化引导基金拟出资 1.1 亿元，管理机构为广州黄埔生物医药产业投资基金管理有限公司，基金将投向生物医药、新型医疗器械和医疗信息化等领域[③]。粤科金融集团亦配合科技部、国投集团设立粤港澳大湾区科技成果转化基金，主要聚焦先进制造、电子信息、能源环保和生物医药等领域，针对"卡脖子"技术，充分挖掘国家、广东省和广州市重大科技专项产生的科技成果，加速关键核心技术成果应用及产业化，培育形成一批有核心竞争力的战略性新兴产业。目前，广东省已设立东莞新材料基金、粤科大健康珠江西岸投资基金，并推进组建了佛山粤科季华先进制造基金等。

2. 持续做好中国科学院科技成果转化母基金落地工作，以基金为纽带推动中国科学院优质资源和项目引进广东省

中国科学院科技成果转化母基金由中国科学院控股有限公司代表中国科学院出资主发起，广东省级财政出资 5 亿元参与发起，广州市黄埔区承诺出资 10 亿元参与设立，募集

---

① 国际科技创新中心。
② 国投创业基金投资助力粤港澳大湾区科技成果转化，阿里云创新中心。
③ 国家科技成果转化引导基金今年拟设立 6 只子基金，出资规模超 42 亿元，北京基金业协会。

总规模为 60 亿元左右，并引入战略合作机构共同出资完成资金募集，将挖掘、培育和带动一批优质科技项目落地，推动本地科技产业持续发展，推动中国科学院科技成果转化母基金和基金管理公司在广州市黄埔区实现"双落地"。2020 年，广东省科技厅与中国科学院控股有限公司共建科技成果转化母基金合作框架协议签约仪式在广州市举行（见图 6-4），重点围绕广东省和中国科学院"硬科技""绿科技"项目，落实中国科学院"率先行动计划"部署，投资一批具有重大影响力的中国科学院科技成果转化项目、国家和地方重点支持的科技重大项目，培育一批致力于核心技术攻关的科技型企业，支撑战略性新兴产业发展。2021 年，广东省科技厅从广东省科技创新战略专项资金中安排财政资金 2 亿元，正式出资。

图 6-4　广东省科技厅与中国科学院控股有限公司共建科技成果转化母基金合作框架协议签约仪式

3. 建立完善产业投资和科技金融服务体系，解决科技型企业融资难问题

搭建广东省粤科金融集团的政策性投融资平台，围绕关键核心技术攻关和战略性产业集群发展挖掘优质项目和"链主企业"，深入研究广东省 20 个战略性产业集群和九大领域研发计划，形成了产业链投资指导目录和九大领域研发计划基础信息库，建立了投资项目清单，研究推进 GP 库、LP 库和项目库建设，围绕 IDC（数据中心）、信息技术、生物技术、新材料等产业链各环节开展研究和布局，做到围绕产业链部署创新链、围绕创新链布局产业链，助力科技成果转移转化。依托广东省生产力促进中心搭建广东省科技金融综合服务中心，依托线下 32 个服务分中心、线上广东省科技金融综合信息服务平台，已实现科技金融服务网络广东省覆盖，并且以实施省级科技信贷风险准备金为抓手，牵头与中国建设银行广东省分行等 8 家省级银行机构搭建了网上科技银行，实现科技型企业和金融机构跨地域实时信息交互，到 2019 年共撬动合作银行为 312 家科技型企业提供超过 2.8 亿元的银行贷款支持。

4. 组建广东省创新创业基金，为科技成果转化和创新创业活动提供资本动能

2018 年，广东省人民政府通过注资方式成立广东省创新创业基金，规模为 71 亿元，重点支持重点领域种子期、起步期初创科技企业成长[①]。截至 2021 年 9 月底，广东省创新创业基金认缴总规模 486.33 亿元，实缴 276.68 亿元，实现财政资金放大 3.89 倍，累计投资项目 508 项，投资金额 159.73 亿元，投资项目覆盖广东省 20 个战略性产业集群中的 16 个，推动 53 家企业在境内外上市；其中，2021 年新设立国投、粤科鑫泰工控、粤科侨鑫等 6 只基金。此外，为进一步引导资本要素支持科技型企业发展，广东省给予政策支持，包括对创业投资机构、天使投资个人采取股权投资方式，直接投资于种子期、初创期科技型企业满 2 年的，可给予税收抵扣优惠等[②]。

5. 设立两大百亿元母基金，打造广东战略性产业的金融支撑平台、上市公司高质量发展的资本运作平台和更具竞争力的现代产业体系服务平台

2022 年 8 月，总规模 900 亿元的广东战略性产业促进发展基金和广东上市公司高质量发展基金签约设立，体现了广东省"以投促引、以投促产"的魄力和决心。由恒健控股公司联合建信投资、工银投资设立规模各 100 亿元的广东战略性产业促进发展基金（见图 6-5）暨广东上市公司高质量发展基金，通过母子基金架构模式进一步放大带动引领和

图 6-5　广东战略性产业促进发展基金签约现场

---

① 广东省大湾区办祝永辉：创业投资是科技金融重要组成部分，广东成国内创投主要集聚地，21 世纪经济报道。
② 省创新创业基金正式运营　预计带动社会资本超 280 亿元，广东省人民政府。

资源整合效应，预计将形成 600 亿元规模。联合汕头、东莞、中山、顺德、南海等市区，组建广东上市公司高质量发展基金，通过引入上市公司、银行、券商、信托及社会资本，以创新基金模式，带动大约 300 亿元资金参与地市上市公司高质量发展。围绕地市的重点产业链，选取当地具有成为链主企业发展潜力的上市公司，以政策资源、市场资源、资本资源等赋能上市公司，支持其通过并购重组等方式整合、引导相关产业链联动发展。

6. 携手金融机构，加速科技金融下沉服务科技成果转化和企业创新能力提升

为推进科技与金融深度融合，广东省科技厅和其他部门联合出台《广东省金融机构科技信贷政策导向效果评估办法（试行）》，通过建立和完善政策导向机制，积极推动银行机构参与科技创新活动，引导银行机构设立专属的科技金融服务机构、创新信贷评审模式和科技信贷产品，加大对科技创新的支持力度。2022 年，广东省科技厅分别与中国工商银行、中国农业银行、中国银行、中国建设银行四大银行签署战略合作协议，提升科技信贷资金扶持力度，加速推动科技成果转移转化。2018 年以来，广东省科技厅通过设立普惠性科技信贷后补助专项，发挥财政资金杠杆作用，共引导和支持 17 家银行机构面向 14250 家科技型中小微企业投放科技贷款，贷款金额达 535 亿元；通过设立科技信贷风险准备金池与银行分担信贷风险，有效促进银行机构加大科技信贷的投入力度。截至 2022 年 3 月，广东省共设立了 1 个省级科技信贷风险准备金池，联合 14 个地市设立了 16 个省市联动资金池，广东省财政累计投入 3.323 亿元，带动地市财政投入 10.48 亿元，共撬动银行机构为 6848 家科技企业提供授信 532.37 亿元，授信杠杆率达 1∶160，面向 4997 家科技企业实际发放贷款 477.98 亿元，信贷杠杆率达 1∶144，为科技型中小微企业的创新发展和蝶变升级提供了有力支持[①]。

7. 珠三角示范区各地市充分发挥各自优势，创新科技金融手段支持创新发展

广州市推出了"湾创直播间"线上融资服务活动，促成中国银行与 28 家参会企业达成意向贷款合作 22720 万元，为其中 15 家参会企业发放 14220 万元贷款，进一步引导社会资本"投早""投小"。截至 2020 年，共 10 只子基金落地运营，实际到位的子基金规模超过 33.98 亿元，已投资项目 19 项，投资金额 6.04 亿元。深圳市在全国率先开展创业投资地方立法，出台促进股权投资基金业发展的政策措施，设立了深圳市政府投资引导基

---

① 广东省科技厅。

金、中小微企业发展基金、天使投资引导基金等一批创新创业型发展基金，为初创企业跨越"死亡之谷"提供了强大的金融支撑。2018 年，深圳市设立了全国首只 50 亿元规模的天使投资引导基金，2020 年又增资至百亿元规模，现在已累计投资 165 项天使项目，撬动社会资本近 120 亿元。中山市鼓励科技保险产品创新支持企业复工复产，43 家高新技术企业参保，保费 75.392 万元，保险金额 2250 万元，惠及企业员工 6126 人次，联合保险机构推出 2 个新险种，对 197 家企业发放科技保险补助 846 万元。其中，中山市科技金融综合服务中心开辟绿色通道为企业贷款，共组织 11 场线上评审，审核通过项目 53 项，共约 2 亿元贷款。惠州市在建立"FIT 粤"科技金融创新平台的基础上加强与银行的科技金融合作，共同支持惠州市科技型企业解决融资难、融资慢、融资贵的问题。截至 2021 年 8 月底，合作银行为高新技术企业贷款余额合计 381.12 亿元，比 2021 年年初新增 56.94 亿元。珠海市实施《珠海市科技信贷和科技企业孵化器创业投资风险补偿金资金管理办法（试行）》，设立了 5 亿元规模的投资基金，加强银行资本与科技企业的对接，累计推动新增科技信贷总额 1.28 亿元。珠海横琴科技金融综合服务中心推出"零接触"招商和投融资对接服务，为受疫情影响延迟复工的澳门企业免去跨境往来烦忧。东莞市作为全国第二批科技保险试点城市，每年安排专项资金对市内科技企业购买相关科技保险产生的费用予以最高 60% 的保费补贴资助，确定小额贷款保证保险、关键研发设备保险和产品质量保证保险等 14 个险种，2021 年以来共发动 500 家企业投保科技保险，保费 4688.77 万元，保额 968.94 亿元，拟补贴保费约 1082.88 万元；设立了科技金融产业"三融合"贷款贴息资金，每年 9000 万元，2021 年上半年东莞市发放科技信贷贷款 122.8 亿元，发放贷款 2883 笔，惠及企业 1949 家。江门市出台《江门市科技型企业"邑科贷"管理办法》，设立 2610 万元的风险准备金池。肇庆市充分利用总规模为 10 亿元的肇庆市产业投资引导基金，吸引社会资本设立创新创业投资基金，支持新能源汽车、先进装备制造等主导产业发展。截至 2021 年 9 月，肇庆市共有 16 只产业基金，规模合计 51.43 亿元，共投资 15 家企业，已投金额 9.36 亿元，投资方向覆盖生物医药、新能源汽车、先进装备制造、现代农业、智慧物流业等符合产业规划和战略发展的产业领域。佛山市充分发挥政府投资基金引导作用，截至 2020 年，双创基金共有 9 只子基金成功设立，总规模达 90.7 亿元，实现财政资金放大 13.27 倍，有效缓解了企业创新创业融资难题。

专栏：广东省科技金融服务网络

广东省科技金融服务网络建立了"省中心—各地市分中心—工作站"的组织架构，形成覆盖科技型企业成长全过程的科技金融业务链，建立健全辐射广东省的、线上与线下相结合的科技金融服务体系。依托广东省科技金融综合信息服务平台，重点解决科技型企业融资过程中的信息不对称问题，实现科技型企业产品服务需求和金融机构客户挖掘需求跨地域实时信息交互对接。建立 32 个地市科技金融综合服务分中心，其中珠三角地区有 20 家，为科技型企业提供业务培训、科技金融政策宣贯、信息发布、创新创业大赛，以及科技信贷、风险补偿贷款等投融资服务，将科技金融服务下沉至第一线，打通科技型企业需求和投融资服务的"最后一公里"。

广东省科技金融服务网络铺设过程中涌现出一些标杆分中心。广州市科技金融综合服务分中心开发"广州市科技企业信用融资平台"，建成包含超 20 万条企业名录的广州市科技创新企业数据库，实现了在库企业信息的动态管理，为优化广州市科技金融资源配置提供数字化决策支撑。"十三五"期间，广州市科技金融综合服务分中心共开展科技金融相关活动 83 场次，累计参加人员超过 2 万人次，参加企业 3000 多家；通过组织投融资对接会、向银行机构推荐科技型企业、审核省级风险补偿贷款等方式，帮助 228 家科技型企业获得融资贷款，融资金额累计约 6.7 亿元。深圳市科技金融综合服务分中心建立创业投资广场，引进风投基金、券商、产权交易所、评估机构、会计机构、律师事务所等服务机构入驻，为企业提供"多层次、立体化、全过程"的融资服务。深圳市科技金融综合服务分中心率先实施科技金融股权投资资助计划，改变了以往政府无偿资助和直接管理项目的方式，通过财政资金阶段性持有股权、适时退出，为财政资金保值增值、良性循环提供新路径。"十三五"期间，深圳市科技金融综合服务分中心共完成股权投资项目 145 项，投资金额达 868 亿元，成功退出股权投资项目 27 项，收回股权投资本金 29085 万元，税前收益 4119.57 万元，共 33204.57 万元。

专栏：惠州科技金融创新平台——"FIT 粤"

2020 年，在中国建设银行"技术流"专属评价体系加持下，惠州市科技局与惠州市知识产权局携手中国建设银行惠州市分行共同建立"FIT 粤"科技金融创新平台，推动科技金融深化发展与产品革命性创新。同年，国务院发布《国务院办公厅关于推广第三批支持创新相关改革举措的通知》，在全国推广该评价体系。

"技术流"专属评价体系以知识产权为核心数据量化测评企业科技创新实力，将科技企业创新能力的"技术流"转化为资金流，高度契合科技型企业重技术、轻资产的特点，客观反映科技型企业的科技研发实力，让银行更了解科技型企业的综合发展潜力和实力，有利于推动科技金融快速发展。在该评价体系支持下，"FIT 粤"科技金融创新平台迅速创新推出"重点科研计划立项支持贷"，在平台正式成立不到 24 小时内，中国建设银行惠州市分行就成功为惠州某股份有限公司投放惠州市首笔"重点科研计划立项支持贷"138 万元，有力支持了企业复工复产，加快了企业科研项目创新研发进展。"'FIT 粤'科技金融创新平台不仅解决了科技型企业的燃眉之急，也增强了企业的科技创新能力和信心。"获得支持的企业负责人说。此后，惠州市科技局深化与五大国有银行及招商银行、兴业银行（"5+2"银行）开展科技金融合作，截至 2022 年 5 月底，7 家银行高新技术企业贷款余额合计达 518.67亿元，比 2022 年年初新增 147.85 亿元，增长约 40%；有贷款的高企数量为 1426 家，比2022 年年初新增 164 家，增长 13%，合作成效显著。尤其是中国建设银行惠州市分行，服务覆盖全市超 1360 家高新技术企业，对全市高新技术企业授信超过 500 亿元，高新技术企业贷款余额 163 亿元，居全市第一位，较 2015 年的 63 亿元增长了超百亿元，增幅明显。

6.3 补贴激励，撬动产学研普惠性合作"支撑点"

广东省通过实施 2019 年科技创新券创新改革工作及 2020 年、2021 年企业科技特派员专项等普惠性惠企项目，推动财政资金向科技型中小微企业倾斜，尤其是利用财政资金对产学研深度融合的引导激励作用，不仅满足技术需求，还创造新的专利等成果，撬动科技型企业加大研发投入，为广东省科技成果转移转化提供新思路、新模式、新实践。

1. 省市联动，通过创新券改革进一步加大对企业的研发补助，激发科技型中小企业和创业者加大科技研发投入，促进科技资源开放共享

2019 年，广东省启动省级科技创新券改革工作，对科技创新券的使用管理进行了大刀阔斧的改革。广东省科技创新券依托"华转网"综合性服务平台（见图 6-6），在国内率先采用科技服务电商模式，打造科技服务"商城"，实现科技创新券在支付环节直接抵扣，解决了国内科技创新券普遍存在的"手续烦琐、兑付周期长、兑付率不高"等问题，大大激发了企业的科技创新活动。基于显著的改革成效，广东省科技创新券改革纳入了国务院第三批改革推广清单。截至目前，累计 320 家广东省内外优质服务机构入驻科技创新券平台，超过 3600 件科技服务商品上架销售，注册的科技型中小企业有 3113 家，已发放科技创新券金额达 4800 万元，促成企业与服务机构签订服务合同金额累计超过 1.88 亿元，累计受惠企业 873 家（含创业者 28 家）。珠三角示范区内地市科技创新券改革支持力度亦不断加大，佛山市出台《佛山市科技创新券实施方案（2020—2022）》，将疫情防控所需的技术研发、技术服务、监测检验等纳入科技创新券支持范围，开展 2020 年度科技创新券服务机构认定备案工作，共 187 家服务机构予以备案，组织佛山市科技创新券政策宣讲和

申报兑付工作，2020 年共兑付科技创新券 718 万元，有力地支持相关企业复工复产。深圳市不断完善科技创新券制度，支持初创企业和个人向服务机构购买软硬件开发、检验检测认证等服务。截至 2020 年 11 月，深圳市累计向 14855 家企业发放科技创新券约 10 亿元，兑现总额约 2.3 亿元。

图 6-6　广东省科技创新券官方平台正式上线

2. 实施企业科技特派员专项创新改革，全国首创以"人才"为核心的技术转移新模式成效显著

在广东省科技厅领导下，依托华南技术转移中心"华转网"，推出全国首个企业科技特派员精准对接平台，实施"揭榜挂帅、精准特派"的企业科技特派员新模式，在全国率先探索"以企业技术需求为导向"的科技成果转化模式，企业在线发布技术需求及悬赏金额，平台开展精准对接，科技特派员驻厂帮助企业解决实际技术问题，将高校、科研院所的研究能力和研究成果应用在企业实际研发生产中，率先打造以"人才"为核心的技术转移模式，实现把政府项目建立在企业需求上，把研究成果直接转化在企业车间里。截至2022 年 10 月底，集聚来自清华大学、北京大学、电子科技大学、华中科技大学、香港生产力促进局、澳门科技大学等 378 家优质特派员派出单位的 4081 位全球高端科研人才成为广东企业科技特派员，提供针对企业技术需求的解决方案达 1753 项，共 1172 项关键技术成果对接转化，实现技术交易额超过 4 亿元，带动企业创造经济社会效益超过 36 亿元。该模式有效解决了企业科技特派员与企业技术需求匹配对接难题，既帮助企业切实解决了具体的技术难题，又为企业创新发展柔性引进了外部专家人才，走出了一条独具广东特色的"精准特派、服务企业"的人才工作新模式，得到科技部高度肯定，科技部内参《科技工作情况》专题报道并向全国推广广东改革实践（见图 6-7）。

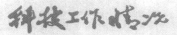

图 6-7　科技部内参《科技工作情况》专题报道

专栏：广东省科技创新券改革专项

　　针对科技创新券存在的兑付率较低、兑付程序烦琐、兑付周期长等问题，《广东省人民政府印发关于进一步促进科技创新若干政策措施的通知》中提出了"扩大创新券规模和适用范围，实现全国使用、广东兑付，重点支持科技型中小企业和创业者购买创新创业服务"的改革方向，委托广东省生产力促进中心及其牵头建设的华南技术转移中心实施创新改革工作。2020 年，国务院办公厅发布《国务院办公厅关于推广第三批支持创新相关改革举措的通知》，将"科技创新券跨区域'通用通兑'政策协同机制"列入改革推广清单。

　　一是率先打破了科技计划项目中只资助本地机构的惯例。鼓励广东省外服务机构接受广东企业使用科技创新券直接抵扣。仅广东企业可以领券，确保了科技创新券财政资金主要用于广东省科技型中小企业。

　　二是全国首创"科技服务电商"新模式，实现科技创新券在线直接抵扣。服务机构入驻"华转网"开设"旗舰店"并上线服务产品，在企业下单支付环节直接抵扣，抵扣金额由服务机构与平台进行兑付提现。

　　三是委托第三方平台管理，探索广东省科技创新券"放管服"改革新模式。广东省科技厅的主要职责是规则制定、预算管理、监督考核等，确保科技创新券的发放、使用和兑付"公平、公正、公开",将科技创新券专项资金直接拨付华南技术转移中心,通过电商平台进行直接抵扣和兑付,这在全国也属首次。

四是依托人工智能、大数据等新型信息技术手段,首次实现全程线上无纸化申报兑换,流程简化;同时,做到"全程留痕、可追溯、可核查、不可更改",以技术手段确保财政资金管理安全,防止各类骗补行为。

五是在国内率先实现"常态化申领、集中兑付",极大提高了科技创新券兑付效率。2019 年科技创新券平台每个月进行一次科技创新券发放,企业在 5 个工作日内可完成申领使用,服务机构兑付资金周期缩短至 1 个月内,问卷调查显示,企业对政策满意度高达98.97%。

六是全面开展科技创新券现场核查工作,有效防止机构骗补行为。广东省科技厅与广东省生产力促进中心、华转中心及行业专家和财务专家对多家申领兑付科技创新券的服务机构开展了常态化现场核查工作。

截至目前,广东省吸引华为云、天翼云、赛宝实验室等全国 750 家服务机构入驻,全省3041 家企业注册申领使用科技创新券,累计发放近4800 万元科技创新券补贴,累计促成企业与服务机构签订各类服务合同金额超过 1.88 亿元,183 家受惠的中小企业增加研发投入近 1.71 亿元,充分发挥了财政资金的引导作用。大力支持广东省战略性产业集群发展,服务电子信息技术企业384 家、先进制造与自动化技术企业212 家、高技术服务业企业185 家、新材料技术企业121 家、生物与新医药技术企业95 家、新能源及节能技术企业83 家、资源与环境技术企业40 家、航空航天技术企业10 家、其他技术领域企业239 家。来自粤东西北地区的受惠企业占比近 1/4,有效促进了粤东西北地区与珠三角地区之间的区域平衡。

6.4　创新创业,搭建优质项目遴选挖掘"输送带"

通过多种形式的路演大赛,搭建起校、政、企、资四方交流合作的桥梁,从资金链、产业链、服务链上全面疏通科技成果转移转化的"梗阻"。针对参赛的高校,以市场化的思维辅导梳理科技成果的应用场景探索,对接当地产业企业,为成果产业化、产品化指引方向。对于科技型企业,通过提供企业发展规划、股权划分、管理层构建、知识产权咨询等全链式科技成果转化支撑服务,进一步梳理科技成果项目未来市场化、资本化的进阶路线,尤其是对接投融资机构,获得金融资本助力。

1. 依托省级和区域创新创业大赛品牌活动，搭建高水平成果对接平台

创新创业大赛不断探索新型大赛机制，遴选优质项目，以"揭榜比拼"形式进行的 2020 年中国创新挑战赛（广东）征集了 486 项技术需求，在全国范围内组织近 100 家科研院所，为广东省企业提供 242 项解决方案，最终达成合作意向 80 余项。2020 年佛山市、广州市等地进行的中国创新创业大赛港澳台赛共征集到 286 家港澳台（含合资）企业报名参赛，其中，香港赛区 75 家，澳门赛区 46 家，台湾赛区 165 家，其中有 44 家港澳台合资企业。2021 年中国创新挑战赛（广东）5 个分赛区共走访 275 家企业，挖掘发布 581 项技术需求，举办 10 余场需求对接会，联动近 100 家科研院所，征集 268 项解决方案。

自 2015 年中国创新创业大赛首次设立广州赛区以来，广州市不断开展体制机制创新，并取得显著成效。2017 年，广州赛区实行"以赛代评"机制，风投创投机构用专业的眼光评价项目，搭建投融资渠道；2020 年，广州赛区首次探索实施"以投代评"机制，在规定时间内获得风投创投机构投资达到 100 万元（含）以上的初创组企业和 500 万元（含）以上的成长组企业，可直接晋级广州赛区决赛。2021 年，"以投代评""以赛代评"机制入选科技部科技体制改革案例库。2021 年中国创新创业大赛广州赛区共有 2667 家企业参与报名，占中国创新创业大赛（广东赛区）报名数的 54.11%，连续 7 年占比超过 50%，居广东省第一位。其中，54 家企业通过"以投代评"机制直接晋级决赛，较 2020 年（15 家）增长 260%；128 家企业晋级半决赛，占晋级半决赛企业数的 32.24%；63 家企业晋级总决赛，所占比重高达 52.5%，约占晋级省赛决赛企业数的"半壁江山"；6 家企业晋级第十届中国创新创业大赛全国总决赛，占广东赛区（见图 6-8）晋级全国总决赛企业总数（10 家）的 60%。这都离不开广州赛区每年举办宣讲培训会 50 余场，策划"十人百园千企万众"等系列宣传活动，覆盖企业超万家，联动《广州日报》《南方日报》、新华网等 80 余家主流媒体对赛事进行宣传报道，联合网易同步进行赛事线上直播，累计观看超 1 亿人次。广州赛区围绕创赛搭建多类双创资源对接平台：建立广州市科技型中小企业信贷风险损失补偿资金池，开展科技金融特派员工作试点，首创"资金池""工作站""特派员"联动机制，在广州市的重点园区建立 110 家科技金融工作站，从各银行、投资机构遴选 179 名科技金融特派员，试点为参赛企业提供"精准服务"；开展广州市高校院所成果转移转化精准对接活动，强化大赛"溢出效应"；联动广州创投周，打造投贷联动直通车、科技金融精准面对面等系列品牌活动，将大赛融入要素市场化配置中，累计促成银行、投资机构为千余家大赛参赛企业提供股权、债权融资超过 210 亿元，撬动合作银行为广州市 6000 余家企业放贷金额超过 500 亿元，取得显著成效[①]。

---

① 第五届广州创投周启动双创大赛联投基金正式成立，南方网。

图 6-8　第十届中国创新创业大赛（广东·广州赛区）

中国深圳创新创业大赛也是实现创新能力向创新产业转化的重要平台，自 2009 年以来，中国深圳创新创业大赛已连续举办 12 届，累计吸引 3.62 万项项目参赛[①]，近年来培育出捷顺科技、汇川技术等 12 家 A 股上市企业，以及深圳市大疆创新科技有限公司等 2353 家国家高新技术企业。中国深圳创新创业大赛直接对接创业资助，2019—2021 年已累计资助项目 198 项，资助金额约 1.23 亿元。中国深圳创新创业大赛每年进行约 4000 场路演和展示，高校、科研机构的优秀科技成果通过团队组项目的形式经受专家评审的"概念验证"，通过"概念验证"的项目可获得奖金、政府支持和社会融资等多种服务，"概念技术"通过验证、创业、融资等多种形式快速迭代，历经"市场测试和检验"后形成产业。

中国深圳创新创业大赛第六届国际赛海洋经济行业决赛现场如图 6-9 所示。

图 6-9　中国深圳创新创业大赛第六届国际赛海洋经济行业决赛现场

---

① 第十三届深创赛启动《深圳创新故事》新书发行，深圳市科技创新委员会。

广州市成功举办 6 届中国创新创业成果交易会,充分发挥"线上线下展会+创交会网站+66 家常态化成果转化基地"的作用,成立广州国际技术交易服务中心,近 3 年促成技术成果转化交易项目约 500 项,涉及技术成果转化交易金额约 300 亿元。与此同时,各地政府部门也联合投资机构、银行等对创新创业大赛优质企业进行走访和对接服务,截至 2020 年,银行累计为广东省超过 600 家大赛企业提供了近 66 亿元的贷款支持,超过 300 家企业实现融资,累计融资金额将近 100 亿元,有力支撑了科技型企业发展壮大。

2021 年中国创新创业成果交易会开幕式如图 6-10 所示。

图 6-10　2021 年中国创新创业成果交易会开幕式

2. 各地市持续承办高规格的成果对接活动,不断涌现有影响力、出成效的品牌活动

广州市自 2019 年起连续两年举办粤港澳大湾区知识产权交易博览会,2020 年第二届知识产权交易博展会更采用"线下开幕+线上举行"的方式,吸引了 35 个国家的 2469 家展商进驻,实现专利、商标、版权交易金额 18.67 亿元,地理标志产品交易金额 11.1 亿元(同比增长 23.2%),知识产权质押融资金额达 3.3 亿元。

佛山市自 2019 年开始持续承办科技成果直通车活动,引进中国科学院、清华科技园、北京航空航天大学等多所高校院所的科技成果,促成了多项合作项目。自 2018 年起,佛山市举办广东高校科技成果转化对接大会,通过以赛促创、以赛促投、以赛促转打通成果转化"链路",3 年落地项目超过 98 项,组建专业技术经理人团队为入围项目提供集"科技成果精准对接、技术转移转化、成果再研发及运营"于一体的 360 度转化服务，在西安交通大学、南方医科大学、清华大学深圳国际研究生院、中国地质大学深圳研究院等布局 25 个广东高校科技成果转化工作站，帮助项目更好、更快转化成长。第五届"高创杯"广东高校科技成果转化路演大赛，分为高教赛道、职教赛道、成长赛道、行业需求赛道，致力于解决国家先进制造业、战略性新兴产业及广东省"双十"产业集群发展"卡脖子"问题，前 4 届"高创杯"先后促成了加拿大工程院院士刘焕明、香港科技大学范智勇、中山大学王凯等 165 个高校教师项目成果转化落地，入围项目转化率达 43.3%[①]。

惠州市自 2017 年起持续举办中国高校科技成果交易会，这是近年来中国高校科技成果规模最大的集中展示和交易活动；与此同时，惠州市创新开展"惠企专家行"，按细分领域公开征集企业技术需求，以小分队形式进行产学研精准对接，协同行业专家深入企业一线，收集、诊断和对接企业技术创新需求。

深圳市持续通过举办中国国际高新技术成果交易会，推动高新技术成果商品化、产业化、国际化，以及促进国家、地区间的经济技术交流与合作，该交易会已成为中国高新技术领域对外开放的重要窗口。珠海市 2020 年举办"粤港澳大湾区中医药产业科技成果对接会"，围绕抗击新型冠状病毒发布了多项优秀的科研成果，并促成 6 项合作项目顺利签约，打造了广东中医药成果对接的品牌平台。

6.5　低碳发展，勇当绿色技术转化服务"拓荒牛"

在绿色发展新时代，绿色技术创新正成为全球新一轮科技竞争的重要领域，绿色产品和绿色服务正成为不断增长的需求热点。然而，目前我国绿色技术创新发展存在市场化程度不高、绿色技术创新成果市场认知率低等问题。因此，广东省抢抓绿色发展风口，通过政府引导、社会参与的方式，构建基于市场导向的绿色技术创新体系，以刺激市场对绿色产品和服务的迫切需求，推动绿色技术成果不断落地转化，积极构建基于市场导向的绿色技术创新主体培育体系、绿色技术创新成果转化体系，从创新供给端、企业需求端、成果转化端齐发力，推动整个绿色技术成果创新转化体系的构建与运行，更好地服务我国实现"双碳"目标，助力我国实现绿色低碳高质量发展。

---

① 第五届"高创杯"广东高校科技成果转化路演大赛开赛！人民号。

1. 加快推进粤港澳大湾区绿色技术银行筹建工作

在科技部、广东省科技厅的指导下，粤科金融集团按照"三中心一园区一平台"工作体系推进粤港澳大湾区绿色技术银行组建工作。截至 2021 年，各项筹建准备工作已基本完成。绿色技术评估中心已对接国家科技评估中心形成建设方案，并落实注册、选址、资金、人员等，首批运行资金 2000 万元已由佛山市科技局准备到位。绿色金融中心已形成选址、运行架构、人员等初步方案，推进设立 30 亿元的粤港澳大湾区绿色技术成果转化基金，先由粤科金融集团、佛山市科技局、南海区人民政府、中山市人民政府、广州市人民政府等首期出资 21 亿元设立广东绿色技术成果转化基金，再向国家科技成果转化引导基金申请增资 9 亿元。绿色技术工程中心已与广东省科学院等科研机构形成共建长效合作机制，与中国科学院长春应用化学研究所黄埔先进材料研究院洽谈，拟通过委托服务方式形成紧密合作的绿色技术工程中心。绿色技术转移转化综合示范区正对广东省内国家级高新技术开发区、经济技术开发区等多个园区进行筛选以确定选址。绿色技术国际交流平台已与澳门特别行政区政府等就多方面合作取得共识。粤港澳大湾区绿色技术投资有限公司注册资本 1 亿元，股东为粤科金融集团、珠三角示范区 9 地市政府出资平台和上市企业，佛山市、广州市、中山市等市政府，以及瀚蓝环境等一批上市企业和澳门科技大学有意向出资。此外，江门市、中山市也在抓紧推进绿色技术银行的建设工作。

2. 利用重点专项大力支持环保技术成果转移转化及应用示范

广东省通过设立重点领域研发计划"污染防治与修复"专项，围绕强化科技创新引领、提升绿色环保领域关键核心技术研发能力、孵化培育创新型环保企业和壮大绿色环保产业开展研究，加快构建市场导向的绿色技术创新体系、健全绿色低碳循环发展经济体系。专项自 2019 年启动以来，合计立项 25 个项目，共投入 8.7 亿元，重点开展珠江流域水源地水生态保护、珠三角 $PM_{2.5}$ 和臭氧污染协同防控、珠江三角洲感潮河网区溶解氧调控、工业园区 VOCs 精准监测预警等方面的技术攻关和应用示范，在污染防治领域形成可复制的广东模式，为可持续的污染防治与修复技术供给机制提供支撑。

6.6 聚焦产权，安好科技成果保护运用"动力轴"

截至 2020 年，珠三角示范区专利授权量为 63.28 万件（占广东省同类指标的 89.17%），发明专利授权量为 6.87 万件（占广东省同类指标的 97.17%），有效发明专利拥有量为 33.9 万件（占广东省同类指标的 96.74%），PCT 国际专利申请量为 2.79 万件（占广东省同类指标的 99.24%），商标申请量为 147.31 万件（占广东省同类指标的 83.89%），商标注册量为 91.08 万件（占广东省同类指标的 84.64%），商标有效注册量为 455.5 万件（占广东省同类指标的 83.88%）。可以看出，珠三角示范区基本上是广东省知识产权集聚重地，对知识产权这种科技成果的重要载体形式，已形成全面保护、产业应用、金融服务等成熟工作体系，推动科技成果健康有序转化。

1. 珠三角示范区知识产权保护网已逐步构成

深圳市、广州市等 8 个珠三角示范区内地市进入了广东省开展专利侵权纠纷行政裁决示范建设试点市名单。珠三角示范区内共有 5 家国家级知识产权保护中心，2020 年珠三角示范区内投入运营的各类保护中心和快速维权中心共受理专利预审服务 13887 件，专利预审合格 10130 件，专利授权 8627 件。珠三角示范区推进知识产权专项整治"蓝天行动"，严厉打击代理行业各类违法违规行为，开出全国首张打击专利代理"挂证"罚单，并在国家知识产权局举办的全国知识产权服务监管培训班上作为"挂证"处罚典型案例进行授课分享。珠三角示范区开展知识产权执法"铁拳"行动，支持深圳市搭建综合执法平台"鸿蒙云台"，结合"云上稽查"在线固证效果，形成全链条网络知识产权执法保护机制。2020 年，珠三角示范区查处各类知识产权案件 3279 件；建立健全海外维权援助工作机制，建设国家海外知识产权纠纷应对指导中心广东分中心、深圳分中心，指导成立广东省海外知识产权保护促进会；支持珠海市开展企业知识产权海外护航指导工作，加强知识产权海外维权援助指导。

2. 珠三角示范区持续提升知识产权引领产业发展

珠三角示范区内已建成广州知识产权交易中心、横琴国际知识产权交易中心和中国（南方）知识产权运营中心 3 家国家级知识产权运营交易平台。推动佛山市、深圳市福田区建设国家知识产权服务业集聚发展示范区，推动广州市开发区建设国家知识产权服务业集聚发展试验区，培育 18 家全国知识产权分析评议服务示范及示范创建机构、22 家全国知识产权服务品牌及品牌培育机构。截至 2020 年，珠三角示范区共拥有专利代理机构 552 家、分支机构 320 家，专利代理师 3010 人。同时，珠三角示范区深入推进知识产权"放管服"改革，实现专利、商标、地理标志、国防专利、集成电路布图设计服务"一窗通办"。截至 2020 年，珠三角示范区已设立商标受理窗口 7 个。广东省市场监督管理局自 2019 年开始连续 3 年举办的"粤港澳大湾区高价值专利培育布局大赛"，累计吸引参赛项目

1096 项，在粤港澳大湾区树立了一批高价值专利培育布局的标杆，探索总结了一批高价值专利培育布局可复制推广的经验，推动了一批高价值专利项目在粤港澳大湾区落地实施。

3. 珠三角示范区知识产权金融服务不断深化

广东省在全国率先发布《广东知识产权证券化蓝皮书》，指导深圳市创新发行全国首只以小额贷款债权为基础资产类型的知识产权证券化产品、全国首单中小企业专项知识产权资产支持票据（ABN），融资逾 16 亿元；指导广州市开发区成立广东省首家知识产权金融服务中心，为科技企业提供"一站式"知识产权金融服务。指导佛山市发布全国地级市首单知识产权证券化产品"兴业圆融—佛山耀达专利许可 1—5 期资产支持专项计划"，初步形成知识产权证券化"广东模式"；支持知识产权混合质押和专利保险发展。全国首笔专利、商标、版权混合质押融资贷款和全国首单知识产权法律费用保险落地东莞市。支持佛山市创建知识产权质押融资"佛山模式"，实现 3 个"全国领先"。2020 年，珠三角示范区专利权质押融资登记数为 1379 笔，占广东省同类指标的 94.13%；专利质押融资金额超过 294.3 亿元，占广东省同类指标的 96.18%；商标质押融资登记数 50 笔，占广东省同类指标的 86.2%；商标质押融资金额 26.04 亿元，占广东省同类指标的 94.6%。

6.7 专业培养，组建一支技术转移专业"服务队"

习近平总书记指出"人才是第一资源"，技术育成孵化体系建设也离不开技术转移人才。技术转移转化工作需要具备知识产权、法律、管理、行业等知识的复合型专业人才，在科技部科技评估中心、中国科技评估与成果管理研究会等单位的积极推动下，技术经理人作为新职业被纳入《中华人民共和国职业分类大典》。广东省不断完善多层次的技术转移人才发展机制和队伍建设，畅通职业发展和职称晋升通道，支持和鼓励高校、科研院所设置专职从事技术转移工作的创新型岗位，绩效工资分配应当向作出突出贡献的技术转移人员倾斜，鼓励退休专业技术人员从事技术转移工作，推动科技成果转化服务队伍不断壮大，强有力地支撑成果转化工作开展。

1. 落地国家技术转移人才培养基地（广东），牵头健全职业技术经理人队伍培育能力体系

深圳市国家技术转移南方中心、东莞松山湖高新技术产业开发区科技成果转化中心分

别在 2015 年、2020 年入选首批和第二批国家技术转移人才培养基地（广东）（见图 6-11）的建设依托机构，广州市、河源市等省内地市布局"联合培训分中心"和"联合实训基地"，形成"1+*N*"模式的人才培养网络，并构建"招生—培训—实践—考评—管理—生态"的技术转移人才培养体系，牵头带动广东省职业经理人培训能力"初级—中级—高级"梯度提升。不断结合广东省人才需求定制本地化培养设计，与香港大学理工学院的国际应用科技开发协作网（ISTA）合作，开展 RTTP 国际注册技术经理人培训，接轨国家技术转移人才培养；开展科技评估师培训，贯彻落实国务院对于科技成果评价"五类价值"要求。社会化培训成效显著，不断涌现出优质培训品牌，如广东省属平台华南技术转移中心"华转学堂"市场化培养初级、中级、高级技术经纪人 1479 名。目前，东莞松山湖基地累计培养初级技术经纪人 596 名、中级技术经纪人 72 名、RTTP 国际注册技术经理人 110 名；主办"2020 年湾区技术经理人高峰论坛"，搭建起高质量、强链接的湾区技术转移人才交流平台[①]。深圳市、广州市、佛山市、东莞市、中山市、江门市等地市结合本地技术转移工作需要，也在积极培养本地市技术转移人才队伍。

图 6-11　国家技术转移人才培养基地（广东）揭牌

2．首次开展技术经纪专业职称认定，完善科技人才职称评价体系和畅通科技成果转化人才的晋升通道

2021 年 6 月，广东省人力资源和社会保障厅、广东省科技厅联合印发《广东省技术经纪工程技术人才职称评价标准条件》，2022 年广东省在全国率先开展技术经纪专业职称

---

① 硕博士占比超 55%，东莞这场中级技术经纪人培训很有料，南方 Plus。

评审工作，健全完善广东省科技人才职称评价体系，加大对职业人员自身价值认可激励和能力标准评价。建立评价科学、管理规范、协同产业、促进发展的技术经纪人职称评价制度，分为初、中、高 3 个层次，以及技术员、助理工程师、工程师、高级工程师、正高级工程师 5 个等级，将有力促进广东省科技成果转化人才资源开发，拓展技术转移转化专业人才的职业发展空间，为广东省打造科技和产业创新高地提供人才智力支撑。首批通过认定的正高级人员有 7 人、副高级人员有 33 人、中级人员有 3 人、初级人员有 46 人，共 89 人。

3. 建设技术经纪人"科技驿站"，搭建人才入企输送渠道

布局技术经纪人服务网络驿站是广东省科学院产业技术服务中心探索地方和产业园区等单位合作共建的科技服务平台，也是探索技术转移转化新机制和新模式的重要载体。通过驿站的集中管道，"筑巢引凤"吸引更多优秀技术经纪人发挥"科技红娘"作用，依托广东省科学院优质科创资源，可联系到广州市乃至珠三角地区院所、企业专家资源，充分、精准对接企业技术需求，为当地科技创新、产业提升、人才发展及对接各科研院所提供相关服务，为科技成果转化提供专业服务，助力中小微企业创新创业。

专栏：打造国家技术转移人才培养新高地，强有力支撑科技成果顺利落地转化

2020 年，东莞松山湖高新技术产业开发区科技成果转化中心成功入选第二批国家技术转移人才培养基地的建设依托机构，在科技部火炬中心、广东省科技厅和东莞市科技局关怀指导和大力支持下，按照"一品牌、一体系、一网络、一手段、一平台"的建设思路，坚持市场化导向，突出新型信息技术手段分析、社群运营管理两大特色，打造独具广东特色的国家技术转移人才培养基地，为科技成果在粤转移转化提供强劲支撑。

国家技术转移人才培养基地以高标准、高质量、高要求建设培训体系，已完成 48 门课程大纲设计，突出"定制化、案例化、实操化"核心特色，面向海内外征集优质师资，打造一支由 50 余名国际化经验丰富、产业背景扎实、熟悉广东省及粤港澳大湾区科技金融的人员组成的专家师资队伍。联合东莞市高校、科研院所和企业，发起组建"东莞市技术转移促进会"，向 4 家单位授牌"国家技术转移人才培养基地（广东）产业联合实训基地"，形成"1+4+N"模式的人才培养基地网络，构建起"招生—培训—实践—考评—管理—生态"的技术转移人才培养体系。发起主办 2020 年湾区技术经理人高峰论坛（见图 6-12），搭建起高质量、强链接的湾区技术转移人才交流平台，为技术转移转化人才提供人脉资源补充。

图 6-12　2020 年湾区技术经理人高峰论坛

第 7 章　成果转化通道畅通

　　创新的产生和活跃不仅依赖创新要素的丰沛程度，更依赖区域对诸多创新要素的集聚和整合能力，包括良好的公共基础设施和科研机构、发达的产业集群和产业配套、频密的人际互动及开放进取的社会文化。科技成果转化具有流动性特征，涉及不同供需主体、不同区域产业等多层次流动方向，因而搭建科技成果转移转化通道是应有之义、应尽之责。珠三角地区依靠广东省开放的市场环境和毗邻港澳的独特区位优势，通过粤港澳大湾区、珠三角国家自主创新示范区、高新技术产业开发区、专业镇、重点科技园区等创新资源集聚区域，以及广阔的国内市场，探索设立粤港澳大湾区内梯度技术转移格局、国内科技成果东中西梯度有序转移通道，加大对弱势地区承接成果转移转化的差异化支持力度，围绕重点产业需求进行科技成果精准对接，成为"国内国际双循环"的门户，打造科技成果集聚地，积极探索将科技成果的存量优势和增量优势转化为高质量发展的动能、势能，将珠三角地区建设为科技成果转移转化主动力引擎和产业化新高地。

7.1　协同港澳，铺设湾区技术转移合作"高通道"

　　进入 21 世纪以来，全球科技创新进入空前密集活跃的时期，新一轮科技革命和产业变革正在重构全球创新版图。粤港澳大湾区科技创新要素高度集聚，科技研发、转化能力突出，拥有一批在全国乃至全球具有重要影响力的高校、科研院所、高新技术企业和国家大科学工程，完全有条件成为全球新一轮科技革命和产业创新发展的积极参与者和引领者。2019 年 2 月，中共中央、国务院印发《粤港澳大湾区发展规划纲要》，提出将粤港澳大湾区打造成为"具有全球影响力的国际科技创新中心"。到 2021 年，我国批复建设粤港澳大湾区综合性国家科学中心，逐步形成"3+4"区域创新布局，其中，北京怀柔、上海张江、安徽合肥、大湾区 4 个综合性国家科学中心充当北京、上海、粤港澳大湾区三大国际科技创新中心的内核支撑。粤港澳大湾区作为唯一一个涉及多个城市及"一国两制"特殊制度安排的区域，为积极探索深化科技体制改革提供了样板示范。区域创新高地发挥创新活跃、体制机制灵活优势，大胆主动探索，成为科技体制机制改革先行先试的试验场。发挥创新资源集聚区的引领辐射与源头供给作用，促进科技成果在珠江经济带乃至粤港澳大湾区等地区转移转化，通过科技成果转化推动区域特色优势产业发展，深度参与全球科技产业竞争合作，在"国内大循环，国内国际双循环"中发挥了关键作用。

1. 粤港澳大湾区国家战略扎实推进，带动区域协同发力释放高质量发展动能

2017 年，《深化粤港澳合作 推进大湾区建设框架协议》签署，标志着粤港澳大湾区建设正式启动；2019 年，《粤港澳大湾区发展规划纲要》出台，粤港澳大湾区建设进入全面实施阶段。此后，多项重要的政策措施相继出台并落地实施，粤港澳"9+2"城市群在协同创新、产业协作、高水平人才高地建设等领域不断取得新突破，粤港澳大湾区建设取得阶段性显著成效。粤港澳大湾区建设进入向纵深推进阶段，面对百年变局叠加世纪疫情影响，新阶段更加需要促进港澳与粤港澳大湾区内地城市珠联璧合、发挥优势，坚持基础设施"硬联通"和规则机制"软联通"并举，推动三地规则衔接和机制对接。科技和产业合作在粤港澳大湾区建设中占据着更加突出的位置，加快粤港澳大湾区国际科技创新中心和综合性国家科学中心建设，推动产业深度融合发展，把港澳现代金融、专业服务等优势与广东省制造业、庞大市场等优势结合起来，全面提升粤港澳大湾区产业竞争力。相较于美国的旧金山湾区和纽约湾区、日本的东京湾区世界三大湾区，粤港澳大湾区是最年轻、最具特色的湾区："一个国家、两种制度"、三个关税区、三种货币，已成为中国开放程度高、经济活力强、创新动力足的区域之一。2021 年，粤港澳大湾区经济总量约 12.6 万亿元，以不到 1%的国土面积创造出全国 12%的经济总量，比 2017 年增长约 2.4 万亿元，经济总量已与东京湾区相近；粤港澳大湾区内 9 地市 2021 年约有大型企业 4000 家、中型企业 2.7 万家、小型企业 27 万家、微型企业 250 万家，其中，国家高新技术企业 5.7 万家，"独角兽"企业超过 50 家，产业孵化器 1000 多家，投资机构近 1.5 万家。据《财富》杂志发布的 2022 年世界 500 强排行榜，粤港澳大湾区共有 24 家企业入围。在世界 500 强榜单"最赚钱的 50 家公司"中，粤港澳大湾区占据 4 席。2021 年，粤港澳大湾区金融业增加值超过 1.5 万亿元，约占粤港澳大湾区 GDP 的 12%；粤港澳大湾区内累计跨境人民币结算量超过 21 万亿元，人民币自 2020 年起持续成为粤港澳大湾区第一大结算货币。在国际金融中心方面，香港特别行政区排名全球第 3 位，深圳市排名全球第 10 位，广州市排名全球第 24 位。这 3 个城市均列全球金融中心前 25 位。国务院发展研究中心旗下中国发展研究基金会发布的《中国城市群一体化报告》显示，粤港澳大湾区经济总量有望在 2022 年达

到 14.76 万亿元，超越东京湾区，成为世界经济总量第一的湾区。粤港澳大湾区正在成为全球经济发展的最新增长极，向国际一流湾区和世界级城市群建设迈出坚实步伐①。

2. 依托粤港澳大湾区国际科技创新中心建设，构建开放型区域协同创新共同体

相较于北京国际科技创新中心打造全国科技创新的策源地，上海科技创新中心打造集成电路、人工智能、生物医药 3 大产业创新高地，粤港澳大湾区国际科技创新中心着重发挥广东省改革开放前沿、港澳国际化程度高的优势，打造全球最大的中试验证和成果应用推广基地。以建设粤港澳大湾区综合性国家科学中心为重点，推动创新载体沿广深港、广珠澳"两廊"和深圳河套、珠海横琴、广州南沙"三点"布局，关键在于推进科技创新，加强基础研究、强化战略科技力量，锚定转化应用、助推产业发展两大目标，推动粤港澳三地之间创新要素加快流动，助力粤港澳大湾区加速迈向全球顶级科创湾区。

启动建设粤港澳大湾区综合性国家科学中心，集中谋划布局一批重大科技基础设施和科研平台。2020 年，粤港澳大湾区综合性国家科学中心获批建设，松山湖科学城（见图 7-1）、光明科学城（见图 7-2）综合性国家科学中心先行启动区稳步推进。作为全国第 4 个综合性国家科学中心的集中承载区，光明科学城及松山湖科学城是广深港澳科技创新走廊的重要节点，其将专注于基础研究和应用基础研究，产出前瞻性基础研究和引领性原创性成果，建设成粤港澳大湾区原始创新最重要的策源地之一；并将利用科技成果"沿途下蛋"的高效转化机制推动重大科技成果向规模生产转化，如深圳市光明区加紧布局建设中试验证基地，联合高校、企业等建设一批概念验证、中试验证、检验检测等功能性平台，推动形成前后贯通的成果转化体系。广东省相关部门研究制定了《大湾区综合性国家科学中心建设实施方案（2021—2022 年）》，进一步加强顶层谋划和完善协调推动机制，推动光明科学城、松山湖科学城、南沙科学城集聚创新资源、联动协同发展。用好中国散裂中子源、国家超算中心等已建成设施，加快推进惠州强流重离子加速器、加速器驱动嬗变装置及江门中微子实验站等在建项目建设，积极谋划建设一批新的大科学装置，建立健全重大基础设施共建共管共用共享机制，积极面向港澳开放，努力推动形成一流的重大科技基础设施群。

始终把支持香港、澳门作为重要着力点，以横琴、前海和南沙、河套等重大合作平台为引领，完善粤港澳大湾区国际科创中心"两廊""两点"架构体系，有序推进粤港澳大湾区一体化发展，全力支持香港、澳门深度参与粤港澳大湾区建设，巩固国际竞争优势，

---

① 聚势赋能！360 度解密粤港澳大湾区如何打造高质量发展典范，投资时报。

让香港、澳门从国家发展大局中获得更加广阔的发展空间和源源不断的发展动力。2021 年 9 月，中共中央、国务院正式发布《横琴粤澳深度合作区建设总体方案》《全面深化前海深港现代服务业合作区改革开放方案》；2022 年 6 月，《广州南沙深化面向世界的粤港澳全面合作总体方案》发布，为三个合作区建设勾勒蓝图。广东省举全省之力加快推进横琴、前海两个合作区建设。横琴合作区建设稳步推进，推动澳门产业多元发展成效初显，已成为内地澳资企业最集中的区域，截至 2022 年 6 月底，横琴合作区有澳资企业 4900 多家，注册资本 1400 多亿元。粤澳共同研究制定"澳门监造""澳门监制""澳门设计"等质量体系。2021 年，横琴合作区生产总值达到 454.63 亿元，同比增长 8.5%。2022 年上半年，横琴合作区实现地区生产总值 223.93 亿元，同比增长 2.5%。其中，工业增加值高速增长，规模以上工业增加值增长 54.8%。前海合作区聚焦与香港现代服务业合作，统筹推进前海深港现代服务业合作区"物理扩区"和"政策扩区"。前海合作区坚持"先行先试、边行边试、合作共试"，在投资、贸易、金融、法治等领域累计推出制度创新成果 725 项，其中，在全国复制推广 65 项。高水平建设的前海深港国际金融城，已签约入驻 200 家金融机构，港资、外资机构占 3 成，恒生前海基金、联易融数字科技、大新银行等重点港资、外资金融机构落地前海。截至 2022 年 5 月底，前海注册港资企业 9643 家，注册资本在 1000 万美元以上的港资企业达 4117 家。2021 年，前海战略性新兴产业增加值为 715.07 亿元，增长 10.5%，5 家前海科技型企业上榜长城战略咨询发布的 2021 年独角兽企业榜单，其估值占粤港澳大湾区独角兽企业总估值的 40.7%。广州南沙加快建设成为科技创新产业合作基地、青年创业就业合作平台、高水平对外开放门户。截至 2022 年 6 月底，南沙粤港澳全面合作示范区功能日益完善，2022 年上半年新设立企业 10825 家，新引进世界 500 强企业投资项目 7 项（累计 230 项）。

图 7-1　松山湖科学城

图 7-2　光明科学城

3. 加快建设粤港澳大湾区综合性国家科学中心，成为原始创新和重大产业关键技术突破的源头及不断释放吸引高水平科技成果集聚的"强磁场"、落地转化的新高地

粤港澳大湾区综合性国家科学中心作为国际科技创新中心的重要支撑，重点在于汇聚世界一流科学家，突破一批重大科学难题和前沿科技瓶颈，显著提升基础研究水平，强化原始创新能力，与中国科学院等国家科技战略力量携手建设（见图 7-3）。科技部相关司局也强调加快香港中心、澳门中心建设，有关香港中心的建设方案正在积极编制及调整中。

图 7-3　广东省人民政府和中国科学院共建粤港澳大湾区国际科技创新中心签约仪式

1）积极推进国家大院大所在广东省布局

聚焦纳米科技、深海深空、集成电路等前沿领域，创新体制建设 27 家高水平创新研究院，中国科学院香港创新研究院注册成立。全面启动粤港澳大湾区国际技术创新中心建设，同步推进新型显示、第三代半导体等领域国家技术创新中心建设，协同港澳科研力量布局建设国家应用数学中心等一批重大创新平台。

2）加快打造重大科技基础设施集群

中国散裂中子源已投入运行，强流重离子加速器、脑解析与脑模拟、合成生物研究、材料基因组大科学装置平台等重大科技基础设施正加快建设。

3）高水平多层次实验室体系已建成

鹏城实验室、广州实验室两大国家实验室先后挂牌运行，在国内率先布局建设 10 家省实验室，已经逐步构建起以国家实验室为引领，由省实验室、国家重点实验室、省重点实验室、粤港澳联合实验室及"一带一路"联合实验室等组成的实验室体系。

4）高校院所实力强劲

2018 年，粤港澳大湾区的高校数量为 173 所，其中有 5 所世界百强大学；香港中文大学等 6 所香港大学在深圳市设立了 72 家科研机构。

5）新型研发机构推动产学研深度融合

通过充分发挥市场化优势，吸引全国的科研、产业、技术、金融等科技创新资源向粤港澳大湾区集聚，粤港澳科技创新合作初见成效，共设立了 277 家新型研发机构，其中 6 所港澳高校在粤参与共建新型研发机构 9 家。

6）高层次人才引培新招不断

优化实施新一轮广东省重大人才工程，探索采取"一事一议"、试点单位自主举荐、"揭榜挂帅"等新型科研组织模式，遴选支持一批科技领军人才和创新团队，培养一批具有国际竞争力的青年科技人才后备军。截至 2021 年年底，广东省重大人才工程引才项目已经实施 8 批次，引聚高层次人才超过 5000 位，带动广东省集聚全球科技人才超过 6 万位。整合优化国际及港澳台高端人才交流专项，吸引了来自 38 个国家（地区）的 431 位海外名师、名家、名医、名匠、名人来粤开展短期交流合作，引进了包括 9 位外籍院士在内的"银龄"专家 79 位。

7）产业培育发展和企业主体能力建设硕果累累

粤港澳大湾区的特色科技产业突出，已经形成了新一代移动通信、平板显示等 7 个产值超千亿元的战略性新兴产业集群。芯片等领域关键核心技术攻关取得初步成效，5G、超高清视频、集成电路等产业项目陆续投产。2018 年，粤港澳大湾区拥有 20 家世界 500 强企业和约 4.3 万家国家级高新技术企业；广东省孵化器总数达 901 家，众创空间总数达 804 家，国家级孵化器培育单位达 139 家。

8）科技金融深度融合

香港交易所、深圳证券交易所证券市场互联互通，深圳证券交易所主板、中小企业板、创业板层次清晰、功能互补，资本市场与科技创新协同发展。

专栏：广深港澳科创走廊串珠成链，挺起粤港澳大湾区科技与产业"脊梁"

粤港澳大湾区具备建成国际科技创新中心的潜力，"广州—深圳—香港—澳门"科技创新走廊有较好的基础支撑。"双城联动""双区驱动"共筑创新核心引擎，已构建形成以广深港、广珠澳科技创新走廊为主骨架的粤港澳大湾区创新资源空间格局。香港拥有较高国际水平的基础研究和原始创新能力、比较完备的知识产权制度和优越的法治环境，国际资本、人才等高端要素集聚；同时，香港是世界上最自由的经济体之一，没有资本管制，拥有审慎和稳健的金融监管制度。在内地资本账户完全放开短期内仍有距离的情况下，香港可以作为粤港澳大湾区科技创新产业融资中心。深圳市是经济特区和国家创新型城市，高端制造、生物医药、人工智能、金融科技等战略性新兴产业全球领先，科技产业链完备、科技人才充足，形成了以制度环境优化为背景、以创新要素集聚为支撑、以民营企业为主体、以高科技产业为方向的"塔形创新体系"。根据全球创新指数（GII），"香港—深圳"创新集群连续多年列全球创新集群排行榜第 2 位，表明深港合作具有良好的基础和创新活力。广州市轻工业和重工业布局均衡，有中山大学、暨南大学等高水平院校，广州科学城、中新广州知识城等科技驱动效应明显。澳门有 4 个国家重点实验室，澳门特别行政区政府财政积累雄厚，国际资本流动性较好。东莞市、佛山市、珠海市等粤港澳大湾区城市在制造业、服务业等领域能够与 4 大中心城市形成优势互补、产业梯次衔接的良好局面。

7.2 跨省协作，描绘成果转化国内市场"路线图"

一直以来，广东省重视和各兄弟省份创新合作，提升区域整体协同力，通过创新合作机制提升省际科技合作水平。目前，"泛珠三角"区域科技合作联席会议具有很强的互补性和强大的内在动力，有利于克服区域科技发展中的恶性竞争。2020 年，广东省已与内蒙古自治区、吉林省、陕西省、宁夏回族自治区、云南省、广西壮族自治区、江西省 7 个省（自治区）签订科技合作框架协议，并不断拓展和黑龙江省等其他兄弟省份的科技合作交流，促进了区域创新成果转化和产业结构优化升级，区域科技合作展现了广阔的前景，也为集聚在广东省的科技成果建立开通了国内大市场转化的通道。

1. 通过"泛珠三角"区域科技合作联席会议推进"泛珠三角"区域科技交流合作，打通科技成果转移转化跨省通道

自 2003 年以来，粤桂两省区在"泛珠三角"区域科技合作机制下开展交流合作，20 年间从未间断。在《粤港澳大湾区发展规划纲要》《珠江—西江经济带发展规划》和广西"东融"战略背景下，粤桂两省（自治区）科技交流与合作日益紧密。2019 年，广东省科技厅与广西壮族自治区科技厅签署《加快粤桂合作特别试验区协同创新发展行动计划》，提出引入华南技术转移中心到试验区设立分支机构等重点任务。2020 年，粤桂科技合作基础与应用基础研究联合基金设立并启动，并成立华南技术转移中心粤桂试验区分中心（见图 7-4），支持发挥粤桂创新发展主平台、粤港澳大湾区创新资源主通道的作用，探索技术转移转化"粤桂模式"。通过举行"加快粤桂协同创新　打造科技共融标杆"系列活动，上线启动"梧州科研众包悬赏平台"，搭建"周末人才"对接通道。依托"华转网""8 分钟路演"创赛服务平台，为"2022 年粤桂合作特别试验区创新创业大赛暨第二届梧州市创新创业大赛大湾区邀请赛"提供全程技术支撑，探索"创赛+科技招商+政策赋能+项目落地+成果转化"的项目孵化模式，吸引更多的企业落户，纵深推进粤桂两地区域协同创新合作。

图 7-4　联合共建华南技术转移中心粤桂试验区分中心

2020 年，江西省科技厅和广东省科技厅达成《江西省科学技术厅 广东省科学技术厅科技合作框架协议》，推动赣州市成为"广州—深圳—香港—澳门"科技创新走廊辐射城市。2021 年，作为中国科协、国家发展改革委、中国科学院、中国工程院、广东省人民政府、广州市人民政府共同主办的国家级展会和国际化、市场化、专业化技术成果交易服务平台，中国创新创业成果交易会成立赣州市小微企业创业孵化基地，依托中国创新创业成果交易会和广州国际技术交易服务中心的科创智库、院士工作站、知识产权保护、人才引进、投融资联盟等服务功能，加强 66 个中国创新创业成果交易会成果转化基地之间的多维度、跨地域的联动与合作，促进江西省和广东省在科技创新合作、科技产品交易、技术转移及人才交流方面的合作。

为支持把云南省建成中国面向西南开放的重要桥头堡，面向南亚、东南亚辐射的中心，粤滇深度广泛开展科创合作。2018 年，云南省第四届"科技入滇"推介会及座谈会举行（见图 7-5），粤滇两省（自治区）在科研平台、科技型企业、科技成果、人才和团队入滇落地方面展开合作。为服务对南亚国家技术转移与创新合作需求，广东省组织参加第三届中国—南亚技术转移与创新合作大会。为贯彻落实东西部科技合作机制，2020 年，宁夏回族自治区科技厅和广东省科技厅签署宁粤科技合作框架协议。广东省支持云南省科技厅驻广东省联络员工作组助推滇粤科技合作，充分发挥"科技哨兵"作用，广泛对接粤港澳大湾区高新技术企业、科技中介机构和科研院所，为云南省企业、科研机构与粤港澳科技合作牵线搭桥。通过科技成果转移转化，推动新材料、电子信息、清洁能源、智能制造、生物制药、绿色食品等宁夏优势特色产业向高端化、绿色化、智能化、融合化发展。目前，宁粤两省（自治区）联合共建科技创新平台3 个，累计开展合作科技项目23 项（其中重大项目 2 项），研发投入共计 1.3 亿元，财政支持 0.46 亿元[①]。为推进"西药东进""云药"走进粤港澳大湾区、走向世界，加速发展民族医药产业，2022 年，滇粤民族医药深化合作与发展模式研讨会在广州国际医药港举行。

基于广东省科技、人才资源优势和贵州省后发优势，探索实践"广东研发+贵州制造""广东企业+贵州资源""大湾区总部+贵州基地"等合作模式，取得了一定的成效。积极引导广东省技术成果到贵州省转化应用，例如，贵州华兴玻璃有限公司实施"日用瓶罐玻璃超轻量化关键技术研究"项目，从企业广东总部实验室引入技术研发成果到安顺市进行转化；中山大学生态治理成果获广东省科技进步奖一等奖，实现与铜仁市矿山治理工程需求对接。推动两省份结对地市签署一批合作协议，例如，已签订《黔东

---

① 宁夏与广东签署科技合作框架协议，宁夏回族自治区科技厅。

南州科技局　惠州市科技局"十四五"科技创新合作协议》《广州市科技局　黔南州科技局深化科技合作协议》《广州市科技局　毕节市科技局深化科技合作协议》《广州市科技局安顺市科技局科技合作框架协议书》等一批协议，建立了部门之间的常态化合作关系，两省份持续推进科技合作协议签署事宜。推动两省份科研机构务实产学研合作，例如，广东省农业科学院分别与贵州省农业科学院、安顺市农业科学院签订《广东省农业科学院水稻研究所　安顺市农业科学院科技合作协议》《贵州省蚕业（辣椒）研究所与广东省农业科学院蚕业与农产品加工研究所合作框架协议》，强化在科学研究、成果转化、服务产业等方面的合作；华大生命科学研究院与贵州省贵安超级计算中心签订合作协议，利用贵安超级计算中心开展联合研究等。促进粤黔技术供需精准对接，例如，2022 年广东省科技厅从贵州省"千企面对面"活动征集的 400 多家企业中，筛选 17 家企业技术需求在官网发布，共征集来自广东省 29 家创新主体 54 个技术团队的技术供给方案，通过线上组织 64 场次技术对接，其中 24 支广东省技术团队与贵州省 9 家企业有明确的合作意向，并有实质性合作，比如，贵州湄潭竹香米业有限公司将大粒香种子寄到广东省水稻研究所，广东省水稻研究所帮助企业进行抗病、抗倒伏、增香定向改良。战略性新兴产业协作成为深化科技成果转移转化合作亮点，2023 粤黔产业协作大会在深圳举行（见图 7-6），优选出的 23 项产业项目进行了现场签约，签约总金额达 493.1 亿元，涉及现代能源、大数据、电子信息、新能源汽车及电池材料、基础材料、现代化工、健康医药等战略性新兴产业[①]。

图 7-5　2018 年，云南省第四届"科技入滇"推介会举行

---

① 2023 粤黔产业协作大会在深圳举行，天眼新闻。

图 7-6　2023 粤黔产业协作大会项目签约仪式

2. 强化珠三角地区辐射全国的能力，推动科技成果存量和增量优势在国内大市场充分释放

为充分发挥陕西省作为装备制造业和国防科技工业基地的工业门类齐全优势和广东省作为改革开放先行地的市场优势，深化科技创新等领域交流合作，2019 年，陕粤两省签署战略合作框架协议，双方提出加强科技产业合作，支持两省企业和科研机构联合开展技术攻关、技术协作，促进模式互鉴、成果共享。2020 年，广东省和陕西省签署《科技创新合作框架协议》，围绕联合建设区域创新体系、科技创新平台、科技人才交流合作、区域特色产业发展和优势产业培育、创新载体联动发展、科技体制改革交流互动、国际合作等达成共识。2022 年，广东省组织了来自华南理工大学、广东省大湾区集成电路与系统应用研究院、广东粤港澳大湾区国家纳米科技创新研究院、广东碳中和研究院（韶关）、珠海大略科技有限公司等 14 家高精尖科研单位和创新平台的 27 项前沿科技成果参加第六届陕西国际科技创新创业博览会（见图 7-7）。

为加强振兴东北老工业基地的国家战略，发挥东北工业基础雄厚、广东省市场化开发条件等优势，2021 年，吉林省和广东省在广州市共同召开合作交流座谈会，签署深化合作框架协议，加强粤港澳大湾区和深圳先行示范区建设与东北老工业基地振兴等重大战略对接，在共同参与构建新发展格局中，推动两省合作不断上新水平。两省协同深化先进制造业合作，加强汽车汽配、轨道交通、航天信息、数字经济等重点领域合作，提升产业链、供应链的韧性和竞争力；深化现代农业合作，引导两省农业龙头企业等加强对接，构建"吉品南下、粤品北上"便捷通道；共建共享共用广交会、高交会、东北亚博览会等平台和渠道，推动开放资源融合、开放优势互补、开放举措联动，携手开拓东北亚市场，共同塑造国际合作竞争新优势。2019 年，组织黑龙江省提升科技创新能力广东专题培训班；2020 年，扶持黑龙江省的孵化育成体系建设，引导广东省的科技企业在黑龙江省共建孵化器，通过引入广东省在孵化器建设领域的成功经验和理念，促进黑龙江省在孵化器规划、管理、运营等方面的服务提升。

图 7-7　第六届陕西国际科技创新创业博览会上的广东科技展团

为充分发挥内蒙古自治区天然资源丰富及广东省创新创业活力强的优势，内蒙古自治区和广东省共同开展产学研结合等方面的科技合作，为深化内蒙古自治区与广东省的全面合作提供科技支撑。2018 年，粤蒙举办内蒙古广东推动高质量发展科技合作与产业对接大会，来自两省份科技界、高校、研究机构和企业界的代表近 190 人参加，双方共签署 36 项科技合作协议，内容涉及农业、工业、畜牧、节能环保、生物医药、大数据等多个领域①。2020 年，"科技兴蒙"创新需求项目的征集工作启动，共征集到项目 82 项。2021 年，广东省转发《2021 年内蒙古自治区第一批技术攻关类"揭榜挂帅"项目榜单》《关于在"五大领域"征集揭榜挂帅可转化重大科技成果的函》，组织广东省力量"揭榜答题"。

---

① 内蒙古与广东推动科技合作，人民网。

专栏："泛珠三角"区域科技合作机制打通科技成果转化跨区域协同

"泛珠三角"区域科技合作，包括广东省、广西壮族自治区、海南省、云南省、贵州省、四川省、湖南省、江西省、福建省9个省（自治区）和香港、澳门两个特别行政区，即"9+2"。"泛珠三角"区域科技合作是"泛珠三角"区域合作的重要内容，2004年签订《"泛珠三角"区域科技创新合作框架协议》，确定了建立"泛珠三角"区域科技联席会议制度、联合开展区域科技发展战略研究、设立"泛珠三角"区域创新协作论坛、实行科技资源的开放和共享、组成区域产业协作和战略联盟、建立科技项目合作机制、合作培养科技人才7个方面的合作重点，正式启动"泛珠三角"区域科技合作。经过近20年的探索和实践，"泛珠三角"区域已经摸索出不少成熟经验和做法，成效明显，走出了一条具有区域特色的科技合作路线。

1. 建立省部联动、灵活务实的工作机制，为区域科技合作提供制度保障

联席会议是"泛珠三角"区域科技合作的最高议事和决策机构，在广东省科技厅下设联席会议办公室，按轮值主席与常设机构、临时协调机构和固定联络机构相结合的原则组织，联席会议下设若干项目专责小组。建立"泛珠三角"区域中心城市科技咨询合作工作机制，加速科技成果转化、科技创新和产业的区域协同。建立与国家部委工作联系机制，积极争取相关国家部委的支持和指导。

2. 出台顶层设计，为区域科技合作协同指引清晰方向

以《"泛珠三角"区域科技创新合作框架协议》为基础，"9+2"政府共同签订了由广东省牵头编制的《"泛珠三角"区域科技创新合作"十一五"专项规划》《"泛珠三角"区域"十二五"科技合作规划》，逐一制定具体实施方案，构建能够突破行政范围约束的技术创新资源网络，实现区域间创新要素的自由流动，构建开放融合、布局合理、支撑有力的"泛珠三角"区域技术创新体系，促进科技成果在区域内及时转化。

3. 加强科技资源开放共享，实现科技资源效用最大化

"泛珠三角"各省（自治区）、特别行政区围绕区域重点发展的基础研究、应用研究领域和高新技术产业集群，搭建"泛珠三角"区域大型科学仪器协作共用网，相互开放国家重点实验室和省重点实验室、工程技术研究中心、中试基地、大型公共仪器设备、技术标准检测评价机构等技术创新平台。共建网上技术市场和技术产权交易中心，建立统一的信息披露标准、交易统计标准，加强在联系人机制和项目推介等方面的合作，着力打造集资本、技术、信息流动于一体的区域一体化产权交易服务平台。通过互派中青年专家和科技

管理人员到各方所属区域的相关部门学习、培训、挂职锻炼，以及联合开展国家科技合作、考察、交流与人才培养等，推动人才柔性引培。

4. 发挥各自优势和资源禀赋，扎实推进技术创新和产业合作

通过双边或多边的联合科技行动，以共性技术、实用技术科技攻关为切入点，鼓励和支持区域内高校、科研院所、企业联合开展重大项目攻关。以国家重点高校、科研院所为核心，联合共建区域性产学研技术创新联盟，建立区域产业协作和战略联盟，围绕区域内的重点、优势产业，组织引导区域内大企业强强联手，促成建立跨省（自治区）、特别行政区的企业战略联盟。

7.3 全省发力，以创新示范区扩容成果"承接池"

作为国家创新体系的重要组成部分，珠三角国家自主创新示范区在推进自主创新和高新技术产业发展方面先行先试、探索经验、作出示范，率先建立与社会主义市场经济体制相适应、符合科技发展规律的现代科技体制，营造激发创新活力的生态环境，在关键核心技术领域取得突破，加速科技成果转化为现实生产力，使创新成为经济社会发展的主要驱动力量。珠三角地区作为我国改革开放最前沿地带，最先受到世界经济深度调整的冲击，迫切需要继续种好国家改革开放的试验田、打造创新发展新高地，建成国际一流的创新创业中心，通过科技成果转移转化，强化创新驱动发展引擎动力，辐射带动广东省创新发展。

1. 建立部门协同、省市联动的管理架构体系和工作推进机制，强化协同创新顶层设计

2014 年，深圳市作为国内首个国家创新型城市，获批建设我国首个以城市为基本单元的国家自主创新示范区。2015 年，国务院批复同意广州市、珠海市、佛山市、惠州市、东莞市、中山市、江门市、肇庆市 8 个国家高新区建设全国涵盖城市最多的珠三角国家自主创新示范区，形成以深圳市、广州市为龙头，以珠三角地区其他 7 个地市为支撑，功能错位、协同发展的"1+1+7"区域创新一体化建设格局，建成国际一流的创新创业中心，打造我国开放创新先行区、转型升级引领区、协同创新示范区、创新创业生态区。除了国家自主创新示范区"6+4"政策和省级自主创新政策，珠三角国家自主创新示范区积极开展创新协同机制先行先试探索。加强省级统筹协调，在广东省全面深化改革加快实施创新驱动发展战略领导小组下成立国家自主创新示范区建设工作办公室，由广东省发展改革委、广东教育厅、广东科技厅等相关部门和珠三角 9 地市人民政府等成员单位组成；设立专门部门、专业机构，在广东省科技厅下设自主创新示范区建设协调处，成立广东省国家自主创新示范区发展促进中心，负责自主创新示范区战略研究、发展规划、政策研究等工作；强化各地市建设主体作用，珠三角地区各地市均成立了以市委书记或市长为组长的国家自主创新示范区建设工作领导小组，统筹推进当地自主创新示范区建设各项工作①。

2. 区域自主创新驱动发展动能更强劲，珠三角地区逐渐成为全球科技创新要素集聚高地

2018 年以来，珠三角地区固定资产投资占 GDP 的 35.29%左右，低于广东省（41.69%）和全国平均水平（54.94%），珠三角地区经济增长对投资驱动的依赖更低，创新驱动的势头更好。这得益于发展动力引擎不断提质升级，粤港澳大湾区的世界名校、世界 500 强企业、全球"独角兽"企业在全国的占比均超过 15%，粤港澳大湾区集聚了丰富的科研创新平台和高层次人才。其中，在世界百强名校的前 40 位中，粤港澳大湾区占了 3 席；25 家世界 500 强企业的总部位于粤港澳大湾区。这也得益于构建完善"基础研究+技术攻关+成果产业化+科技金融+人才支撑"全过程创新生态链，创新发展动能持续增强。珠三角地区全社会研发投入从 2015 年的 732.29 亿元增长到 2020 年的 1510 亿元，研发投入强度从 4.18%增长到 5.46%。世界知识产权组织 2022 年发布的《2021 年全球创新指数报告》显示，深圳香港广州集群连续 3 年居世界创新集群第 2 位，成为创新发展驱动的重要引擎。

3. 珠三角示范区科技成果池不断扩容提质，承接一大批高质量成果转化落地

2021 年，珠三角示范区 9 地市的研发支出超过 3600 亿元，研发投入强度为 3.7%，其中，深圳市研究与试验发展经费投入强度（5.46%）首次"破 5"，高新技术企业达到 5.7 万家②，有力支撑广东省实现 2021 年有效发明专利量 44 万件、PCT 国际专利申请量 2.61 万件、有效注册商标量 676.64 万件、马德里商标国际注册申请量 1513 件等成果创造指标居

---

① 珠三角国家自主创新示范区基本情况，科技部火炬高技术产业开发中心。

② 珠三角发力科技创新：深圳 R&D 投入强度首破"5"新兴产业、先进制造成关键词，新浪财经。

全国首位，专利实施许可合同备案金额达 17.27 亿元，专利出让次数达 6.9 万次，新发行 32 种知识产权证券化产品的融资规模近 70 亿元等，成果转化指标处于全国首位[①]。

7.4　高质发展，高新区成为示范区建设"排头兵"[②]

多年来，在党的领导下，广东省委、省政府强化对高新区的顶层设计、规划引领、优化布局和政策支持，为广东省高新区高质量发展提供组织保障，一步步积累形成"广东经验"。在创新驱动引领下，广东省高举"发展高科技、实现产业化"的旗帜，强化企业技术创新主体地位，培育战略性新兴产业集群，壮大支柱优势产业集群，夯实高新区产业发展基础；深化开放合作，积极对接港澳高水平创新资源，鼓励园区企业"走出去""引进来"，有效面向全球配置创新资源；始终坚持创新体制机制，支持鼓励高新区从研发支持、干部人事和营商环境等方面大胆探索，激发高新区创新创业的潜能与活力，把高新区建设成为科技创新集聚地和科技成果转化高地。

1. 围绕"高""新"要求，珠三角地区高新区能力不断攀升至全国前列

近年来，广东省认真贯彻落实习近平总书记对广东省重要讲话和重要指示批示精神，结合习近平总书记对高新区要做实做好"高"和"新"两篇文章的重要论述，对高新区高质量发展作出具体部署，出台《广东省人民政府关于促进高新技术产业开发区高质量发展的意见》《广东省省级高新技术产业开发区管理办法》等政策措施，加快集聚战略性新兴产业，加快传统优势产业转型升级，不断将高新区建设成为创新驱动发展示范区、新兴产业集聚区、转型升级引领区和高质量发展先行区。

2019 年，广东省出台《广东省人民政府关于促进高新技术产业开发区高质量发展的意见》《广东省省级高新技术产业开发区管理办法》，通过制度创新、技术提升、产业发展等多项举措推动高新区焕发新一轮创新发展活力。高新区围绕高质量发展目标，积极构筑以创新为主要引领和支撑的经济体系，对广东省经济发展及成果转化的支撑作用进一步增强。

2020 年，广州高新技术产业开发区以占广东省 0.7% 的土地面积，实现生产总值 2.04

---

① 广东省知识产权发展保护连续 9 年全国领先，2021 年发明专利有效量 44 万件居全国首位，中国发展网。

② 本小节内容出自广东省科技厅 2021 年的相关工作总结报告。

万亿元、工业增加值 1.24 万亿元，分别占广东省同类指标的约 1/5 和 2/5；实现研究与试验发展经费内部支出 2439.2 亿元，占高新区生产总值的 12%；承载了了广深港澳科技创新走廊上近 2/3 的重点创新平台，初步建成粤港澳大湾区区域创新的重要节点和产业高端化发展的重要基地，为粤港澳大湾区国际科技创新中心建设提供了强大的"高新"力量。根据 2020 年度全国国家高新区评价结果，深圳高新区列第 3 位，广州高新区连续多年排名上升，至第 6 位，珠海高新区首次进入前 20 位（列第 19 位）。

珠三角示范区积极支持高新区创新发展、特色发展，创建综合改革示范区、"三类园区"、重点产业平台，着力完善示范区内省级高新区建设布局，新认定肇庆西江、广州天河、广州琶洲、东莞滨海湾、江门翠山湖等 8 家省级高新区，省级高新区累计达到 10 家。2020 年，珠三角示范区 9 家国家高新区实现地区生产总值 1.73 万亿元，占广东省生产总值的 15.6%；实现工业增加值 8647 亿元，占广东省规模以上工业增加值的 26.1%；实现出口额 9307 亿元，占广东省出口总额的 21.4%。

2. 打造医药科技成果转化"主力军"，为全国科技战疫贡献广东"高新"力量

1）病毒检测新技术新产品在全国得到广泛应用

新型冠状病毒来袭之际，广东省高新区发挥生物医药企业机构集聚优势，迅速攻关研发检测试剂盒。全国共有 53 家体外诊断企业研发出新型冠状病毒检测试剂盒，其中包括 12 家广东省企业（全部来自高新区）。广东省高新区在新型冠状病毒检测领域取得 3 个"全国最大"：达安基因成为全国最大的核酸检测试剂盒生产企业，万孚生物成为全国最大的抗体检测试剂盒生产企业，两者研制的核酸检测试剂盒供应量占比超过全国 4 成；金域医学是全球单家检测量最高的机构，金域医学及达安临检、华银医学、凯普医学等企业日检测能力超过 7 万人份，占广东省日检测总量的 90%。

2）疫情防控关键环节科研攻关取得重大突破

发挥 2 家国家实验室、10 家广东省实验室均在高新区布局的科研优势，在疫情防控关键环节科研攻关取得重大突破。地处广州高新区的广州国家实验室邀请钟南山院士领衔建设，面向全国布局 26 个新型冠状病毒应急科研攻关项目；生物岛实验室在快速检测、疫苗开发、药物筛选研发等方面部署 8 个紧急攻关项目，研制了新型冠状病毒 AI 辅助诊断系统，总体准确率超过 90%，获时任国务院副总理刘鹤批示在国内外推广使用，世界卫生组织新型冠状病毒考察组专程到生物岛实验室考察并给予高度肯定。

3）防疫物资供应保障作出重要贡献

全面推动企业复工复产，加快组织防疫物资生产供应，诊疗设备、防护用品等各类防疫物资出口 60 余个国家和地区，国务院联防联控医疗物资保障组两次发来感谢信。特别是新冠疫情暴发之初，广东省高新区坚持疫情防控全国一盘棋，紧急驰援湖北省武汉市等省市。其中，深圳高新区华为公司仅用 3 天建成火神山医院 5G 基站，北科瑞声 9 天交付火神山医院智能语音系统，全力援建雷神山、火神山医院；东莞松山湖高新区菲鹏生物迅速优化生产新型冠状病毒检测试剂核心原料，江门高新区圣亚缝制等全力生产医用防护服缝口密封机发往湖北省等省市，紧急援助防疫核心物资，有力支援了湖北省抗疫工作。

3. 承接重大科技成果项目落地转化，打造新动能培育 "策源地"，攀登国际产业分工价值链高端

1）关键核心技术攻关能力明显增强

主动承接国家和广东省重大项目，以项目为抓手整合创新资源精准发力，逐步实现产业关键核心技术的自主可控。自 2018 年起，广东省财政投入 71.2 亿元实施重点领域研发计划，在新一代信息技术、新材料等九大领域布局 7 批 410 项 "先手棋" 项目；其中，高新区承担研发项目占比近 30%，参与研发项目超半数。引进了中国科学院空天信息创新研究院、中国科学院自动化研究所等大院大所；同时，在新型显示、5G 等领域取得了系列阶段性突破。例如，惠州仲恺高新区 TCL 集团牵头上海交通大学等承担 "环保型量子点发光材料" 重点专项，优选出可替代国外主流三甲基硅烷基膦（TMS）3P 的三（二甲胺基）膦，解决了我国该新型显示材料被 "卡脖子" 的问题。

2）创业孵化力量迅速壮大

开展高新区孵化载体提质增效行动，构建 "众创空间—孵化器—加速器—科技园区" 完整孵化链条。广东省高新区获批 8 家国家级创新创业特色载体，实现国家级高新区、国家级孵化器全覆盖，建设国家级孵化器、众创空间、大学科技园等 282 家，占广东省国家级孵化载体总量的 62.3%；成功引进国投（广东）成果转化基金、中国科学院成果转化母基金等百亿元级重磅基金；培育了芯海科技、洁特生物、紫晶存储等科创板上市企业 30家，占广东省科技创板上市企业总数的 66.7%；培育 "瞪羚企业" 363 家，占全国国家高新区 "瞪羚企业" 总数的 12.2%。

3）新兴产业集群蓬勃发展

加快实施创新型产业集群培育行动，发展壮大战略性新兴产业，建成国家级创新型产业集群 14 个、国家级高新技术产业化基地 11 家。广东省正以高新区等产业园区为主力承载区，推进生物医药与健康、软件与信息服务等十大战略性主导产业集群，以及半导体与集成电路、数字创意等十大战略性新兴产业集群建设。例如，在生物医药与健康产业培育方面，广东省着力布局十大产业特色园区，其中有 9 个园区布局在广州市、深圳市、珠海市、佛山市等的高新区。

4. 托起高水平科技成果供给，打造国家战略科技力量"主阵地"，厚植科技创新根基与实力

1）综合性国家科学中心先行启动区建设拉开序幕

深圳光明科学城—东莞松山湖科学城连片地区获批综合性国家科学中心先行启动区；其中，东莞松山湖高新区已规划 90.5 平方千米建设世界一流生态科学城。广州高新区加快建设粤港澳大湾区国家技术创新中心，聚焦把国家战略与区域产业创新需求有机结合，逐步打造成为国家技术创新体系的战略节点。新型显示、第三代半导体国家技术创新中心在广州高新区、深圳高新区有序运行，逐步实现全产业链协同创新。

2）国家级实验室建设培育异军突起

在广州高新区、深圳高新区分别布局建设广州实验室、鹏城实验室，着力破解重大前沿科学问题。广东省 10 家省级实验室均在高新区布局，在网络与通信、海洋科学、材料科学等领域强化创新资源统筹协调、探索科研新型举国体制，成为广东省建设培育国家级实验室的主阵地。

3）重大科技基础设施集群逐步成形

以广州高新区、深圳高新区、东莞松山湖高新区为龙头，推动珠三角高新区布局建设一批重大科技基础设施，带动各类创新主体开展技术研发、成果转化及产业化，建设世界一流的大科学装置集群，成为广东省布局建设重大科技基础设施的主阵地。仅广州高新区就建有人类细胞谱系、航空轮胎动力学、慧眼 3 个重大科技基础设施；东莞松山湖高新区建有中国散裂中子源二期、南方先进光源、先进阿秒激光装置 3 个重大科技基础设施。

5. 构建科技成果转化"外溢效应"通道，打造带动区域协调发展的"主引擎"，辐射引领广东省创新发展

1）珠三角高新区成为城市一体化创新发展的"核心引擎"

深化"一区多园"等体制机制创新，核心引领作用日益凸显。广州高新区、深圳高新区率先建设高质量发展先行地、试验区，成功进入全国 10 个世界一流高科技园区建设序列，超半数的珠三角国家高新区进入全国国家高新区前 30 强。2020 年，珠三角高新区实现生产总值 1.8 万亿元，占珠三角 9 地市生产总值的比重达 20%。其中，深圳高新区扩区至 159.48 平方千米后，18 个重点区域遍布深圳市，2020 年实现生产总值 7852.6 亿元，占深圳市生产总值的 28.4%，成为引领深圳市质量型开发建设的核心地区。

2）沿海经济带东西两翼高新区成为高科技产业新增长极

围绕集聚高端创新资源、壮大实体经济和推进制造业高端发展，逐步建设成区域创新发展特色园、专业园。其中，湛江高新区深化与湛江经济开发区、湛江海东新区"三区"联动，引进湛江宝钢、中科炼化、巴斯夫等超 100 亿美元的重大产业项目，建设南方海洋科学与工程广东省实验室（湛江），已经成为华南地区现代化临港重大产业的重要集聚基地；阳江高新区世界级风电产业基地已集聚成型，风电装备制造业产值达 350 亿元，引领全国风电产业发展。

3）北部生态发展区高新区成为转型升级引领区

通过科技创新赋能，加快传统优势产业转型升级，逐步建成生态优先、绿色发展的功能园和示范园。清远高新区把握"广清一体化"发展契机，积极引入广州市的高校合作共建聚航新材料研究院、华师科技创新研究院等，开展产业关键技术攻关和工艺提升，成功将废旧金属处理产业升级为高性能金属材料产业，获批国家级高新技术产业化基地。

6. 打造粤港澳合作"桥头堡"，推动跨境创新资源有序流动和有效衔接

1）支撑广深港澳科技创新走廊"两点""两廊"建设作用凸显

广东省推进广深港澳科技创新走廊建设重点布局的 26 个重点创新平台，除深圳高新区、东莞松山湖高新区等 5 家高新区外，还包括高新区内的西丽湖国际科教城、佛山三龙湾高端创新集聚区等 11 个平台，占比近 2/3。这些平台依托资源集聚、开放体系等优势，在推动粤港澳三地协同创新方面成效显著。例如，肇庆西江高新区设立香港都会大学（肇

庆）、香港城市大学（肇庆）技术转移中心等平台，成为推动当地与港澳资源对接合作的核心载体。

2）创新创业平台实现粤港澳三地共建共享

推动港澳高校、科研机构在高新区设立东莞松山湖国际机器人研究院等 6 家新型研发机构，特别是深圳高新区与 6 所港校合作在园区设立的研发机构就达 82 家。建立了港科大蓝海湾孵化港、澳门青年人创新部落等一批有代表性的粤港澳科技企业孵化载体，其中，港科大蓝海湾孵化港累计孵化创业项目超百项，超过半数创业项目属于引进港澳科研成果到内地转化。高新区组建了 4 家粤港澳联合实验室。东莞松山湖高新区中国散裂中子源大科学装置向港澳开放 3 台谱仪，完成来自港澳的用户课题 27 项。

3）促进创新资源三地自由流动的政策成效显现

围绕"钱过境、人往来、税平衡"，推动高新区探索形成了一批更有利于创新资源跨境流动的政策措施。例如，在"钱过境"方面，广州高新区通过区内的香港科大霍英东研究院，首次实现广东财政科技资金从政府部门直接过境港澳；深圳高新区推动深港澳创新主体联合开展技术攻关，已有 5330 万元财政科研资金顺利跨境（过港）使用。

7. 打造"国内国际双循环"主平台，主动融入国内国际产业链创新链

建成一批区域产业联动发展大平台。佛山、汕头、韶关、湛江等高新区发挥高铁通达、毗邻外省份等区位交通优势，创新伙伴园区、异地孵化等合作机制，支撑服务国家区域发展战略。例如，佛山高新区建有粤桂黔高铁经济带合作试验区（广东园），与广西园、贵州园联动发展，搭建起以高铁为依托的新型跨区域合作模式，推动了沿线 3 省份 13 个市（州）的创新资源及人流、物流、资金流的自由流动和融合。

1）孵化一批新经济新消费应用场景

推动云计算、物联网、人工智能等企业向传统产业跨界渗透，营造生产消费新场景，创造新需求。广州高新区国家人工智能与数字经济试验区培育出卓志供应链、找塑料网络等外贸新业态和新零售领域的"独角兽"企业。2020 年，广东省 14 家国家高新区新产品销售收入达 1.7 万亿元，占广东省新产品销售收入的 37.9%，大批新技术、新产品在新场景中实现了迭代更新。

2）国际科技产业双向交流合作不断深化

走活国际高端资源"引进来"的新路子。2020 年，广东省 14 家国家高新区共引进港

澳台及外商投资企业 2597 家，吸引各类留学归国人员 3.5 万人；建立了中新广州知识城、东莞中以创新产业园等重大国际合作平台。例如，深圳高新区创建全球第一个国际科技商务平台，累计引进 47 个国家和地区的 84 家机构，被誉为"民间大使馆"。探索产能全球合作"走出去"的新路径，2020 年，广东省 14 家国家高新区实现对境外直接投资 484.2 亿元，在境外设立技术研发各类分支机构 3089 家。

专栏：广州高新区集聚高端创新资源建设大湾区，打造国际科技创新中心核心枢纽

习近平总书记先后于 2008 年、2018 年两次视察广州高新区，对其赋予"五年大变化"的殷切期望，2020 年 12 月对广州高新区内中小企业科技工作者代表回信勉励。广州高新区牢记习近平总书记殷殷嘱托，紧抓粤港澳大湾区建设重大机遇，集聚高端创新资源，挺起广深港澳科技创新走廊的脊梁。近年来，广州高新区在"双创"示范基地建设、生物医药等战略性新兴产业发展、落实科技抗疫和复工复产暖企政策等方面工作成效明显。中新广州知识城上升为国家级双边合作项目，总体发展规划获国务院批复。广州高新区集聚世界 500 强企业项目近 200 项，聚集国家重点实验室、国家技术创新中心、中国科学院系列院所及各类高端研发机构 1000 多家，高新技术企业超 3500 家，科技孵化器面积超过 600 万平方米，国家级孵化器 28 家。2020 年，广州高新区生产总值达 3663 亿元，规模以上工业总产值突破 8000 亿元，财税总收入超过 1300 亿元，连续 4 年超千亿元，区本级投入科技创新资金近 100 亿元，研究与试验发展经费投入强度达 4.38%。"十三五"期间，广州高新区在全国的综合排名从第 12 位跃升至第 6 位，迈出了创新驱动高质量发展的坚实步伐。

1. 聚焦"量""质"突破，打造极具实力的战略科技力量

构建"1+2+3+N"战略科技创新平台集群，增强原始创新能力。"1"是中央批准设立的第 5 家、由"共和国勋章"获得者钟南山院士领衔的呼吸疾病领域国家实验室，致力打造具有全球影响力的防控突发性公共卫生事件的大型综合性研究基地和原始创新策源地。"2"是由科技部批复组建的粤港澳大湾区国家技术创新中心和国家新型显示技术创新中心，粤港澳大湾区国家技术创新中心于 2021 年 4 月 22 日揭牌，以关键技术研发为核心使命，打造国家技术创新体系的战略节点；国家新型显示技术创新中心于 2021 年 4 月 30 日正式挂牌运行，重点突破材料、器件等技术瓶颈，实现全产业链协同创新。"3"是人类细胞谱系、航空轮胎动力学、慧眼 3 个重大科技基础设施，人类细胞谱系项目被纳入国家"十四五"专项规划，航空轮胎动力学项目获中国科学院 C 类先导专项等立项支持，慧眼项目将为我国生物安全、蛋白质药物、军队特需药品等方面的创新研究提供支撑。"N"是由"人民英雄"张伯礼院士领衔的中医药联合创新研究院，以及成建制、成体系、机构化引进的中国科学院一系列大院大所，包括国家纳米科学中心、中国科学院空天信息创新研究院、中国科学院微电子研究所、中国科学院自动化研究所、中国科学院长春应用化学研究所、中国科学院金属研究所等。2020 年，广州高新区拥有省级新型研发机构 26 家，占广州市新型研发机构总数的 4 成；拥有省级高水平创新研究院 8 家，占广东省高水平创新研究院总数的 2/3，新型研发机构集聚度和创新能力走在全国最前列。

2. 聚焦"中""高"跃迁，打造极具活力的世界级创新型产业集群

聚力打造以新一代信息技术、生物医药为核心的世界级创新型产业集群，加快布局高端装备制造、数字经济、新能源、新材料等战略性前沿产业。做大做强集成电路产业，加快将广东省打造成中国集成电路第三极的核心承载区，集聚粤芯半导体等 80 多家集成电路产业，落地目标规模 1000 亿元的粤港澳大湾区科技创新产业投资基金和 1000 亿元注册资本的粤港澳大湾区半导体产业集团。生物经济异军突起，广州高新区集聚生物医药企业超 3000 家，营业收入突破 1000 亿元，获评中国生物医药最佳园区奖、中国生物医药园区创新药物潜力指数十强园区，处于国内生物医药产业发展第一梯队，在新冠疫情防控中发挥了主力军作用，广州高新区 200 多家科研企事业单位全力投入疫情应急攻关，生物岛实验室研发的新型冠状病毒 AI 辅助诊断系统在全国推广；达安基因、万孚生物研了首批新型冠状病毒核酸检测试剂盒，产品供应量占全国供应量 4 成以上；全域检测核酸检测量位居全球第一，广州高新区检测能力占广东省的 90%；防疫物资出口 61 个国家和地区，国务院联防联控医疗物资保障组两次发来感谢信。

3. 聚焦"产""研"协同，打造极具引力的湾区创新共同体

发挥广州高新区与港澳合作底蕴优势，拓展深化与港澳的科技创新合作空间。2021 年 2 月，广东省推进粤港澳大湾区建设领导小组正式印发《广州穗港智造合作区建设实施方案》，支持广州高新区打造穗港智造合作区；2021 年 4 月，"穗澳知识合作先行示范区"落地建设。支持港澳资传统制造型企业加快"机器换人""无人工厂""无人车间"等数字化智能化转型升级改造，打造穗港产业合作标杆。与香港大学、香港浸会大学、澳门大学、澳门科技大学等港澳地区知名高校开展产学研合作。规划 8 平方千米建设粤港澳青年创新创业基地，建设清华珠三角粤港澳创新中心、澳门青年人创新部落、广州区块链国际创新中心等港澳特色创新载体，出台"港澳青创 10 条""粤港澳知识产权互认 10 条"等专项政策，为港澳合作提供多元化的政策扶持。

4. 聚焦"才""智"引领，打造极具魅力的创新软环境

将营商环境作为全面深化改革的"头号工程"，获批广东省首个营商环境改革创新试验区，出台营商环境改革创新 168 条举措，打造"黄埔 smile"营商品牌，"一门式"政

策兑现服务改革入选"2020 中国改革年度十佳案例",蝉联"中国营商环境改革创新最佳示范区"。

1)优化人才服务

首创"上管老、下管小"人才服务模式,推出"海外尖端人才 8 条",成功引进诺贝尔奖获得者克雷格·梅洛教授,以及钟南山、张伯礼、王晓东、施一公等 91 位院士,入选国家各级人才计划的高层次人才总数达到 1113 位,居广州市第一位、广东省前列。

2)强化创新链条

升级"金镶玉"系列政策,推出"生物制药 10 条""纳米 10 条"等创新政策,完善科技型企业全链条孵化育成体系,提供企业全生命周期融资对接服务。

3)深化品牌创建

全力推动"放管服"改革,"12345"审批模式获国务院"放管服"改革协调小组通报推广。深耕国家知识产权运用和保护综合改革试验田,推进知识产权证券化,成功上市全国首种纯专利资产证券化产品。

"十四五"期间,广州高新区将深入贯彻创新驱动发展战略,全力推进科技自立自强,紧盯"卡链处""断链点",打好关键核心技术攻坚战,重点布局一批基础学科研究中心,大力引进世界级顶级研究机构和工业实验室,加快推进人机融合、集成电路、纳米技术、生物安全、干细胞、基因等前沿领域科技攻关,实施"万亿制造计划",打造与实体经济紧密结合的科技成果转化最强区,争创国家营商环境改革创新试验区、国家高新区绿色发展示范园区,构建创新生态新体系,全力打造世界一流高科技园区,力争成为粤港澳大湾区国际科技创新核心枢纽。

专栏:深圳高新区高举高新技术产业发展旗帜,努力建设世界一流高科技园区

2018 年 3 月 7 日,习近平总书记参加十三届全国人民代表大会一次会议广东代表团审议并发表重要讲话,明确指出"深圳高新技术产业发展成为全国的一面旗帜"。深圳高新区遵循科技创新规律、产业集聚规律和市场经济规律,敢闯敢试、敢为人先,培育了一大批具有国际竞争力和影响力的高新技术企业,成为我国参与国际科技竞争的标杆和重要力量。面对中美贸易摩擦的严峻挑战,深圳高新区迎难而上、砥砺前行,经受住了国际环境及新冠疫情的双重考验。2020 年,深圳高新区实现营业收入 20687.05 亿元,同比增长 21.4%;实现生产总值约 7852.55 亿元,同比增长 13.6%;其中,包括粤海、西丽两个街道的深圳湾园区以占深圳市不到 0.6% 的土地面积创造了深圳市约 11% 的 GDP，单位面积产出居国家高新区首位。在全国高新区评价排名中，深圳高新区列第三位，国际化和参与国际竞争能力列第一位。深圳高新区在推动深圳市高新技术产业发展成为全国的一面旗帜中发挥了至关重要的引领带动作用。

1. 强化企业创新主体地位，率先走出以市场为导向的深圳创新之路

深圳高新区在科研资源极度匮乏的情况下，因地制宜，独辟蹊径，围绕市场主体进行资源配置和政策设计，将创新从科研活动转变为经济活动，科技型企业成为创新的主力军，科技型企业家成为创新的组织者和领导者，科研成为创新的一个配合环节，走出了一条市场驱动、需求导向的深圳创新路径，极大改善了创新投入产出的效率。华为、中兴通讯、腾讯、迈瑞等一大批科技型企业在深圳高新区快速成长壮大，形成了"头部企业"全面领跑、新锐企业多点开花、中小企业雨后春笋的蓬勃发展局面，内生式发展模式为全国高新区作出了成功示范。截至 2020 年年底，深圳高新区内国家高新技术企业 5082 家，年产值超亿元企业 823 家，境内外上市企业 142 家。深圳高新区瞄准科技前沿，聚焦国家重大战略需求，不断提升科技型企业集聚度和产业竞争力，构建战略性新兴产业和未来产业发展生态圈，打造了新一代通信技术、互联网科技、智能制造、人工智能、生物医药等千百亿元级产业集群，5G、8K、人工智能、基因测序、3D 显示、新能源汽车、无人机等领域的创新能力处于世界前沿，获批国家新一代人工智能创新发展试验区，新型显示器、智能制造装备、人工智能入选国家战略性新兴产业集群发展工程。

2. 深化产学研资深度融合，推动"创新驱动发展"向"创新引领发展"跃升

深圳高新区构建集教育、科研、产业、市场、资本于一体的产学研资深度融合创新生态体系，加速科技成果产业化进程。在发展高等教育方面奋起直追，在提升深圳大学、南方科技大学等已有高校办学水平的同时，全力开办新高校，清华大学深圳国际研究生院、哈尔滨工业大学（深圳）、深圳技术大学、天津大学佐治亚理工深圳学院等高校获教育部批准开办，深圳高新区已成为深圳高层次人才的重要培养基地。首创深圳虚拟大学园，聚集了 65 所国内外知名院校，建成清华大学、北京大学等 16 家产业化基地，深度开展校企合作，搭建产学研融合平台，有效解决科技型企业发展的成果需求、人才需求。推动部省共建西丽湖国际科教城，在科技创新机制探索和产教融合试验上先行先试，打造以国家重点实验室为龙头的战略科技力量，布局建设鹏城实验室、广州实验室、诺贝尔奖实验室、基础研究机构等重大创新平台，以中国科学院深圳先进技术研究院为主体打造国际一流工研院，不断完善"基础研究+技术攻关+成果产业化+科技金融+人才支撑"全过程创新生

态链，原始创新能力大幅跃升，为高新技术企业关键核心技术攻关提供不竭的"源动力"。着力突破关键核心技术"卡脖子"问题，采取"赛马式资助竞争机制""一技一策""一企一策""链式布局"等组织方式，鼓励产学研用协同攻关、产业链上下游企业联合攻关，实施梯度攻关计划，努力实现一批关键核心技术从跟跑、并跑向领跑转变。2020年，深圳高新区 PCT 国际专利申请量达 14660 件，占全国同类指标的比例约为 21.3%，连续多年居全国高新区首位。

3. 构建多维度创新服务体系，营造最具活力的创新创业生态

深圳高新区致力于改革创新，坚持锻长板、补短板，不断完善科技创新服务体系。建设一体化投融资平台，设立创业投资广场、南方创投网，覆盖科技型企业 6000 余家，汇聚金融、投资机构 1000 余家，促进项目和资金有效对接。组建大型科学仪器设施资源共享平台，为科技型企业提供仪器共享、检验检测、文献查询、技术培训等服务。搭建校企对接合作平台，举办中国 IT 产业校企合作大会，打造专业平台"鹏城 IT 人"，提供校企合作、校园招聘及实习实训等服务，年提供优质岗位近 3 万个。构建"众创—孵化—加速"创业孵化链，通过政府引导支持、社会力量多方参与，建设一批行业齐全、层次分明、服务专业的众创空间、孵化器，贯穿企业从创立到加速成长的全过程为企业提供服务。动态配置全生命周期产业空间，根据不同成长阶段、不同行业领域企业的需求，差异化提供多层次、低成本、动态化的产业空间保障，破除土地资源紧约束"瓶颈"。

4. 推动深港澳协同创新，打造联通"国内国际双循环"的"深圳样本"

深圳高新区处于"国内国际双循环"交汇的重要位置，通过对外高水平开放合作，对内高质量辐射带动区域创新，为构建新发展格局贡献深圳高新区力量。推动深港澳"大科创"，香港大学、香港中文大学、香港科技大学、香港理工大学、香港城市大学、香港浸会大学 6 所高校在深圳高新区设立研究院，累计设立研发机构 82 家。鼓励深港澳创新主体联合开展技术攻关，推动科研项目管理制度规则衔接，累计资助科研资金超亿元，5330万元科研资金顺利跨境（过港）使用。连续两年举办深港澳高校创新创业大赛，"以赛促创、以赛引智"，推动港澳高校青年创新创业。创建全球第一个国际科技商务平台，被誉为"民间大使馆"，累计引进来自美国、英国、法国、德国、匈牙利、以色列等 47 个国家和地区的 84 家机构，搭建了帮助科技型企业"引进来、走出去"的国际交流合作平台。加强与国内高新区协同发展，与新疆维吾尔自治区、哈尔滨市、赣州市及广东省潮州市、汕头市、汕尾市等地的高新区开展深度对口合作，推动资源共享、优势互补，协同打造优质的产业链和供应链。

面向"十四五",迈向新征程,深圳高新区将深刻领会习近平总书记在深圳经济特区建立 40 周年庆祝大会上的重要讲话和视察广东省、深圳市重要指示精神,科学把握新发展阶段,深入贯彻新发展理念,积极融入新发展格局,认真贯彻落实《国务院关于促进国家高新技术产业开发区高质量发展的若干意见》,率先在探索关键核心技术攻关新型举国体制方面先行先试,在深化科技成果转移转化机制改革方面先行先试,在打造高质量创新型产业集群方面率先示范,在建设宜创宜业宜居的新型科技园区方面率先示范,加快建设具有全球影响力的世界一流高科技园区。

7.5 抱团连片,专业镇加快按下转型升级"加速键"

作为区域创新体系的关键环节,专业镇是广东省打造经济新常态、实施创新驱动发展战略和产业转型升级的重要载体,是"创新链"与"产业链"融合的主战场。在既有产业集聚优势的基础上,广东省通过协同创新网络、提高创新基础设施水平、优化创新环境等措施,带动了创新要素的集聚,使驱动城镇产业发展的主要优势由"集聚"转变为"创新"。核心是实施知识产权战略,鼓励和支持企业将技术创新成果转化为专利和标准,将优势产品和技术提升为品牌;加速创新型企业培育,专业镇企业运用高新技术和信息技术,推进设计数字化、产品智能化、生产自动化、管理网络化、营销电子化,提升行业整体竞争力。自 2000 年起广东省科技厅在全省开展技术创新专业镇工作以来,专业镇以镇级经济为单元的新型经济形态,成为区域经济社会发展和科技创新成果转化的重要支柱,是推动科技成果转化为工业化、信息化、城镇化和农业现代化驱动力的有效途径[①]。

1. 专业镇发展积淀深厚,承接科技成果转化的工业基础扎实

作为广东省传统产业和特色优势产业的主要集聚地,专业镇也是民营经济和小微企业孵化育成的载体,是促进县域经济崛起和实现区域高质量发展的重要载体。广东省科技厅自 2000 年起正式启动"专业镇技术创新试点"工作;2008 年,广东省科技厅公布《广东省技术创新专业镇管理办法》,以专业镇(区)技术创新平台建设为核心,为中小企业提供

---

① 2000 年,广东省颁布了《中共广东省委办公厅、广东省人民政府办公厅贯彻〈中共中央、国务院关于加强技术创新,发展高科技,实现产业化的决定〉的通知》(粤办发〔2000〕6 号),提出积极开展专业镇技术进步试点工作,由广东省科技行政管理部门组织科研机构和高等学校的力量,与当地政府共同研究制定和实施产业技术进步规划,推进县和镇一级的产业技术升级和产品更新换代。

科技服务和技术支持，延长和完善特色产业链。创新型专业镇是产业生态优化与集群高端发展的高级形态，是产业、科技、城镇相互支撑融合的必由之路。截至 2018 年年初，广东省认定 434 个专业镇，规模以上企业 29980 家，高新技术企业 8603 家，GDP 达 31636 亿元，占广东省 GDP 的 35%，科技活动经费 451 亿元，研发人员 31 万人，申请专利 23 万件，授权专利 12 万件，与高校院所共建科技机构 724 家。2020 年，广东省有 500 个左右专业镇，其中 146 个专业镇的产值过百亿元，11 个专业镇的产值过千亿元[①]。同时，形成工业、农业、服务业三大类产业专业镇齐头并进之势，高质量科技成果转化落地推动涌现出一批优秀典型示范专业镇，并发挥示范引领作用。广东省有 6 成专业镇为工业专业镇，且主要分布在经济较为发达的珠三角地区和粤东地区，主要形成了珠三角集群、江门—佛山—中山集群和东莞集群，呈现出"雁群效应"[②]。在工业专业镇中，东莞市、中山市、佛山市是广东省创新型专业镇集聚高地，以佛山市顺德北滘镇、中山市火炬开发区、中山市南头镇、东莞市横沥镇等为引领，拥有相对突出的产业化能力、创新基础、专业化能力和科技研发能力，产业多集中于电子信息、家电制造等领域。在农业专业镇中，中山市民众镇、茂名市博贺镇以产业化能力优势和专业化能力优势位居第一梯队，是广东省农业专业镇的创新标杆。在服务业专业镇中，服务业创新能力强的专业镇主要分布于珠三角地区，以佛山市乐从镇为引领[③]。2007 年，东莞市石龙镇获得广东科技进步奖特等奖；2017 年，时隔十年此奖项再次颁给东莞市横沥镇。专业镇的科技含量和创新驱动发展特征突出，成为科技成果转化的重要落脚点。

2. 新发展形势下加速以创新为核心的转型升级，高水平科技成果转化注入发展新势能

广东省通过制定实施专业镇自主创新能力和产业竞争力"双提升"计划、"一镇一策""校镇、院镇、所镇"产学研合作计划等系列政策措施，扎实推进专业镇创新发展，取得显著成效。专业镇积极应用电子信息、物联网、机器人和智能制造等先进技术，推动传统产业技术改造和转型升级，促进高端新型电子信息、新能源、LED 等战略性新兴产业加快集聚发展，为促进广东省经济社会平稳健康可持续发展作出了重要贡献。广东省大力推进多主体协同、多要素联动、多领域合作的协同创新，建立全产业链的协同创新平台

---

① 疫情之下，广东专业镇如何突围，南方杂志。

② 贺三维，甘杨旸，叶文敏. 广东省专业镇发展的时空演变规律及镇域就业密度分析[J]. 华中师范大学学报（自然科学版），2021，6：17.

③ 广东对专业镇创新能力打分珠三角优势明显，广东省科技厅。

体系①。在新一轮产业升级和转移的国际背景下，广东省专业镇必须提高自主创新能力、掌握核心创新技术、提高区域竞争力，从比较优势、集聚优势向创新优势转换。2021年，广东省科学技术厅下达《广东省科学技术厅关于选派广东省驻镇帮镇扶村农村科技特派员（第一批）的通知》，组织选派的农村科技特派员团队主动对接帮扶镇和驻镇工作队，开展帮扶工作，并纳入驻镇帮扶工作队统一管理，帮扶周期为3年。充分发挥科技支撑作用，组织农村科技特派员参与驻镇帮镇扶村，组团结对帮扶。根据农村科技特派员入库情况，已选派韩山师范学院黄永平等363位农村科技特派员开展乡村振兴驻镇帮镇扶村工作②。

3. 科技成果转化助力特色农业高质量发展，助力乡村振兴战略落地实施

2019—2021年，广东省共认定2278个"一村一品、一镇一业"省级专业村、300个省级专业镇，产业囊括种植、水产、畜禽等，涵盖岭南特色水果、蔬菜、水稻、茶叶、南药、花卉苗木等种植业，南美白对虾、鲍鱼等水产养殖业，生猪、三黄鸡、石山羊等畜禽养殖业，以及农产品加工、休闲农业等，既有主导产业、优势产业，又有独具地方特色的特色产业。"一村一品、一镇一业"专业村镇是广东省特色农业发展的基石和样板，具有上连县、下带村的带动作用，为持续构建"跨县集群、一县一园、一镇一业、一村一品"现代农业产业体系打下坚实基础③。广东省农业科技创新不断取得突破，培育出特早熟荔枝新品种"早荔一号"、晚熟优质品种"红脆糯"和"玲珑"等，将同一产区的荔枝产季延长了40天；选育的杂交黑皮冬瓜品种推广面积居全国第一位；选育集成"高抗枯萎病+优异加工性能"的特色香蕉新品种等。此外，广东省共有省级以上农业科技园区58个，其中包含9个国家级农业科技园区，推动科技成果转化1万余项，培训技术人员、职业农民等近360万人次；广东省共有省级"星创天地"196个，其中国家级有62个，累计培训创新创业人才9.46万人次，孵化创业团队和创业企业6079家。广东省共选派了902个团队、2815位农村科技特派员参与乡村振兴驻镇帮镇扶村，实现600个重点帮扶镇、301个巩固提升镇农村科技特派员全覆盖④。2015年，广东省成立唯一一个专业面向农业领域的广东省农业科技成果转化公共服务线上平台；2021年，广东省农业科学院建设的金颖农科孵化器被科技部认定为国家级科技企业孵化器，实现了广东省农业领域国家级孵化器

---

① 广东：协同创新助推专业镇传统产业转型升级，广东省科技厅。
② 广东省科学技术厅关于选派广东省驻镇帮镇扶村农村科技特派员（第一批）的通知，广东省科技厅。
③ 2021广东省级"一村一品、一镇一业"专业村镇名单公布，人民资讯。
④ 广东乡村振兴：连续两年完成粮食生产任务，农业科技创新有突破，网易。

"零"的突破。该孵化器是粤港澳大湾区规模最大的国家级农业科技企业孵化器，发挥广东省农业科技转化孵化工作中的平台和龙头作用。2022 年，广东省农业科学院科技成果转化基地暨华南 A 谷揭牌成立（见图 7-8），形成"平台+孵化器+基地"的多层次农业领域科技成果转化服务体系，加大农业科技成果转化孵化，推动科技与产业融合创新，为推进农业农村现代化和乡村振兴提供高质量的技术和智力支撑①。

图 7-8　广东省农业科学院科技成果转化基地暨华南 A 谷揭牌仪式

2021 年，广东省农林牧渔业总产值、增加值提高到 8369 亿元、5169 亿元，总产值和增速均创 1987 年以来的最高水平，农业科技的支撑功不可没。截至 2021 年，广东省农业科技进步贡献率达到 71.3%，水稻等主要农作物良种覆盖率达 98%以上，主推技术到位率98.5%，各项指标均居全国前列②。

专栏：科技创新成为专业镇"丹灶现象"重要驱动力

改革开放之初，佛山市丹灶镇从小五金起步，诞生了南海首批"万元户"。随着传统专业镇经济的增长模式后继乏力，丹灶镇在过去 10 年通过重视科技创新，重点布局新兴产业，跑出了前所未有的发展加速度，催生出广东省专业镇转型升级的"丹灶现象"。曾经，丹灶镇面临着交通区位变化、劳动力成本逐步攀升、环保需求觉醒等发展桎梏，以小五金为基础的产业结构逐渐落后于时代，在转型升级迫在眉睫的背景下，丹灶镇一直在蓄力、布局和寻找机会。

---

① 打造华南现代农业创新硅谷！广东省农业科学院科技成果转化基地暨华南 A 谷揭牌，网易。
② 粤主要农作物良种覆盖率超 98%，南方日报。

早在 2013 年，丹灶镇就提出了科技创新"321 体系"。2014 年，丹灶镇把大金智地作为创新创业走廊，在其周边聚集起创新创业生态链及相关城市配套。2015 年，丹灶镇引入首个科技企业孵化器——"力合星空·728 创域"，推动其核心创新载体落户翰林湖，并完成关键一跃，首次打入全国综合实力千强镇榜单，排名第 99 位。丹灶镇自 2016 年开始加速跑，首次提出打造珠三角制造业创新小镇，以打造高新区的思路推动全镇空间、产业、基础设施的重新规划，围绕"一岛两湖十里片区"，重点打造两大产业新区，进一步重塑镇域产业格局。丹灶镇自 2009 年起开始布局氢能产业，到 2017 年全面发力，提出在西部片区高起点、高标准建设仙湖氢谷的构想，占地 48 平方千米的仙湖氢谷迅速崛起，丹灶镇一跃成为全国氢能产业的先行地。丹灶镇抓住 2018 年成功申报建设国家安全产业示范园区创建单位的机遇，发挥粤港澳大湾区（南海）智能安全产业园的核心带动作用，打造出广东省乃至全国最大的以安全应急产业为主题的万亩级产业空间，加快了产业资源的集聚。2015—2021 年，丹灶镇从全国综合实力千强镇榜单的第 99 位，跃升至全国综合实力百强镇第 37 位。2012—2021 年，丹灶镇 GDP 从 86.49 亿元增至 169.15 亿元，规模以上工业企业总产值从 151 亿元增至 395.6 亿元。截至 2021 年年底，丹灶镇高新技术企业达到 363 家，比 2015 年的 26 家增长了 13 倍；丹灶镇辖区五金企业超过 6000 家，五金行业规模以上企业总产值超过 300 亿元，成为远近驰名的"中国日用五金之都"。目前，丹灶镇拥有省级工程技术研究中心 20 家、市级工程技术研究中心 54 家；引入 22 项院士项目，涉及氢能、安全应急、新材料、人工智能等战略性新兴产业[1]。

7.6 孵化育成，构筑全链式成果产业化"主基地"

近年来，广东省大力发展各类创新创业载体，建立健全涵盖技术研发、企业孵化、产业化开发的全链条孵化育成体系，打造大中小企业融通发展的创新生态，尤其是通过鼓励龙头骨干企业开放创新创业资源，推动产业链上下游企业跨界融合，引导研发、制造、服务各环节协同创新，推动科技成果落地转化。

1. 建立健全孵化育成体系

2018 年以来，广东省加速推进孵化育成体系提质增效，促进众创空间、孵化器、加速器、大学科技园等载体规范管理，出台了《广东省大学科技园实施办法》《广东省科技

[1] 南海两会评论　丹灶：一颗丹心向战新，网易。

企业孵化载体管理办法》等系列文件，创业孵化政策体系不断完善。着力推进孵化载体纵深发展，通过专业孵化模式撬动龙头企业资源、促进中小企业融通创新，通过打造开放平台型孵化模式培育新产业新业态，孵化育成体系逐渐从注重企业集聚向产业孵化培育转变。截至 2020 年年底，珠三角示范区共建设众创空间 918 家、科技企业孵化器 1003 家，分别占广东省同类指标的 88.4%、90.8%（见图 7-9、图 7-10），其中，国家备案众创空间 252 家，国家级孵化器 158 家，分别占广东省同类指标的 91.0% 和 90.0%（见图 7-11、图 7-12）。珠三角示范区结合港澳特色建设了超过 80 家具备港澳元素的孵化载体，结合地方产业发展认定 3 家省级加速器，集聚高校优势建成国家级大学科技园 6 个、省级大学科技园 10 个；推进"众创空间—孵化器—加速器—产业园"全链条孵化育成体

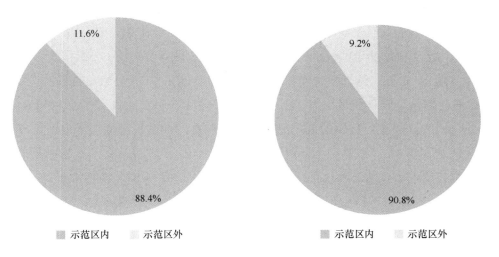

图 7-9　2020 年广东省众创空间建设情况　　图 7-10　2020 年广东省科技企业孵化器建设情况

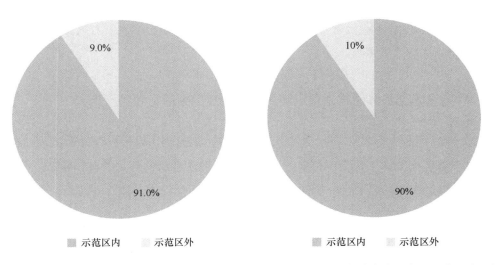

图 7-11　2020 年广东省国家备案众创空间建设情况　图 7-12　2020 年广东省国家级孵化器建设情况

系建设。在培育壮大科技型企业群体规模方面，广东省孵化器、众创空间数量均居全国首位，成为科技企业培育壮大的摇篮载体，力争到 2025 年实现国家高新区、省级加速器全覆盖，在粤高水平大学实现省级大学科技园全覆盖。

2. 孵化器迈入高质量发展新阶段

在历经爆发式增长后，自 2017 年开始广东省孵化器数量逐渐平稳增长，注重质量提升。2021 年，广东省拥有孵化器 1111 家，数量连续 6 年居全国第一，保持领先优势，超 91.5%集中在珠三角地区，其中超半数在广州市、深圳市。高新区内孵化器有 371 家，占广东省同类指标的 33%；企业法人建设的孵化器达 92%，孵化器早已由政府主导向企业建设转型。广东省拥有创业导师 14340 位，对接企业数量超过 3.5 万家，广州市、深圳市以 5356 位、2119 位创业导师数量居前列，占广东省创业导师总数的 52%。广东省孵化基金总额为 351.53 亿元，深圳市、广州市以 166.37 亿元、107.79 亿元的孵化基金总额领先，占广东省孵化基金总额的 78%。广东省共有 2677 家在孵企业，获得投融资 214.86 亿元。专业化成为高质量孵化器发展的风向标，更贴合产业转型升级需求，广东省内共有 361 家专业孵化器，占广东省孵化器总数的 32%，其中，323 家省级以上孵化器中有 166 家为专业孵化器，占比达 51%。2021 年，在新认定的 30 家国家级孵化器中，80%为专业孵化器，超 7 成分布在电子信息、先进制造、生物医药等领域，与广东省"双十"产业集群方向一致，航空航天、现代交通、地球、空间与海洋等产业领域孵化器逐渐涌现。2021 年，广东省孵化器累计培育企业 4571 家、高新技术企业 758 家，其中，上市（挂牌）139 家，营业收入超 5 千万元的企业 870 家，广东省超过 20%的科创板上市企业来源于孵化器；吸纳就业人数 42.35 万人，其中应届毕业生 3.5 万人，抵住了疫情冲击，创新创业热情依旧不减。

3. 粤港澳孵化载体已成为粤港澳大湾区科技成果转化特色支撑

2020 年，广东省科技厅制定出台《广东省科技企业孵化载体管理办法》，在全国首次提出"粤港澳孵化载体"认定。目前，广东省面向港澳青年的孵化器有 134 家，占广东省孵化器的比例达 6%，孵化面积 167 万平方米。以深圳市、广州市、佛山市、珠海市等毗邻港澳的市为主要依托地，吸引几乎全部港澳孵化载体，珠三角地区有 132 家，粤东西北地区有 2 家，其中，广东省认定粤港澳大湾区（广东）创新创业孵化基地、深港青年创新创业基地等 24 家粤港澳科技企业孵化载体。在孵香港、澳门创业团队和企业分别为 878 家、

168 家，共 1046 家，为超过 2000 位港澳青年提供孵化服务，有 54 家港澳创业孵化载体与香港大学、香港科技大学、香港中文大学、澳门大学、澳门科技大学等港澳高校开展产学研合作，推动电子信息、有机农业等领域引进港澳高校成果来粤落地转化[①]。粤港两地间的创新创业活动和交流日趋频繁，港澳的大学和科研机构陆续在广东省建设孵化载体，促进粤港澳大湾区 3 地创新资源流动和频繁开展创新创业活动。香港城市大学在深圳市成立香港城市大学创新创业中心（深圳），已连续 3 年作为推广单位参加深圳创新创业大赛港澳高校预选赛，目前在孵项目 42 项，提供创业工位 37 个。2020 年，深圳创新创业大赛共征集到 286 家港澳台（含合资）企业报名参赛，其中，香港赛区 75 家，澳门赛区 46 家，台湾赛区 165 家，其中有 44 家港澳台资企业。香港科技大学与佛山市人民政府、佛山市南海区人民政府共建香港科技大学（佛山）科技成果转化中心，其于 2021 年 4 月正式投入试运营。2019 年，"粤港澳大湾区中医药科技成果转化基地"在珠海横琴成立，将建设成为立足粤港澳大湾区、面向国际的中医药科技成果转化枢纽平台。系列粤港澳项目合作持续深入，打造粤港澳科创合作先进"样本"。例如，佛山市环保行业龙头企业瀚蓝科技引入来自香港科技大学的"3E-MBR 新型低成本低能耗膜生物反应器技术"项目，该技术处于国际领先水平，拥有成本低、处理效率高的优势，转化应用后有望将污水处理的运行维护费用从 8 元/吨降低至 3 元/吨，将赋能佛山市乃至全国环保行业的技术革新和转型升级，体现了国际前沿技术与佛山市坚实产业基础的深度耦合。

4. 众创空间持续强化科技成果项目前孵化能力

在经历爆发式增长后，2016 年广东省众创空间数量首次跃居全国首位，2019 年逐渐平稳增长，2021 年纳入国家火炬中心统计的有 1076 家，连续 6 年蝉联全国第一。省级以上众创空间有 454 家，占广东省众创空间的比例超过 40%，高质量发展特征明显。88% 的众创空间分布在珠三角地区，超 7 成集中在广州市、深圳市、佛山市、东莞市 4 地；超 9 成国家级备案众创空间在珠三角核心区，近 7 成在广州市、深圳市，高度集中特征明显。以企业为法人建设的众创空间有 936 家，占广东省众创空间的比例为 87%，市场活跃度高。孵化器向前端延伸建设众创空间，更精准地把握科技企业成长和发展规律，更好地为其提供全生命周期、全创新要素孵化服务，超 1/4（273 家）的众创空间由孵化器主导建设，孵化器培育了近 3 成（130 家）省级以上众创空间。98 家众创空间由高校、科研机构建立，其中 44 家为省级以上众创空间，进一步发挥了高校院所在科研成果研发、人才

[①] 内容来自《广东省科技企业孵化育成体系建设发展报告（2022）》。

智力、科技资源方面的优势。众创空间专业化方向与当地产业紧密结合，集中在电子信息（相关众创空间占比为 34%）、文化创意（相关众创空间占比为 22%）、先进制造（相关众创空间占比为 13%）三大领域。

5. 国际孵化载体逐渐成为科技成果转化"国内国际双循环"的重要支撑

2021 年，广东省共有太库（深圳）科技孵化器等 23 家国际化孵化器。国际化孵化器高度集中在深圳市、佛山市、中山市、江门市等珠三角地区，超 7 成在深圳市，集中在电子信息和生物医药等领域，29 家孵化器建立了海外孵化基地，整体发展仍处于起步阶段。港澳台商投资和外商投资的众创空间有 39 家，近 5 成集中在深圳市，其中深圳前海博智汇累计募集超过 1000 个港澳台青年创业团队。广东省共有 585 家众创空间开展了国际合作，2019—2021 年，广东省众创空间开展国际交流合作活动超过 3000 场。此外，深圳市利用现有的 10 家海外创新中心，打造"在国外创新孵化、在深加速转化"的国际化孵化新模式。深圳市拥有在孵团队和企业 258 家，吸纳国外青年 253 位，上市（挂牌）企业 1 家，专注于电子信息（相关团队和企业占比为 34%）、生物医药（相关团队和企业占比为 22%）、先进制造（相关团队和企业占比为 13%）、新材料（相关团队和企业占比为 6%）、文化创意（相关团队和企业占比为 6%）等 11 个领域[①]。

6. 大学科技园成为高校科技成果产业化的重要载体

充分利用珠三角示范区高度集聚的高校、科研机构等优势资源，鼓励高校、科研机构等建设专业孵化载体，有效促进了高校、科研机构科技成果转化。通过充分发挥高校专业、平台的集成优势，建设一批成果转化率高的国家级、省级大学科技园。2021 年，广东省已建成国家级大学科技园 6 个、省级大学科技园 10 个，场地面积超过 46 万平方米，其全部集中分布在珠三角地区。广州市以拥有 8 个大学科技园领先；大学科技园覆盖广东省 10 所高水平大学中的 6 所，包括中山大学、华南理工大学、暨南大学、南方医科大学、广东工业大学、广州中医药大学，还覆盖惠州城市职业学院、广东南方职业学院、广东工商职业技术大学 3 所高职院校。广东省整合社会化服务资源形成创业孵化综合力量，大学科技园建设校内技术转移转化机构、风险投资机构、商务服务机构、产业化支撑服务平台等创业公共服务机构达 345 家，设有孵化基金 7.27 亿元，拥有创业导师 1146 位。积极推动高校师生开展创业孵化，2021 年，广东省大学科技园共有在孵企业 889 家，其中

---

① 内容来自《广东省科技孵化育成体系建设发展报告（2022）》。

约 57%为师生自办企业（508 家），涌现出黄锦锋（上市企业完美日记创始人）、汪滔（大疆无人机创始人）等一批优秀企业家；在孵企业从业人员 8460 人，接纳应届毕业生 766 人；累计转化 888 项科技成果，其中约 53%为高校科技成果（475 项）；培育了上市（挂牌）企业 7 家、高新技术产业 77 家、营业收入过亿元企业 20 家，涌现出小鹏汽车、大疆无人机、完美日记、云天励飞等一批优质企业，大学科技园逐渐成为高校科技成果转化的重要平台。广东省结合高校、科研机构学科与科研优势力量，打造一批具有示范带动作用的试点单位。2020 年，在广东省农业科学院、广东工业大学等 5 家省属高校、科研机构建设专业孵化载体试点，搭建了孵化中试、开放共享试验技术平台等一批专业技术服务平台，构建"创业研究+创业教育+创业传播+创业基地+创业基金"的全要素链条式高校孵化培育体系，集"科技企业孵化、关键技术研发、科技人才创业、成果技术转化"等功能于一体，在专业领域培育了一批专业结合度紧密、技术创新能力强的科技型中小企业①。

---

① 内容来自《广东省科技孵化育成体系建设发展报告（2022）》。

第8章　成果转化成效释放

"民惟邦本，本固邦宁。"不断改善民生，是实现以国家富强、民族振兴、人民幸福为主要内容的"中国梦"的题中之义和最终理想，也是科技让生活更美好的使命担当。2020 年 9 月，习近平总书记在科学家座谈会上的讲话中明确指出，"当前，我国社会主要矛盾已经转化为人民日益增长的美好生活需要和不平衡不充分的发展之间的矛盾，为满足人民对美好生活的向往，必须推出更多涉及民生的科技创新成果"[①]。广东省立足"四个面向"，为满足人民对美好生活的向往，围绕老百姓最关心、最直接的问题发力，为需所用，用到实处，让科技精准对接民生和经济社会发展需求，推动更多科技创新成果普惠民生，不断涌现出改革创新模式在全国复制推广。在疫情之下，疫情防控向科学要方法，向科学要答案，广东省亦交出满意答卷。广东省不断动员广大科技工作者把论文写在祖国的大地上，把科技成果应用在人民脱贫致富的伟大事业中。广东省依托 5G、大数据、人工智能等新兴互联网技术，探索更加丰富的生产领域、消费领域应用，也提供了大量新型就业岗位，实现创新创业齐发展、人民生活质量不断提升。在实现高水平科技自立自强的新征程中，广东省做到坚持"科技为民"，推动更多科技创新成果惠及民生，让亿万人民共享发展成果。

8.1　示范推广，提供先行先试创新改革"新路径"

作为改革开放的前沿阵地和排头兵，广东省肩负着制度性先行先试的责任担当与勇气决心，把系统推进全面创新改革试验作为全省实施创新驱动发展战略的重大抓手，坚定扛起主体责任，牢牢把握制度建设主线，按照"边探索、边总结""成熟一批、提炼一批、上报一批"的原则，通过实践反复验证、制度成果固化形成新经验、深化新认识、贡献新方案，形成一批具有首创性、突破性、可复制、可推广的重大制度成果，是坚持加强顶层设计和"摸着石头过河"相结合的生动实践，为广东省建设现代化经济体系提供了强大动

---

① 习近平：在科学家座谈会上的讲话，光明网。

能，为国家实施全面创新改革试验提供了先进经验。同时，广东省分阶段梯次批量推广、渐次开花，充分调动各地市复制借鉴的积极性、主动性和创造性，通过改革不断为发展创造条件、激发动力、提供支撑，以基层探索完善顶层设计，为央地协同推动重大改革提供经验借鉴，努力为全国改革作出应有贡献。

1. 广东（珠三角）争当全国改革创新"冲锋兵"

为深入实施创新驱动发展战略，2015 年党中央、国务院在京津冀、上海、广东（珠三角）等 8 个区域部署开展全面创新改革试验，着力破除制约创新发展的体制机制障碍，聚焦发挥市场和政府作用的有效机制、促进科技与经济深度融合的有效途径、激发创新者动力和活力的有效举措、深化开放创新的有效模式。2015 年，广东省被列为全国 8 个全面创新改革试验区域之一。广东（珠三角）大胆探索创新，取得了一系列改革突破，形成了若干新经验新成果。截至 2020 年，国家分 3 次共复制推广 56 项改革经验，其中在广东省已形成、继续深化 20 项，"广东改革"品牌被持续擦亮。广东省已要求推广 3 批共计46 项创新改革举措。在实施推广方面，广东省把推广第三批改革举措与巩固第一批、第二批改革举措结合起来，同一领域的改革举措加强系统集成，不同领域的改革举措强化协同高效，确保改革措施落地生根、产生实效。广东省以"钉钉子精神"巩固完善全面创新改革试验成果，真正取得扎实成效。

2017 年，《国务院办公厅关于推广支持创新相关改革举措的通知》中提到的主要内容，广东省已实施、继续深化的举措有 8 项。①专利快速审查、确权、维权一站式服务。在专利密集型产业集聚区，依托知识产权快速维权中心，开展集专利快速审查、快速确权、快速维权于一体的一站式综合服务。②以关联企业从产业链核心龙头企业获得的应收账款为质押的融资服务。以从核心龙头企业获得的应收账款作为质押，为关联产业链大企业、供应商中小微企业提供融资服务。③面向中小企业的一站式投融资信息服务。构建物理载体和信息载体，通过政府引导、民间参与、市场化运作，搭建债权融资服务、股权融资服务、增值服务三大信息服务体系，加强科技与金融融合，为中小企业提供全方位、一站式投融资信息服务。④强化创新导向的国有企业考核与激励。完善对地方国有企业重大创新工程和项目的容错机制，引入领导人员任期激励等创新导向的中长期激励方式。⑤事业单位可采取年薪制、协议工资制、项目工资等灵活多样的分配形式引进紧缺或高层次人才。高校和科研院所可采取年薪制、协议工资制或项目工资等灵活多样的形式引进紧缺或高层次人才。⑥国税、地税联合办税。国税、地税合作共建办税服务厅，统筹整合双方办税资源，实现"进一家门，办两家事"的目标。⑦鼓励引导优秀外国留学生在华就业创业，符合条件的外国留学生可直接申请工作许可和居留许可。外国留学生凭国内高校毕业证书、创业计划书，可申请加注"创业"的私人事务类居留许可；注册企业的，凭国内高校毕业证书和企业注册证明等材料，可申请工作许可和工作类居留许可。获得硕士及以上学位的外国留学生，符合一定条件的，可直接申请外国人来华工作许可和工作类居留许可。⑧积极引进外籍高层次人才。简化来华工作手续办理流程，新增工作居留向永久居留转换的申请渠道，整合外国专家来华工作许可和外国人入境就业许可，实行一个窗口办理发放外国人来华工作许可证。在原有永久居留政策基础上，新增与工资和税收挂钩的市场化渠道，外籍人员达到工资、缴税、工作年限等方面规定标准后，即可申请永久居留。

2018 年，《国务院办公厅关于推广第二批支持创新相关改革举措的通知》中，来自广东省的举措有 6 项。①知识产权民事、刑事、行政案件"三合一"审判。整合分散的审判资源，实行知识产权民事、刑事、行政案件审判"三合一"，实现审判力量集中、审判标准统一，提高审判效率，缩短审判周期。②省级行政区内专利等专业技术性较强的知识产权案件跨市（区）审理。授权市级人民法院跨市（区）管辖省级范围内第一审知识产权民事和行政案件，集中优势审判资源管辖技术性、专业性较强的案件，实现裁判标准统一。③以降低侵权损失为核心的专利保险机制。围绕专利应用和维权，开发包括专利代理责任险、专利执行险、专利被侵权损失险等在内的保险产品，降低创新主体的侵权损失。④知识产权案件审判中引入技术调查官制度。法院审理知识产权案件时，可以引入技术调查官，帮助法官准确、高效地认定技术事实，提高审判质量和效率。⑤基于"两表指导，审助分流"的知识产权案件快速审判机制。法官助理庭前指导原告、被告双方聚焦问题，指导原告、被告双方填写《诉讼要素表》和《有效抗辩释明表》，帮助原告全面检视己方诉讼请求和证据，向原告、被告双方释明裁判法律依据；庭审时法官主要审理上述两个表格中的焦点问题，大幅缩短反复释明法律规定和讨论原告、被告双方的无效主张、抗辩质证的时间，提高庭审效率，缩短诉讼周期。⑥允许地方高校自主开展人才引进和职称评审。将职称评审和人才引进自主权下放给地方高校，允许高校因需评聘科研教学人员，自主制定招聘方案、设置岗位条件，依规发布招聘信息、组织公开招聘，及时引进"高精尖缺"人才和稳定骨干人才。

2020 年，《国务院办公厅关于推广第三批支持创新相关改革举措的通知》中有 6 项举措来自广东省（珠三角）。①建立以企业创新能力为核心指标的科技型中小企业融资评价体系。这是广东省在全国首创的科技型企业"技术流+能力流"专属评价体系。针对科技型中小企业具备较强科技创新实力和轻资产的特点，广东省量身定制《小微科技企业科技创新综合实力评分卡》，并利用大数据技术搭建了科技型企业"技术流"系统分析平台，从创新成果含量、专利含金量、研发投入强度、研发投入稳定性、研发早慧度 5 个维度出发，将知识产权和团队研发能力转换成 10 多项可量化指标，从科技创新能力角度评价科技型中小企业，将"技术流"和"能力流"转化为资金流。②银行与专业投资机构建立市场化长期性合作机制支持科技创新型企业。广东省针对银行信贷风险缓释手段单一、对科技型企业业务发展专业研判能力不足的问题，率先在辖内银行机构开展"贷款+外部直投"和"贷款+远期权益"外部投贷联动模式。2016—2019 年，广东省银行与专业投资机构累计服务客户 129 户，贷款金额 48.41 亿元，未出现不良贷款。"贷款+外部直投"模式，是指银行机构以信贷投放与外部投资公司进行直接投资相结合的方式，开展科创企业外部投贷联动；"贷款+远期权益"模式，则是指银行机构在为客户提供贷款的同时，由借款人及其股东通过特定的约定和安排，与银行合作的投资机构可在约定的未来一段时间内，以约定价格受让借款人约定数量股权，或通过增资扩股获得企业相应股权。不同领域的改革举措要强化协同高效，不断巩固和深化在解决体制性障碍、机制性梗阻和开展政策性创新方面取得的改革成果，推动各方面制度更加成熟、更加定型，真正把制度优势转化为治理效能。③建立跨区域的知识产权远程诉讼平台。这一改革创新经验，来源于广东省的试点单位——广州知识产权法院。针对目前知识产权异地维权与诉讼成本高、效率低、企业维权意愿不高的问题，广州知识产权法院以"异地诉讼服务+巡回审判+远程审判"模式，探索设立知识产权远程异地诉讼服务体系，在广州知识产权法院本部数字法庭的基础上加配远程视讯系统，实现了法官在广州知识产权法院本部、当事人在当地即可完成开庭的创举。④建立提供全方位证据服务的知识产权公证服务平台。这一举措来源于深圳市。2017 年，深圳市成立公证知识产权服务中心，着重办理涵盖知识产权授权公证、证据保全公证等各类型知识产权公证业务，为企业及个人解决知识产权纠纷提供优质、高效的公证法律服务。同时，深圳市还在华为设立服务窗口，建设证据保全公证法律服务"深圳标准"。⑤以产业数据、专利数据为基础的新兴产业专利导航决策机制。广东省累计投入 6000 万元，实施"广东省战略性新兴产业专利信息资源开发利用计划"，先后推出 3 批共 41 项产业专利导航项目，在新一代通信、物联网、新能源汽车等 29 个战略性新兴领域开展产业专利导航分析。截至 2019 年年底，广东省已建成战略性新兴产业系列专利数据库 28 个，覆盖移动互联网、卫星导航及应用等产业领域，供企业和公众免费使用。⑥"五业联动"的职业教育发展新机制。广东省根植于产业发展，服务行业、企业需求，对接职业岗位，落地于专业建设的产业、行业、企业、职业和专业"五业联动"职业教育办学新模式①。

---

① 广东又有 6 项改革创新经验被全国推广，其中深圳 1 项，澎湃。

2. 积极落实创新改革举措，加速提升科技成果转化市场化营商环境

2022 年 11 月，《广东省人民政府办公厅转发国务院办公厅关于复制推广营商环境创新试点改革举措的通知》发布，广东省开始推广实施包括优化科技企业孵化器及众创空间信息变更管理模式等更好地支持市场主体创新发展的事项。中国（广东）自由贸易试验区成立于 2015 年，区内各项经济指标列全国自由贸易试验区前列，年税收已经超过 1000 亿元，外贸进出口额近 20000 亿元，实际利用外资超过 550 亿元，累计形成 584 项制度创新成果，在全国复制推广了 41 项改革创新经验，在广东省复制推广了 146 项。2022 年，中国（广东）自由贸易试验区联动发展区率先发展 62 项改革创新事项，涉及投资便利化、贸易便利化、金融创新和法治服务 4 个领域，开展联动创新，探索系统性、集成性改革创新，形成跨区域、跨部门、跨层级、范围更广、产业结合度更高、富有地方特色的改革创新经验。

3. 深圳建设中国特色社会主义先行示范区，勇当创新改革排头兵

2020 年 10 月 11 日，《深圳建设中国特色社会主义先行示范区综合改革试点实施方案（2020—2025 年）》正式公布。2021 年 7 月，《国家发展改革委关于推广借鉴深圳经济特区创新举措和经验做法的通知》印发，将 5 个方面共 47 项创新举措和经验做法向全国公开推广，其中包括率先形成基础研究长期持续稳定投入机制、建立关键核心技术攻关新机制、建立科技成果"沿途下蛋"高效转化机制、发挥政府投资杠杆作用组建早期创业投资引导基金、建立科技人员双向流动制度 5 项建立"基础研究+技术攻关+成果产业化+科技金融+人才支撑"全过程创新生态链的科创举措[①]。2022 年 1 月，国家发展改革委、商务部发布《关于深圳建设中国特色社会主义先行示范区放宽市场准入若干特别措施的意见》，选择深圳开展放宽市场准入试点，实施 24 项具有突破性、创新性、前瞻性、引领性的特别准入措施，在全国率先布局相关领域改革，包括创新市场准入方式建立电子元器件和集成电路交易平台、放宽数据要素交易和跨境数据业务市场准入、优化先进技术应用市场准入环境、优化 5G 与物联网等新一代信息技术应用方式、支持设立国际性产业与标准组织 5 项科技举措。2022 年 10 月，国家发展改革委印发《关于推广借鉴深圳综合改革试点首批授权事项典型经验和创新举措的通知》，高规格向全国推广 18 项举措，包括建立新兴领域知识产权保护新机制、创新基层编制资源统筹管理、实行大科学计划全链条综合管理机制、建立金融支持绿色发展和科技创新模式、推出外籍人才认定机制创新和工作居留

---

① 深圳经济特区创新举措和经验做法清单，国家发展改革委。

一站式服务、构建高度便利化的境外专业人才执业制度 6 项科技创新举措①。

4. 全国引领示范知识产权领域创新改革，推动知识产权成果运营服务能力提升

2016 年 7 月 13 日，中新广州知识城被国务院批准为全国唯一一个知识产权运用和保护综合改革试验区域。近年来，广州开发区深耕国家知识产权运用和保护综合改革试验田，成为全国知识产权保护要素最齐备的区域之一，形成集行政、司法、调解、仲裁、行业自律于一体的知识产权大协同大保护格局；同时，先行先试、大胆实践，形成了 20 项可复制、可推广的经验做法清单，高起点推动知识产权金融创新、高标准建设知识产权保护示范、高质量打造知识产权服务体系。技术调查官制度创新性地打造了技术调查团队"广州模式"，以专职技术调查官长期在技术比对中积累的经验优势，及时响应法官技术需要，为复杂技术类案件提供了高效智力支撑。为了助力科技型中小企业变"知本"为资本，解决融资难、融资贵问题，广州开发区打造出一套贯穿企业发展全生命周期的"投资基金—质押融资—证券化—上市辅导—海外保险"知识产权金融服务链。2019 年，广州开发区成功发行全国首只纯专利权知识产权证券化产品，开创科技型企业运用专利许可在资本市场融资先河。2020 年，广州开发区再次分行业发行新一代信息技术、生物医药知识产权证券化产品，实现知识产权证券化从 1.0 版到 2.0 版的跨越；设立了 2000 万元知识产权质押融资风险补偿资金池和 6500 万元区知识产权运营发展基金，引进 6 亿元广州市重点产业知识产权运营基金；设立广州知识产权交易中心、广东省首家知识产权特色支行和知识产权金融服务中心，常态化开展知识产权融资对接活动。5 年来，广州开发区累计帮助 400 多家企业完成知识产权质押融资约 68.98 亿元，发行 3 只知识产权证券化产品，为 35 家企业融资 7.35 亿元，知识产权运营基金投资 2.1 亿元，3 家被投资企业完成上市。广州开发区成为广东省唯一一个经国家知识产权局批准开展专利代理领域对外开放的试点区域，推出广东省首家知识产权金融服务中心、首个知识产权检察室和知识产权公证处等系列"新试点"和"新举措"，为知识产权创造、运用和保护开创了新局面②。

8.2　科创要素，打造技术市场蓬勃发展"源动力"

广东省技术交易市场规模不断攀升。2020 年，珠三角示范区 9 地市共认定登记技术合同 38982 项，占广东省登记量的 97.83%，同比增长 16.60%；技术合同成交额和技术交

---

① 国家发展改革委发文！深圳这些经验和创新举措被推广借鉴，澎湃。

② 广州开发区知识产权助力科创企业上市工程，护航从 IP 到 IPO 之路，IPRDaily。

易额分别为 3452.54 亿元和 2644.69 亿元，占广东省的 99.61%、99.72%，较 2019 年增长 52.17%、35.09%。其中，广州市、深圳市作为技术合同认定登记的"领头雁"，2020 年认定登记数据再创新高，技术合同成交额 3292.83 亿元，占广东省成交总额的 95.01%，技术合同交易额 2504.63 亿元，占广东省交易总额的 94.44%，作为广东省技术市场发展的核心引擎，比较优势进一步凸显。广东省技术市场持续健康发展，得益于广东省委、省政府的关注和广东省科技厅党组的高度重视支持。自 2017 年起，技术合同认定登记数据列入广东省创新驱动"八大举措"的监测评价指标。同时，广东省科技厅贯彻落实广东省委、省政府的部署，多措并举加强广东省技术合同登记管理。

1. 完善技术合同认定登记管理

在深入分析广东省近几年技术市场工作和全国主要省市做法经验的基础上，2019 年广东省科技厅研究发布《广东省科学技术厅关于进一步加强全省技术合同认定登记工作的通知》，提出了进一步加强广东省技术合同认定登记工作的 8 项具体措施，包括完善技术合同认定登记服务体系、加强技术合同认定登记点管理、规范技术合同认定登记范围、做好重点企业技术合同跟踪服务、补齐高校科研机构技术合同认定登记短板、落实技术合同认定登记优惠政策、对技术合同认定登记给予激励和惩戒、开展技术合同认定登记评价监测。为进一步规范认定登记工作流程、提升服务质量，广东省生产力促进中心编写下发了《广东省技术合同认定登记业务工作手册》；为加强服务能力、提高办事效率，技术合同认定登记办结时限由 30 个自然日调整为 8 个工作日；建立大额技术合同联合审查机制，组建广东省技术合同认定登记专家库，形成一支专家队伍。

2. 规范技术合同认定登记范围

按照技术合同认定登记范围要求，重点加强对财政经费支持的科技计划项目和工程建设总承包类合同的认定登记工作。广东省科技厅将广东省重点领域研发计划项目纳入技术合同认定登记工作，采取后台自动提取数据的方式进行登记，对大型龙头建设工程类企业具有技术含量的合同认定进行重点跟踪服务，较好地实现了各类、各领域技术合同"应登尽登"。

3. 优化技术合同认定登记服务体系

进一步深化技术合同认定登记"放管服"改革，广东省各地级以上市科技局（委）可根据登记业务需要，自主合理布局辖区内技术合同认定登记点。2019 年，广东省新增技术合同认定登记点 14 家。截至 2021 年，广东省共有 77 家技术合同认定登记点，进一步便利技术交易双方开展技术合同认定登记。

4. 建立技术合同认定登记数据评价分析和动态发布机制

广东省每季度对技术合同认定登记进行统计分析，重点对技术合同类别构成，以及各地市、各技术合同登记点和各高校院所的技术合同数据进行统计、排序，并以工作简报形式向各地市人民政府、科技局、技术合同认定登记点和各高校院所发布。目前，各地级以上市科技局（委）可于每周一查询本市最新的技术合同认定登记数据，了解、掌握技术合同认定登记工作总体情况，形成省地市协同督导落实的工作合力。

8.3 创新应用，依托新场景孕育经济新"增长点"

场景创新是以新技术的创造性应用为导向，以供需联动为路径，实现新技术迭代升级和产业快速增长的过程，涉及科技创新和科技应用整体生态。人工智能、大数据等数字技术作为一种泛在的赋能科技，影响经济社会发展的方方面面，广东省不断探索数字技术的重大场景系统设计、开放、创新生态构建，将技术投入真正转换为经济发展的新动能，赋能整个社会，催生出智能化、高质量的发展前景。2021 年，《广东省人民政府办公厅关于以新业态新模式引领新型消费加快发展的实施意见》出台，紧抓以"互联网+"数字技术为基底的、以线上线下融合式新业态新模式为特征的新型消费迅速发展机遇，发挥开放程度高、容量大的市场优势，以"数字+"加速解锁应用新场景，释放新业态新模式经济潜力，加速技术和经济融合发展。

1. 数字经济应用场景为消费者带来全新体验，为传统商家注入新动力，促进了城市新业态发展

广州市在超高清视频、人工智能、大数据、互联网等多个数字经济细分领域处于全国第一方阵，通过市场化机制、专业化服务和资本化途径，分批次、多维度释放应用场景，通过试点先行、示范引领，遴选一批可复制、可推广的试点经验和典型案例，在广东省、全国范围内复制推广。2020 年 10 月，广州市公布首批 16 个数字经济领域优质应用场景[①]，

---

① 广州市工业和信息化局关于公布广州市数字经济领域优质应用场景（第一批）的通知，广州市工业和信息化局。

涉及交通、政务服务、医疗、农业、教育、新零售等 12 个行业领域，例如，信息消费领域中的"AI 数字人"力图打造从高端影视级模型形象制作到消费级自动形象生成的完整技术矩阵，实现数字人形象的高逼真写实制作，加大数字经济领域应用场景开放力度，培育数字经济新业态新模式。2020 年 12 月，第二批 20 个场景涉及城市治理、民生服务、水务、应急、养老、智慧港口、能源等多个行业领域，推动数字经济与实体经济深度融合，将人工智能与数字经济作为战略引擎工程，培育数字化转型标杆企业，高水平提升国际数字信息枢纽。2022 年，国内首部城市数字经济地方性法规《广州市数字经济促进条例》发布，加速技术市场化，对于新兴商业模式和技术创新的有效规范和制约能更好地引导企业、行业健康有序发展。

2. 以人工智能为核心深化数字化技术场景大量涌现，培育一大批经济增长点

2021 年 12 月，为促进广州市数字经济领域应用场景发挥社会经济效益，释放新技术、新模式、新产品潜能，便于场景供需双方企业对接，开放场景应用，形成可复制、可推广的数字经济应用场景氛围，根据广州市有关单位和各区人民政府推荐并经专家评审，确定"广州市人工智能与数字经济试验区 CIM+应用平台项目"等 106 项数字经济应用场景标杆案例项目，涵盖政务、医疗、养老、文旅、商务服务、企业数字化、农业农村、能源、金融、教育、交通物流、建筑、工业制造业、城市治理 14 个领域。2022 年 8 月，科技部发布《关于支持建设新一代人工智能示范应用场景的通知》，智慧农场、智能港口、智慧矿山、智能工厂、智能家居、智能教育、自动驾驶、智能诊疗、智慧法院、智能供应链被纳入首批 10 个示范应用场景。广州市作为国家新一代人工智能创新发展试验区，在"造车健城"4 条优势赛道，基于人工智能企业在机器人、语言识别、图像识别、无人机等方面的技术强项，突出在城市治理、制造业、健康医疗等领域丰富的应用场景，2022 年遴选出的 100 个人工智能应用场景典型案例，主要分布在智能制造、智能系统、智能交通、智能驾驶、智慧农业、智慧城市、健康医疗 7 个领域，通过人工智能技术在具体场景应用的典型案例，推动人工智能技术与实体经济深度融合[1]。2022 年 9 月，国内首部人工智能产业专项立法《深圳经济特区人工智能产业促进条例》发布，围绕"明确范围+补齐短板+强化支撑+抢抓应用+集聚发展+规范治理"等环节进行探索创新。目前，我国已有 104.4 万家数字经济相关企业，广东省 5G、人工智能相关企业数量均居全国第一位，人工智能场景应用初具规模优势。2022 年，科创板"AI 平台第一股"云从科技上市，人工智能行业赛道逐渐跑出高成长性企业。

---

[1] 广州市人工智能领域应用场景典型案例（100 个），广州市科学技术局。

3. 以数字人民币为抓手，推动数字金融场景打造

2021 年年末，广东省实现社会融资规模增量 3.78 万亿元，居全国第一；金融业增加值 1.1 万亿元，占广东省 GDP 的 1/11；实现金融业税收 4169 亿元，占广东省税收的 1/6；资本市场融资规模达 1.3 万亿元；新增境内上市企业 92 家，占全国新增境内上市企业总数的 1/5，境内外上市企业总数近 1100 家，均创历史新高、居国内首位。广州市数字经济发展走在全国前列，而且各类专业市场集聚、消费底蕴浓厚，能为数字人民币试点提供极为丰富的应用场景。广州市正在分 3 个阶段加紧推动 26 类数字人民币应用场景的落地，力争建立线上、线下全场景数字人民币应用生态，打造数字人民币试点"广州模式"。截至 2022 年 6 月，广州市 7 家参与试点的金融机构累计开立个人钱包 202.5 万个、对公钱包 19.5 万个，流通（转账、交易）业务 336.3 万笔，金额 4.9 亿元，落地支持数字人民币支付场景 8.5 万个。首批 11 个获得广州市数字人民币应用示范的场景，涵盖了商圈消费、岭南餐饮、酒店住宿、看病就医、文化旅游、综合园区、补贴发放、硬钱包应用等多种场景类型，具有较强的代表性和示范作用，涉及"线上+线下"多个数字人民币支付生态领域。广州市示范牵引线上、线下数字人民币应用全生态，旨在加强市区两级联动，以试点应用示范为抓手，发挥示范场景的牵引带动作用，加快推动数字人民币场景落地拓展，也是广州市落实数字人民币试点工作的一项重要举措[①]。

4. 智能汽车进入 IT 企业造车新时代，打造智能汽车技术创新和应用场景创新的先导示范新热土

汽车行业已经从传统的单个产品或工具转变为能源、通信、交通设施、信息服务等一系列内容融合叠加的科技含量高的综合运输服务系统，新能源智能网联汽车是"传统工业经济+数字经济+智能经济"跨界融合的产物。2020 年，广东省印发了《广东省发展汽车战略性支柱产业集群行动计划》等文件，同年广、深双城签订智能网联汽车产业合作协议，推动粤港澳大湾区城市群智能网联汽车与智能交通应用示范区的建设与合作，初步形成了以广、深两地为主要发展龙头，其他地市积极跟进布局的良好发展势头。2022 年 8 月，国内首部关于智能网联汽车管理的法规《深圳经济特区智能网联汽车管理条例》正式实施，无人驾驶汽车可以合法上路。深圳市是中国智能汽车及新兴供应链最集中的地区，逐渐成为智能网联汽车产业和应用最聚集的地区之一，华为（见图 8-1）、腾讯、星河

---

① 广州落地数字人民币支付场景 8.5 万个，金融机构开立个人钱包 202.5 万个，广东省人民政府。

智联、小马智行等新兴供应商的崛起，为百度、滴滴、小米、美团等科技型企业进入智能汽车品牌市场，以及开发并销售紧跟用户体验的、能够快速迭代的科技品类智能汽车提供了明确的产品路径和保障体系。2021 年，广州市发布《2021 年智能网联汽车（车联网）第一批示范应用场景目录》，对 9 大智能网联汽车示范应用场景分别提出了具体要求，也是全国第一个落地 L4 级别自动驾驶重卡干线物流示范运营线路的城市，由京东物流与小马智行共同启动运营。同年，广州市正式发布了《关于逐步分区域先行先试不同混行环境下智能网联汽车（自动驾驶）应用示范运营政策的意见》《在不同混行环境下开展智能网联汽车（自动驾驶）应用示范运营的工作方案》，启动自动驾驶混行试点，重点聚焦推进琶洲车城网项目、黄埔智慧交通项目和车联网先导区建设。

图 8-1　华为智能汽车解决方案

5. 5G 应用场景

5G 具备高速率、低时延、广连接网络三大性能，以及网络切片和边缘计算两大特有能力，为各行各业探索新业务、新应用、新商业模式，以及培育新市场打下了坚实的基础。除了强调人与人之间通信的体验速率，更强调满足物联网、高清视频、云计算、AI、VR、车联网、无人机等多行业场景应用，从服务个人转向服务产业互联网、智慧城市。广东省已拥有 5G 相关企业 1600 多家，华为、中兴通讯、海格通信等成为 5G 行业龙头，先后评选广州市、深圳市、珠海市等 8 个地市共建 5G 产业园，初步形成全球最大的 5G

产业集聚区[1]。2019 年 5 月，广东省出台《加快 5G 产业发展行动计划（2019—2022年）》，重点提出包括"5G+智能制造"在内的 8 大领域示范应用和重点项目，在汽车制造、绿色石化、电子信息、机器人等重点领域，建设基于 5G 网络的工业互联网，覆盖 5G 医疗、5G 影视、5G 教育等应用场景。广东省 21 个地市均已落地超过 30 种 5G 应用场景，其中，粤港澳大湾区核心城市广州市、深圳市、东莞市、佛山市、中山市、珠海市相对走在前列，并隐约释放出未来的 5G 主题。例如，广州市主推智慧生活，深圳市发力工业物联网，珠海市聚焦智慧交通等智慧城市应用，佛山市和东莞市则分别瞄准智能制造和智慧园区。5G 的关键应用领域是工业物联网，佛山市、中山市、珠海市的 5G 蓝图也纷纷聚焦 5G+智能制造。例如，珠海市的格力电器已于 2019 年 8 月 16 日与中国联通签署了 5G 智慧工厂合作协议，双方将基于 5G、工业互联网、物联网、大数据、人工智能等新型技术，打造家电产业 5G 智慧工厂示范区。作为中国小家电集中地的中山市，未来对 5G 产业的布局则会探索家电、锁具、灯饰等传统优势产业领域内的应用场景，助力传统产业转型升级。深圳市在深港科技创新合作区、龙华九龙山、龙岗宝龙科技城、深汕湾机器人小镇、前海深港现代服务业合作区要打造五大 5G 产业集聚区，在工业互联网、智能网联汽车、AR/VR、8K 视频、远程医疗、智慧安防、智慧能源、智慧工厂、智慧港口、智慧园区等领域打造一批 5G 行业应用示范标杆项目。广州市将全市 11 区进行 5G 功能细分，各有定位和主题：黄埔区为 5G+智能制造，天河区为 5G+智慧 CBD，白云区为 5G+智慧城市，海珠区为 5G+智慧文教，荔湾区为 5G+智慧园区，越秀区为 5G+智慧医疗，番禺区为 5G+车联网，南沙区为 5G+智慧港口，花都区为 5G+智慧电商，增城区为 5G+智慧交通，从化区为 5G+智慧生态[2]。

8.4　民生福祉，奏出科技让生活更美好"交响乐"

中国特色社会主义进入新时代，我国社会主要矛盾已经转化为人民日益增长的美好生活需要和不平衡不充分的发展之间的矛盾。科技不仅有利于国家乡村振兴、脱贫扶贫等重大发展战略实施，更重要的是可以满足新时代的美好生活新需求，重点体现在医疗健康、养老等社会服务领域的需求产生了新变化，需要利用新技术以更高效率、更好质量满足新兴需求。

---

① 在广东，将 5G "+"起来，南方新闻网。

② 5G 落地场景全国最多　"数字广东"建设加速跑，南方都市报。

1. 科技助力新冠疫情阻击战

科技是广东省打赢疫情防控阻击战的重要武器，在保障健康、庇护生命中发挥着不可或缺的作用，广东省的科技成果也为全国乃至全球抗疫提供了经验支撑。这得益于"十三五"以来广东省医学领域科研项目经费占全省科研投入的 30%以上，自 2018 年起，广东省投入了 150 亿元建设 50 家高水平医院，投入 87 亿元建设呼吸、肾脏病、肿瘤、心血管、精准医学五大国际医学中心[①]。2017—2020 年，广东省医疗器械国产产品共有 58 个品类、166 件产品实现"零突破"，数量居全国第二位。无论是在病毒培养、分离、溯源、抗体研究方面，还是在疫苗制备、发病机理研究、流行病学调查、老药新用、诊断试剂、中医药配方、防治设备研发等方面，广东省都取得了系统性、突破性成果。科学防治新型冠状病毒的"广东方案"还走出了国门，援助他国。新冠疫情暴发以来，广东省积极组织科研力量开展科研攻关，5 种疫苗取得临床试验批件，1 种疫苗获紧急使用；1 种小分子化学药取得临床试验批件；19 种检测试剂获批国家注册，累计已生产超过 28 亿人份[②]。广东省率先部署实施 5 批应急科研攻关项目，推动磷酸氯喹、连花清瘟、血必净、氢氧混合吸入气等纳入国家诊疗方案，组织 5 条疫苗研发技术路线，推动 13 种诊断试剂产品取得国家注册证，数量居全国第一位。广东省企业研发的能阻断病原气溶胶的隔离病床、开放式隔离病床、儿童隔离病床、隔离椅和隔离诊台等院感防控装备，具有长效抑菌功能且可连续佩戴及重复使用长达 7 天的 N95 口罩，可以高温水洗、重复使用的口罩等防护设备，构筑起疫情"防护墙"。无接触式远距体温监测仪、5G 巡逻机器人、疫情大数据实时监测追踪系统、快速高通量检测试剂、超大规模药物筛选、靶向基因药物等打造复工复产设备支撑。中山一院中英文双语的标准化综合防控诊治体系成果，不仅让救治一线的医护人员实现"零感染"，还被中国疾病预防控制中心和 35 家国际医疗机构积极推广，为全世界提供了疫情防控行之有效的"中国方案"。核酸检测作为确诊新型冠状病毒感染的主要检测手段，粤企达安基因在全国较早研发出核酸快检产品并获批使用，快速核酸筛查技术使检测时间由原来的 4～6 小时缩短至最快约 1 小时。在疫苗研发领域，深圳康泰灭活疫苗、珠海丽珠基因工程重组亚单位疫苗、珠海丽凡达 mRNA 疫苗、广州恩宝腺病毒载体疫苗 4 条技术路线疫苗均获得国家临床试验批件，其中深圳康泰灭活疫苗获得了紧急使用。

---

① 广东将推进五大国际医学中心建设，广州日报。

② 广东省科技厅龚国平：广东已生产超过 28 亿人份新冠检测试剂，香港经济导报。

2. 数字医疗

广东省是人口大省、医疗大省，随着人口老龄化、疾病复杂化等发展，5G 与医疗行业的融合将越来越紧密。广东省人民医院作为政府主导的首家 5G 应用示范医院，在 5G 新技术的广泛转化应用、5G 与医疗健康的创新发展上取得了丰硕成果，走在了全行业前列。广东省人民医院依托 5G、人工智能、云计算、大数据、物联网和移动互联网等技术，建成了智慧病房示范区、智慧医院展示大厅、3D 数字院史馆，并积极开发智慧急救、智慧导航导诊等一系列创新性成果，让医疗更安全、更高效、更温暖。2022 年 5 月，医疗机构数字人民币医疗支付场景率先在广东省人民医院惠福分院落地应用，全面覆盖门诊就医线上和线下支付、互联网医院就诊缴费、住院押金缴纳及结账缴费 3 大场景[①]。2021 年 7 月，广东省人民医院举办创建 5G 应用示范医院建设成果发布会，率先在广东省开展 5G+智慧医疗应用探索，正式上线广东省人民医院 5G 互联网新医院。投入运营的 5G 互联网新医院，面向患者，打造全流程智能就医，以问诊形式多样化提升患者就诊体验，以健康数据动态检测和智能预警一体化创新就诊服务；面向医护，打造智能工作站，做到接诊形式多样化、诊疗辅助智能化，在线图文问诊让医患沟通零距离。此外，5G 互联网新医院在终端渠道上实现了全覆盖。通过公众号/小程序、5G 行业消息、移动手机客户端、IPTV 广东人医健康频道及医生主页五大线上渠道让 5G 互联网新医院优质服务高效覆盖广东省上亿人群、千万家庭和城乡区域网格，实现 5G 互联网新医院的真正下沉。

3. 科技养老

自 2020 年年初新冠疫情发生以来，广东省和广州市分别推出的"粤康码""穗康码"等信息化手段成为战疫利器，针对老年人大多数不会使用智能手机或不会上网，导致核验时间长、通行不顺畅等问题，国务院办公厅及时印发《关于切实解决老年人运用智能技术困难的实施方案的通知》。2021 年 10 月，国家发展改革委发布第一批运用智能技术服务老年人示范案例，广东省实现了"一证通行"健康防疫核验系统和"尊老爱老服务专区"两大全国首创，助力老年人跨越"数字鸿沟"。通过 1 个月持续技术攻关，广东省率先在全国推出"一证通行"健康防疫核验系统，依托智能化读卡设备和大数据比对，老年人无须上网、无须使用智能手机，只需要"秒刷"身份证即可完成核验健康码服务。广东省创新上线"尊老爱老服务专区"，根据互联网应用适老化改造要求，广东省在"粤省事"平台创新

---

① 广州这家医院，缴费能用数字人民币了！人民融媒体。

上线"尊老爱老服务专区",提供高龄津贴、养老服务补贴、护理费申请和资格认定等服务功能,开发语音搜索功能,除支持普通话外,还支持粤语、客家话、潮汕话等广东方言语音输入方式。

4. 开展现代农业技术攻关,组织农村科技特派员下乡,发挥科技对乡村振兴和脱贫扶贫的支撑服务作用

广东省立足乡镇需求,科学精准选派科技专家下乡,形成"想下去、下得去、留得住、干得好"的良好格局,对接全省 901 个帮扶乡镇。农村科技特派员积极发挥桥梁纽带作用,将项目、人才、资金、信息等外部资源导入帮扶乡镇,为乡镇产业高质量发展引资引智引技,助力乡村产业兴旺、农民增收致富。针对帮扶乡镇农产品生产加工、销售环节的薄弱问题,通过团队牵线搭桥,引入具有丰富产销一体化运作经验的外来农业企业、合作社等市场主体进驻,为乡镇特色产业发展注入新活力。部分团队通过引荐本团队之外的行业专家组成科技帮扶"智囊团",为帮扶乡镇特色产业发展提供更全面、更具针对性的科技服务,不断拓宽帮扶广度和深度。面对乡村振兴多元化科技需求和区域不充分不平衡发展的现实难题,农村科技特派员不断创新帮扶模式,因地制宜帮扶,探索形成了一批可复制、可推广的创新帮扶模式。针对帮扶产业的共性科技需求,广东省开展跨镇跨区域科技帮扶,将先进适用技术送到一线,为"三农"办实事解难题,取得良好成效。2021 年 9 月以来,广东省及地市科技行政管理部门共选派 901 个团队、2812 位农村科技特派员参与驻镇帮镇扶村组团结对帮扶,实现全省 901 个驻镇帮扶工作队农村科技特派员结对帮扶全覆盖。广大农村科技特派员通过宣传"三农"政策、传播农业科技、引领科技创新创业、带动脱贫致富等方式,促进脱贫攻坚成果同乡村振兴有效衔接,累计开展各类技术培训超过 1200 场次,参加培训人员约 2 万人次,引进新品种 600 种,推广新技术 820 项,科技服务企业、合作社和家庭农场等农业经营主体约 2100 家,带动农户约 3 万户,为实施乡村振兴战略、推进农业农村现代化提供坚实科技支撑[①]。

8.5 文创升级,用好文化产业软硬实力"倍增器"

文化和科技融合已成为提升文化软实力和科技硬实力的重要途径,科技创新已融合渗透到文化创作生产、传播流通、消费和管理的各个层面和关键环节,成为推动文化生产方

[①] 广东省农村科技特派员:为全省乡村振兴驻镇帮镇扶村行动提供科技支撑,广东科技杂志。

式变革和支撑文化繁荣发展的强劲动力和重要引擎。广东省一直以来注重引导和推动各地文化和科技融合，促进文化科技成果产业化，增强文化产业领域科技实力和自主创新能力，加快推动文化科技产业新兴业态的形成和发展，促进文化产业持续健康快速发展，加强文化科技产业集群建设。

1. 以基地为抓手，承接科技成果转化成效释放"捕捉器"

发挥国家基地作为文化科技创新和产业发展的核心载体作用，引导各基地强化服务行业意识和公共服务平台建设，结合区域特色进行差异化发展，形成以龙头企业为支点、大中小企业融通发展的文化科技融合发展模式，充分发挥示范企业在模式创新和融合发展中的带动作用，力争将基地打造成为文化和科技深度融合的示范区和文化科技产业创新发展的先锋队，助力广东省文化产业高质量发展。自 2012 年起，科技部与中宣部开展了 4 批次"国家文化和科技融合示范基地"认证，共认定了 85 家国家文化和科技融合示范基地。广东省以基地作为文化科技创新和产业发展的核心载体，培育了一批文化科技融合企业和文化新业态新模式，已建成 8 家国家文化和科技融合示范基地，数量居全国第三位，其中，集聚类国家基地有 3 家（广州高新区、深圳高新区、深圳南山区），单体类国家基地有 5 家（南方报业、广州励丰、广州欧科、华强方特、雅昌文化）。广东省科技厅联合相关部门出台《关于促进我省文化和科技融合发展的意见》和《广东省促进文化和科技深度融合实施方案（2021—2025年）》等政策，加大对基地建设的政策支持力度，助力打造粤港澳世界级数字文化中心。

2. 强化服务行业意识和公共服务平台建设，改造升级文化公共服务平台

广东省支持基地建设文化科技领域省级及以上重点实验室、技术创新中心、新型研发机构、工程技术研究中心等产学研协同创新平台体系，支撑文化科技领域应用基础研究、技术创新和成果转化。其中，广州高新区建有国家新型显示技术创新中心、广州市大湾区虚拟现实研究院等省级及以上文化科技公共服务平台 50 个。数字技术与文化产业的融合，为产品的"出圈"提供了更多可能性。例如，在广东省博物馆，数字化的虚拟展厅已经被民众广泛体验。单体类国家基地的广州欧科，是一家掌握多项文化遗产数字化关键技术的科技企业，其搭建的"文化遗产数字资源智能化构建与应用"技术体系，已在中国国家博物馆、广东省博物馆、"南海 1 号"考古发掘项目、广东省历史建筑数字化管理平台项目中落地应用，促进了数字博物馆、文化创意等数字化新兴业态的快速发展。以基地为核心载体，通过 5G、AI、VR/AR/MR 等新技术与文化产业融合，如今元宇宙、无人机表演、数字娱乐、数字艺术等数字经济新业态已在新经济中崭露头角。

3. 文化科技应用场景丰富，推动文化经济快速发展

2022 年 8 月，《广东省文化和旅游厅 广东省工业和信息化厅关于印发 2022 年文化和旅游领域数字化应用典型案例的通知》发布，公布了 10 个基于人工智能、大数据、云计算、虚拟现实、增强现实等技术在文化和旅游数字化应用的典型案例，供各地参考借鉴。

1）粤读通

粤读通联合广东省内各级图书馆逐步实现区域内用户信息互联、互通、互认，有效促进馆际间公共文化资源和服务的共享，为读者提供在全省范围内享受公共图书馆"一证通"的便利。该项目采用了人脸识别、图像识别联网解码技术，创新了公共文化服务形式，促进了馆际间公共文化资源的共享，提升了公共服务效能。

2）数字文化站

数字文化站以演艺、文博、旅游、非遗、展览、红色、影视等数字资源为内容，提供了"VR+剧场""VR+博物馆""VR+旅游""VR+非遗""VR+展览"等多种体验项目，通过手机、平板、XR 设备及 TV 屏等多终端将具备视觉与体感、可互动的数字文化资源输送到基层各公共文化服务站。采用了沉浸交互、5G、VR 等技术，创新了文化和旅游公共服务手段，让人民群众随时随地畅享精彩数字文旅体验。

3）广东海丝馆智慧旅游应用场景实践案例

加强"南海 1 号"考古发掘中文物数字化信息采集，推进藏品、文献等的智慧管理，利用新媒体技术和网络直播、VR/AR 等信息技术加强文物数字化资源应用，提供历史主题 AR 互动航海墙、"南海 1 号"三维文物展示、"丝路传奇"VR 体验、海底世界 VR 体验、智慧机器人讲解、线上展览等服务，增强了博物馆与观众的互动，提升了文旅数字化水平，丰富了数字旅游产品和服务供给。

4）基于人工智能与大数据分析技术的音乐创作平台

基于人工智能与大数据分析技术的音乐创作平台是面向大众的音乐作品创作生产平台，集创作、兴趣交流和实时表演互动于一体，支持对用户演唱作品进行优化，应用音频处理技术保障用户音乐作品的完成度和呈现度，打造了新型音乐社区，通过大数据分析技术将优质内容精准推送至不同用户。该平台是国内首款大众化音乐创作软件，提高了音乐作品的创作效率，降低了大众参与文化艺术创作的技术门槛和难度。

5）广州非遗街区元宇宙

越秀区对中山四路骑楼建筑进行整体活化利用，建设集展贸展演、传承体验等于一体的广州非遗街区（北京路），并以此为原型首创元宇宙非遗街区。广州非遗街区元宇宙同步展现非遗橱窗、非遗展演、数字交互等丰富元素，深度融合 UE4 三维建模、云渲染、数字人、5G、VR 互动等技术。元宇宙搭建采用全 3D 精细化沙盘，基于顶级游戏级渲染引擎打造真实的镜像世界，高度还原北京路骑楼，对广彩、广绣、榄雕等非遗代表作品进行 3D 超高新数字建模，线下推出 VR 眼镜、"联通 5G+北斗"无人零售车等多种交互体验。

6）国内首个元宇宙地方工艺美术馆

国内首个元宇宙地方工艺美术馆——潮州工艺美术元宇宙精品馆（见图 8-2）在"Meta 彼岸"App 上线，成为国内首个元宇宙地方工艺美术馆，藏品涵盖潮瓷、潮绣、潮雕、朱泥壶、麦秆贴画等。馆内首期展出 46 位潮州工艺美术大师的 54 件精美作品，其中有 24 位国家级大师的作品参展。潮州工艺美术元宇宙精品馆的上线，是潮州市借助数字技术推广潮州工艺美术藏品的一次创新实践，更是传统文化与数字经济融合创新的一次重要尝试[①]。

图 8-2 潮州工艺美术元宇宙精品馆

4. 高科技助力传统文化产业改造升级，文化产业集群不断发展壮大

2022 年 2 月，广东省扎实推进文化强省建设大会召开，在"文化强国"大战略的指

---

① 潮州上线首个元宇宙地方工艺美术馆，潮州市人民政府。

引下，广东省以文化产业增加值约占全国总量 1/7、连续 18 年居全国首位的蓬勃之势，形成以龙头企业为支点、大中小企业融通的发展模式。广东省文化产业已经形成了完整的产业链，9 大类 146 个行业门类齐全，其中，7 大类增加值占全国比重超过 10%，新闻信息服务、创意设计服务、文化传播渠道、文化装备生产、文化消费终端生产等规模领军全国。

广东省依托高科技成果转化应用，提高文化制造业科技水平，向数字化、智能化和价值链高端延伸，围绕优势产业、头部企业，配套培育上下游产业链，培育了大批特色产业集群。2019 年，广东省数字出版产值和动漫产值均居全国第一。2021 年，广东省游戏业收入为 2322.7 亿元，产值占全国总产值逾 7 成；电竞收入达 1236.3 亿元，占全国电竞总收入的 73.6%；腾讯、励丰文化、华强方特、奥飞娱乐、虎牙直播等一大批本土文化企业成为行业的"排头兵"。同时，广东省已有文化产业园区 300 多个，共容纳企业 2 万多家，文化产业中相关高新技术企业近 800 家，培育了亿航智能、视源股份、环球数码、A8 新媒体、雷曼、迅雷等一大批文化科技领军企业及中小文化科技企业集群，辐射带动粤港澳大湾区数字文化产业高质量发展。在广州高新区内，最具代表性的 20 家文化科技融合企业总营业收入超 245 亿元；在深圳南山基地，随着字节跳动总部和腾讯音乐总部的进入，数字经济产业集群崛起，典型文化科技园区总产值已超 1000 亿元①。此外，广东省的文化产业在逐步走向海外。2019 年，广东省文化产品和服务出口总额为 566 亿美元，约占全国出口总额的 2/5，其中，文化产品出口占据全国半壁江山，出口覆盖 160 多个国家和地区。2021 年，广东省出台《广东省促进文化和科技深度融合实施方案（2021—2025 年）》等政策来支持文化产业的数字化转型。随着 5G、人工智能、AR/VR 等新技术的发展，数字内容、动漫游戏、视频直播、互联网文化、数字出版、社交媒体等新兴文化业态发展强劲，已成为文化产业发展的新增长点。广东省已培育了一大批新业态和新企业，涌现出一批直播、电竞、VR/AR、3D 制造、光影体验、IP 产业、沉浸式舞台等新业态及一批优秀企业；围绕 4K/8K 超高清视频、虚拟现实、文化装备等领域，突破了一批关键核心技术，凸显出科技赋能、非遗传承、文博文创、红色旅游等融合发展的新趋势。电子竞技产业快速发展，正逐渐成为广东省的文化名片之一，"电竞+城市"的新模式正打开未来文旅跨界合作中连接流量与消费场景的两大入口的新路径，DYG、TTG 等知名电竞战队均落地广东省，催生了新的文化业态、延伸了文化产业链，又集聚了大量创新人才，不仅为广东省经济的发展引入活水，也催化着产业生态的裂变升级②。

---

① 推动文化与科技深度融合，2025 年广东将建成 12 个国家级示范基地，21 世纪经济报道。

② 连续 18 年领跑！跨界融合与业态创新激发广东文化产业新动能，网易。

第9章 成果转化地市联动

　　珠三角地区拥有多重国家重大区域发展战略叠加机遇，9 地市功能定位各具特色，克服单打独斗，注重协调联动、融合发展，形成梯次明显、分工协作、优势互补、协同高效的"1+1+7"珠三角区域科技成果转化合作机制。广州市、深圳市两个超大城市作为第一梯队，两市 2021 年经济总量接近广东省的 1/5，规模以上工业增加值占广东省近 3 成，可谓举足轻重，奠定了"双城联动、比翼双飞"的核心引擎地位。其中，广州市集聚大量高校和科研院所，是科研重地，注重科技成果高水平供给。深圳市作为经济特区和中国特色社会主义先行示范区，肩负着科技成果转化先行先试的探索改革任务。作为 GDP 万亿元的工业大市，佛山市要建设具有国际影响力的制造业创新高地，侧重打造制造业数字化转型示范城市，推进服务型制造发展，增强"微笑曲线"两端的研发和品牌对制造环节的支撑能力。东莞市则建设粤港澳大湾区前沿科技创新成果策源和转化主阵地，侧重构建工业互联网产业生态，加快发展工业设计等生产性服务业，推进内外销产品同线同标同质发展，增强"东莞制造"的知名度和影响力。珠海市以经济特区优势，强化珠江口西岸中心城市地位。中山市、江门市、肇庆市、惠州市 4 市，作为广州市、深圳市等发达城市科技成果转化外溢效应的承接地，与其联动协同发展。

9.1 广州市：科技创新强市

　　面对新一轮科技革命和产业变革，广州市把创新作为引领发展的第一动力，深入实施创新驱动发展战略，走出一条从科技强到企业强、产业强、经济强的高质量发展道路。夯实高水平科技自立自强的根基需要强化创新链源头供给，提升原始创新能力，广州市高水平建设以广州人工智能与数字经济试验区、南沙科学城、中新广州知识城、广州科学城为核心的"科技创新轴"，建强建实"2+2+N"科技创新平台体系，打造体现国家使命、具有广州特色的"科技王牌军"，探索重大创新平台科研成果"沿途下蛋、就地转化"机制，着力解决从科学到技术的转化难题，推动产出更多战略性、前瞻性原创成果，建立健全"产业界出题、科技界答题"机制，围绕基础材料、核心零部件、重大装备等"卡脖子"领域，有的放矢组织实施关键核心技术攻关，持续畅通从科研成果到样品、产品，再到商品的转化链条，建设一批专业化科技成果转化孵化载体和科技服务机构，加速技术产品化进程，源源不断服务于产业创新。

1. 锚定"科学发现、技术发明、产业发展、人才支撑、生态优化"全链条创新发展路径，打造"2+2+N"科技创新平台体系

以广州实验室和粤港澳大湾区国家技术创新中心为牵引，以人类细胞谱系大科学研究设施、冷泉生态系统研究装置 2 个重大科技基础设施为重要支撑，由国家新型显示技术创新中心，生物岛、南方海洋科学与工程，人工智能与数字经济，岭南现代农业科学与技术 4 家广东省实验室，广东粤港澳大湾区国家纳米科技创新研究院、广东空天科技研究院等 N 个高水平创新研究院等组成的重大创新平台体系已成型，汇聚院士 32 位，累计获得国家级、省级项目 29 项。引进建设省级高水平创新研究院 10 个，占广东省同类指标的 83%。基础研究经费占研究与试验发展经费的比重为 13.9%，创历史新高。2018—2020 年，广州市累计获得国家科学技术奖 70 项、广东省科学技术奖 412 项。广州市加强关键核心技术攻关，实施重点领域研发计划，布局新一代通信与网络等九大专项；推出全球首台 31 英寸喷墨打印柔性显示样机和全国首款视觉数字全自动口罩机，建成全球首个智慧地铁示范站。2021 年，广州市拥有国家重点实验室 21 家、省级重点实验室 241 家、省级新型研发机构 63 家。2021 年，广州市拥有国家高新技术企业近 1.2 万家，居全国第四位，以占全市企业总量 0.6%的体量，贡献了全市超过 1/6 的企业所得税，上市高新技术企业新增 70 多家；更多科技成果投入市场——全市技术合同成交额从 2012 年的 198 亿元增长至 2021 年的 2413 亿元，比 2012 年增长了 11 倍多，居全国第三位[①]。

2. 不断实行科技制度创新改革，营造良好的科技成果转化生态环境

广州市形成了以《广州市科技创新条例》为引领的新时期"1+5+N"科技创新法规政策体系，在全国率先实施科研经费使用"负面清单"管理，探索"揭榜挂帅""顶尖科学家负责制""包干制"，切实保障科研人员把主要精力投入科技创新和研发活动，支持青年人才挑大梁、当主角。为解决科技企业发展初期普遍面临的融资难、融资贵问题，广州市探索出以科技金融为主线的企业支持体系，构建了"创、投、贷、融"科技金融生态圈。

---

① 非凡十年·广州答卷④｜广州奋力迈向科技创新强市，人民号。

广州市依托创新创业大赛实施"以赛代评""以投代评"的项目形成机制,探索"赛马场上选骏马"的市场化评选机制。财政投入 50 亿元规模的广州科技创新母基金已落地运营 21 只子基金,激发成果转移转化活力。广州市"众创空间—孵化器—加速器—科技园(产业园)"的创新创业孵化链日趋完善,建有 324 家众创空间、415 家科技企业孵化器。2021 年,广州市拥有国家级孵化器 54 家,连续 3 年新增认定数量居全国第一,考核评价优秀数量连续 6 年居全国前列。

3. 实施"一轴核心驱动、四核战略支撑、多点全域协同"的空间布局,将科创资源串珠成链提升区域协同,促进城市科创能级整体跃升

科技创新轴是城市核心竞争力的精华,也代表广州市向智慧型未来城市转变的先锋试验区,以中新广州知识城和南沙科学城为极点,连接广州科学城、广州国际生物岛、广州人工智能与数字经济试验区、天河智慧城、广州大学城、白云湖数字科技城、南沙庆盛片区、明珠科学园等全市域科技创新关键节点。科技创新轴上的四核错位发展,广州人工智能与数字经济试验区促进"一江两岸三片区"良性互动,建设粤港澳大湾区数字经济高质量发展示范区;南沙科学城建设粤港澳大湾区综合性国家科学中心主要承载区;中新广州知识城建设具有全球影响力的国家知识中心;广州科学城建设具有国际影响力的中国智造中心和"中小企业能办大事"先行示范区。科技创新轴贯穿了中新广州知识城、广州科学城,以及由金融城、鱼珠片区、琶洲、广州大学城共同构成的广州人工智能与数字经济试验区,向南直通南沙,沿途高校、科研单位、科技企业云集。网易、腾讯、阿里巴巴、UC、酷狗、唯品会、字节跳动、欢聚时代、多益网络、亿航、极飞、达安基因、荔枝等代表广州市先进生产力的大科技企业,全部都在这条轴线上,它未来承载的 GDP 会超过 1 万亿元,接近全市经济总量的一半。有"华南智核"之称的广州大学城,是番禺区抢占科技创新发展战略的制高点,是推动科研资源大区向科技创新强区迈进的关键所在。广州大学城的小谷围岛及南部片区集聚了 12 所高校和众多科研院所,自建成至今已累计培养数 10 万名毕业生,是粤港澳大湾区科创与人才资源最为集聚的"宝库"之一。

9.2　深圳市:先行示范区和经济特区

自 1980 年被确定为经济特区以来,深圳市以"敢闯敢试、敢为人先、埋头苦干"的特区精神,始终保持逢山开路、遇水架桥的勇气,迎难不畏难、克难勇攻坚,奋力创建社

会主义现代化强国的城市范例。2019 年,《中共中央 国务院关于支持深圳建设中国特色社会主义先行示范区的意见》正式发布；2021 年,《全面深化前海深港现代服务业合作区改革开放方案》出台。深圳市站在发展新起点,发挥先行示范区和经济特区的示范引领效应和辐射带动作用,跑出社会主义现代化建设的"深圳加速度",在服务全国全省发展大局中展现新担当、新作为。深圳市通过全面推进综合改革试点,强化基础设施"硬联通"和规则机制"软联通",促进人员、货物、资金、技术、信息等各类要素高效便捷流动,提升深港澳市场一体化水平,增强畅通国内大循环、联通"国内国际双循环"的战略链接功能和中心枢纽功能,正加快打造新时代中国特色社会主义的"精彩样板",奋力争当经济社会全领域先行示范的"全能冠军",尤其是在促进科技成果转移转化为高质量发展动能方面,发挥先行先试、示范引领作用。

1. 全过程创新生态链向全国推广

创新驱动发展实际上是人才、技术、资金和政策等要素协同发力,深圳市其实很早就实现了以企业为主体、以市场为导向、产学研深度融合的技术创新体系,但还存在"卡脖子"问题,实现各种创新要素的优化组合成为破题之道。2018 年,深圳市委六届九次全会提出构建"基础研究+技术攻关+成果产业化+科技金融"全过程的创新生态链,以基础研究突破引领技术创新,以产业需求牵引科技创新,以金融创新助推科技产业,通过政府有为带动市场有效、促进企业有成,为推动经济高质量发展、赋能实体经济提供重要支撑,后又加入"人才支撑",确立全过程生态链。2021 年,国家发展改革委发文推广深圳 47 项经验和创新做法,其中第 1 项就是建立"基础研究+技术攻关+成果产业化+科技金融+人才支撑"的全过程创新生态链,鼓励各地结合实际学习借鉴。这都是基于深圳市科创工作实践凝练得出的经验模式。2020 年,深圳市研发投入强度达 5.46%,保持全国领先；国家高新技术企业超过 1.86 万家,居全国第二位；PCT 国际专利申请量连续 17 年居全国首位；每万人发明专利拥有量 119 件,约为全国平均水平的 8 倍[①]。以深圳市为主阵地建设综合性国家科学中心,光明科学城、河套深港科技创新合作区、西丽湖国际科教城等重大平台建设提速,为深圳市孕育重大原始创新、打造技术创新高地奠定坚实基础。2021 年,深圳市累计建设国家重点实验室 6 家、广东省实验室 4 家、基础研究机构 12 家、诺贝尔奖实验室 11 家、省级新型研发机构 42 家、各类创新载体 2700 多家[②]。

---

① 2021 国家高新区软实力巡礼：深圳高新区价值 3482.75 亿元 排序第 2 名 指数 0.9501,搜狐。
② 扬帆奋进绘新篇——深圳全面纵深推进先行示范区建设,新华社。

2. 深圳市不断深化科技体制改革，最大限度激发创新活力

深圳市开展科技领域综合改革试点，高质量推进科技创新领域立法，《深圳经济特区国家自主创新示范区条例》《深圳经济特区科技创新条例》等一批引领性法规接连落地，全面系统促进科技创新。创新体系也实现历史性变革、系统性重构。深圳市在全国率先形成基础研究长期持续稳定投入机制，通过特区立法明确政府投入基础研究和应用基础研究的资金不低于市级科技研发资金的 30%；深化深港澳科技合作，科研资金成功跨境（过港）使用，进一步促进粤港澳大湾区科技创新融合发展；搭建广泛的国际交流合作平台，汇聚全球创新资源；推进国际人才特区建设，靶向引进"高精尖缺"人才；对标全球最高最好最优，全力打造全球创新创业的最佳首选地。改革开放 40 多年来，创新基因已经融入深圳这座城市的发展脉络，成为"中国硅谷"向上迈进的"科创密码"。

3. 综合改革试点首批 40 项授权事项全面实施

支持深圳市实施综合改革试点，是建设中国特色社会主义先行示范区的关键一招，是党中央首次为一座城市量身定做的新时代的改革总体纲领，首次采取"实施方案+授权清单"滚动推进的全新方式授权改革，首次以清单批量授权方式赋予地方在重点领域关键环节上有更多的主动权。自 2020 年 10 月综合改革试点方案发布以来，从中央到广东省到深圳市层层推进，深圳综合改革试点首批 40 项授权事项全面落地实施。2022 年，国家发展改革委再次召开新闻发布会，介绍深圳市综合改革试点成效。在要素市场化配置方面，深圳证券交易所创业板注册制改革稳步推进，率先开展契约型基金商事登记试点，一批优质私募管理机构落户深圳市。在营商环境优化方面，深圳市营商环境改革已走过 2018 年 1.0 "搭框架"、2019 年 2.0 "夯基础"、2020 年 3.0 "补短板"、2021 年 4.0 "组合拳"的历程。自 1993 年率先在全国制定了《深圳经济特区企业破产条例》后，时隔 27 年，深圳市率先建立个人破产制度，为创业者"托底"，进一步激发市场主体创业热情。新型知识产权法律保护改革有序推进，全国首例"知识产权行政禁令"落地实施，首次司法认定人工智能生成文章构成作品，权利人享有著作权。在科技创新环境方面，深圳市出台外籍"高精尖缺"人才认定标准，在科研机构开展科技成果赋权改革。在高水平开放型经济方面，深圳市在税务、建筑、规划、旅游业等领域实现港澳专业人才免试跨境执业，首单国际航行船舶保税燃料油在深圳盐田港加注成功。在民生服务供给方面，深圳市稳步推进国际前沿药品应用试点，推动港澳籍医师在深圳市取得医师执业证书。

4. 依托前海强有力支撑深港合作

按照"依托香港、服务内地、面向世界"的定位，前海合作区抓住"扩区"和"改革开放"两个重点，始终以支持香港融入国家发展大局、保持香港长期繁荣稳定为己任，全力打造粤港澳大湾区全面深化改革创新试验平台，建设高水平对外开放门户枢纽，不断构建国际合作和竞争新优势。2021 年，本地港资企业数量同比增长 156%；实际使用港资 50.6 亿美元，同比增长 33%。在提升深港市场一体化水平方面，前海合作区率先落地粤港澳大湾区首批"跨境理财通"业务，并推出合伙联营、执业备案等一系列便利化措施，使得税务师、建筑师、导游等 16 类港澳专业人士在前海仅需要备案即可执业。截至 2022 年 6 月底，前海合作区累计认定香港籍高端和紧缺人才超 800 人次；发放 9 批次港澳青年专项扶持资金，共计超 1.5 亿元。在政务服务方面，前海合作区陆续推出了"深港通注册易"等一批跨境政务便利化举措，可提供包括商事登记、涉税、社保等在内的 200 多项服务事项，并在港澳设立"前海港澳 e 站通"服务网点，探索境外投资者足不出港澳办理政务服务。在投资便利化、贸易便利化、金融开放创新、事中事后监管、法治创新、人才管理改革、体制机制创新等方面，前海合作区自建立以来累计推出制度创新成果 805 项，其中 78 项在全国复制推广，成为"一国两制"框架下先行尝试、引领制度创新的"策源地"①。

9.3 佛山市：制造业创新高地

2019 年，佛山市成为全国第 17 个万亿元城市；2021 年，佛山市 GDP 突破 1.22 万亿元，城市竞争力的核心从要素成本优势转变为对科技、人才等高端要素的集聚能力。2022 年 8 月，广东省人民政府印发《关于支持佛山新时代加快高质量发展建设制造业创新高地的意见》，突出强调佛山市制造业基础雄厚的强大优势和战略定位。在科技成果转化"一盘棋"中，佛山制造为成果中试熟化、工业化提供产业支撑，加速从"佛山制造"向"佛山创造"飞跃。

1. 佛山市制造业基础庞大，工业体系门类齐全，能够广泛承接各类科技成果转移转化

佛山市坚持制造业立市、兴市、强市，已逐步建立门类齐全、配套完善的现代产业体

---

① 前海制度创新将"再提速"！广州日报。

系，工业规模居全国第六位、广东省第二位，为承接科技成果落地和释放转化成效提供载体支撑。佛山市装备制造、泛家居产业规模均已突破万亿元，产品远销 100 多个国家和地区，"有家就有佛山造"享誉全球。家电、家具、机械装备、陶瓷建材、食品饮料等传统优势产业基础雄厚，机器人、新能源、新材料、电子信息、生物医药等新兴产业蓬勃发展，拥有一大批骨干企业和细分行业"隐形冠军"。佛山市家电、金属制品、陶瓷建材、纺织服装、家具等行业规模均排在广东省第一位，装备制造、泛家居产业集群产值均超万亿元，各主要行业在本地的产业配套率高达 90%以上，装备制造业增加值约占珠江西岸装备制造业总增加值的一半，陶瓷机械、木工机械、塑料机械行业的全国市场占有率分别约为 90%、60%、30%，"佛山制造"早已成为"中国制造"的一张名片。

2. 佛山市五区优势错位发展产业，瞄准不同领域协调互补落地转化全领域科技成果

禅城区已初步形成以泛家居产业为传统优势，以汽车及新能源产业、新材料产业、生物医药及大健康产业等为新兴特色的产业体系，呈现出蓬勃发展的良好态势。

南海区围绕高端装备制造、建筑陶瓷、铝型材、现代轻工纺织、新能源汽车、智能机器人、生物医药与健康等行业，加快构建"两高四新"现代产业体系，推动南海制造业高质量发展。

顺德区形成了智能家电、高端装备制造两个超 3000 亿元的产业集群，机器人、新一代电子信息、生物医药等产业蓬勃发展，正积极通过释放土地空间，加快推动制造业数字化、智能化转型，推动产业高质量发展。

高明区正大力发展食品饮料、服装服饰、家居建材、精细化工、金属制品、塑料制品和电子电器、装备制造、新能源和新材料等产业，涌现了海天味业、溢达集团、科顺建材等一批制造业龙头企业。

三水区提出进一步强化产业集群的规模效应，打造超 3000 亿元高端装备制造、超 2000 亿元泛家居、超 1000 亿元食品饮料、超 1000 亿元电子信息四大产业集群，扛鼎三水区产业发展的未来。

另外，佛山市在原有的基础上进一步推动产业往高精尖方向发展，高质量打造"十大创新引领性特色制造业园区"和"十大现代服务业产业集聚区"。在"十大创新引领性特色制造业园区"中，佛山南庄精密制造产业园聚焦超精密仪器设备，佛山新能源汽车产业

园聚焦汽车零部件和新能源动力电池，佛中人才创新灯塔产业园聚焦集成电路、人工智能、新材料，佛山三山显示制造装备产业园聚焦新型显示装备、先进遥感装备、增材制造、半导体技术与装备，佛山九龙高端装备及新材料制造产业园聚焦耐火材料、薄膜材料等新材料，佛山伦教珠宝时尚产业园聚焦高端奢侈时尚品和文化创意产业，佛山北滘机器人谷智造产业园聚焦智能家电、机器人，佛山临空经济区国际智造产业园聚焦智能制造、精密零件制造、电子电器制造、"三新"制造等，佛山水都饮料食品产业园聚焦食品饮料、大健康领域，佛山云东海生物医药港产业园聚焦高端医药医械医疗。另外，佛山市积极打造佛山数字经济创新产业集聚区、佛山美陶湾文化创意产业集聚区、佛山现代保险产业集聚区、佛山千灯湖金融高新技术产业集聚区、佛山西樵岭南文旅产业集聚区、佛山东部现代物流产业集聚区、佛山西站枢纽新城科技商务集聚区、佛山北滘工业设计产业集聚区、佛山潭洲国际会展高端服务业集聚区、佛山顺德世界美食产业集聚区"十大现代服务业产业集聚区"。

3. 积极布局抢占战略性新兴产业，吸引集聚一批前瞻性、高水平重大科技成果落地

传统制造业通过创新驱动和数字化智能化转型，加速培育以新一代信息技术、新能源、新材料等为代表的战略性新兴产业集群。2022 年，佛山市企业 100 强总营业收入达 21151.4 亿元，首次突破 2 万亿元；佛山市制造业企业 100 强总营业收入达 10921.5 亿元，首次突破 1 万亿元；佛山市民营企业 100 强首次发布，总营业收入达 18984.47 亿元。佛山市企业集中分布在电气机械业、器材制造业、有色金属冶炼和压延加工业、信息传输业、软件和信息技术服务业、新能源汽车行业，呈现传统制造业产业发展势头强劲、新兴产业渐具规模的局面[①]。

佛山市氢能产业实现了重大突破，从引入泰罗斯动力系统、长江氢动力等氢能项目，到建成广东省实验室佛山仙湖实验室，再到牵头启动广东燃料电池汽车示范应用城市群建设。目前，佛山市已形成了较完整的、有自主产权的氢能产业链条，具有国内最完善的氢能应用场景。2014 年，佛山市在全国率先建立了商用加氢站的审批、建设、验收流程，从制度上化解"有车无站"的难题，该项举措填补了国内加氢站建设审批空白。2021 年 8 月 13 日，科技部等多部门联合批复首批示范城市群，其中包括由佛山市牵头的广东燃料电池汽车示范应用城市群。佛山市集聚了国家电投氢能、清能股份、昇辉科技、韵量燃料电

---

① 2022 年佛山企业 100 强发布，佛山市人民政府。

池、济平新能源、康明斯恩泽等 100 多家氢能企业、科研院所及相关机构，占广东省同类指标的 1/3 左右，形成了南海区"仙湖氢谷"、高明区"现代氢能电池有轨电车修造基地"、佛山（云浮）产业转移工业园三大氢能产业基地。作为国内首个大规模使用氢能源公交车的城市，佛山市地面公交已实现 100%新能源化，其中，氢能公交车占比 15%，累计投入使用 1000 辆氢能公交车。2022 年，佛山市在国内首批投入使用 25 辆氢能共享单车[①]，其采用金属氢化物固态储氢技术。具有自主知识产权的氢能产业链，使佛山市成为国内燃料电池汽车推广规模最大、产业体系最完善的地区之一。

佛山市生物医药产业保持高速增长。2019 年，佛山市医药制造业实现工业总产值 172.09 亿元，同比增长 20%。2021 年，佛山市生物医药及高性能医疗器械业增加值增长 19.6%。佛山高新区南海园凭借生物医药与医疗器械特色产业，入选广东省首批特色产业园名单。钟南山团队大健康产业项目二度落地佛山市。佛山市机器人产业悄然崛起，成为国内机器人产业异军突起的一匹黑马。佛山市每年安排 1.3 亿元推动机器人应用和产业发展。2021 年，佛山市销售机器人约 3.1 万台，占全国总量的 9%[②]。

4．围绕"一区一园一城"打造创新资源要素自由流动、深度融合、集聚发展的创新廊道和生态圈层，成体制、体系化加强制造业核心技术成果供给和转化，破解制造业高质量发展瓶颈

面对制造业大而不强，产业价值链总体偏低，缺乏"爆点型"行业、冒尖式新兴产业，高端创新资源集聚不足，基础研究和原始创新能力薄弱，缺乏高水平研究型大学和研究院等难题，作为全国唯一一个制造业转型升级综合改革试点城市，佛山市抢抓 5G、工业互联网等"新基建"发展机遇，推动工业和信息化融合发展，促进传统制造业数字化、智能化转型发展，累计培育工业互联网应用标杆示范项目超过 70 项，入选广东省工业互联网产业生态供给资源池企业 44 家。作为国家创新型城市，佛山市在重大创新平台建设、技术创新能力提升、创新生态环境营造上不断突破，构建"人才引育+技术研发+成果转化+产业应用"协同创新体系，促进高端创新资源加速集聚，着力构筑科技创新高地，加快建设佛山国家高新区、佛中人才创新灯塔产业园、三龙湾科技城等中部创新强核，在发展壮大高新技术企业群体、引进培育若干战略性新兴产业集群、集聚各类高层次人才和高水平创新创业团队、集聚高端创新创意资源要素、加强创新策源能力建设等方面发挥了集聚培育企业、人才、要素的作用，破解了产业不高端、工业不连片等制造业高质量发展的"拦路

---

① 这个秋天，骑上氢能共享单车畅游仙湖氢谷，澎湃新闻。

② 佛山制造业升级步伐加快　产业迈向中高端，佛山市人民政府。

虎",形成抢抓粤港澳大湾区建设机遇、撬动经济高质量发展的新支点。2021 年,佛山市人才日益集聚,带动各类前沿技术落地生根,已引进博士超 6000 位,设有博士后科研工作站 63 家[①]。2021 年,佛山市专利授权总量达 96487 件,国家高新技术企业突破 7100 家,分别是 2012 年的 5.4 倍、13.1 倍。佛山市依托广东省实验室季华实验室(先进制造科学与技术广东省实验室)聚焦半导体技术与装备、新型显示装备等 8 个科研方向,开展系列关键技术攻关;围绕半导体装备及其关键零部件的重大战略需求,自主研发了 SiC 高温外延装备,已形成了系列射频电源技术储备及开发能力;在先进遥感及轻量化领域,成功研发并发射全球首颗质量 100kg 以内的 0.5m 分辨率光学成像卫星"佛山一号",为我国商业遥感卫星的大量批产与组网部署提供了技术示范;在高分子材料应用方面,研制的智能新型 NPT(非充气轮胎)既能解决目前充气轮胎容易爆胎、泄漏,危及驾驶人生命的问题,又能通过新材料的应用解决废旧轮胎难以回收利用且污染严重的问题[②]。

9.4　东莞市:科创制造强市

2021 年东莞市生产总值突破万亿元大关,正式跻身"GDP 万亿俱乐部",是广东省第三个"GDP 过万亿元""常住人口过千万"的"双万"城市[③]。2022 年 8 月,广东省委、省政府印发了《关于支持东莞新时代加快高质量发展打造科创制造强市的意见》,下放东莞市部分省级经济社会管理权限,充分行使地方立法权,赋予东莞市打造前沿科技创新高地、制造业高质量发展示范区等战略定位。在科技创新、先进制造业两端发力,在科技成果转化大局中发挥高端供给、载体承接等作用,是在现代化国家新征程中争先进位的必由之路,是东莞市与粤港澳大湾区城市实现错位发展的最佳策略,也是东莞市厚植自身高质量发展优势的根本依托,是东莞市抢抓风口、稳中求进的最大底气,这必将为东莞市新时代加快高质量发展注入全新的动力和活力。

1. 围绕电子信息等优势产业,指数级汇聚科技成果转移转化需求和放大成效

东莞市具备工业应用场景丰富、创新主体众多等优势,已形成以信息技术产业为主导,以高端装备制造、人工智能、新材料、新能源等新兴产业为支撑的产业格局,培育形

---

① 佛山商标建设"一区一园一城"平台,赋能制造业高质量发展,佛山国家高新技术产业开发区官网。
② 峥嵘十年 | "万亿元俱乐部"城市佛山的高质量发展雄心,澎湃新闻。
③ 东莞晋级"万亿元俱乐部",广东"第三城"之争棋到中局,澎湃新闻。

成了涉及 36 个行业和 6 万多种产品的较完整的制造业体系，特别是电子信息产业产值突破 1 万亿元，电气机械产业产值突破 3500 亿元，华为、OPPO、vivo 进入全球手机品牌"第一阵营"，每 5 部手机中就有 1 部是东莞市生产的。作为全国制造业最发达、产业综合配套能力最强的城市之一，东莞市拥有市场主体突破 140 万户，其中规模以上工业企业总数超 1.1 万家、国家高新技术企业达 7387 多家，规模以上工业增加值在广东省的占比达到 11.5%，孕育了巨大的科技成果转化需求。

2. 科技创新能级不断提挡加速，围绕产业链、创新链互融互促抢占未来发展制高点

近年来，东莞市举全市之力加快建设国家创新型城市，重点打造"源头创新—技术创新—成果转化—企业培育—产业化应用""四梁"，构筑"重大科技设施、重大科研平台、高水平研究型大学、新型研发机构、科技型龙头企业、高端创新人才、高品质城市配套、一流创新环境""八柱"，推动科技创新和先进制造深度融合，提升产业基础高级化、产业链现代化水平，加快构建多元支撑的、具有国际竞争力的产业体系。东莞市创新驱动发展取得显著性突破，2015 年，松山湖成功入围珠三角国家自主创新示范区；2020 年，松山湖科学城正式纳入粤港澳大湾区综合性国家科学中心先行启动区，成为国家科技战略力量的重要组成部分。中国散裂中子源、南方先进光源等重大科学装置落户东莞市，牵引带动东莞市在国家重大科技设施、高水平实验室、研究型大学等方面取得重大突破；松山湖材料实验室研究成果连续入选"中国科学十大进展"；研究与试验发展经费投入强度提升至 3.54%，高新技术企业数量居广东省第三位，广东省创新科研团队连续 10 年居广东省地级市第一位。东莞市积极谋划筹建大湾区大学，加快建设香港城市大学（东莞），推动东莞理工学院建设新型高水平理工科大学示范校。

3. 发挥粤港澳大湾区的重要节点城市区位优势，积极打造联通科技成果转移转化"国内国际双循环"的重要节点城市

东莞市拥有面向国内国际市场的双向优势，位于粤港澳大湾区"A 字形"几何中心，是中国唯一一个被 3 个世界级都市（香港特别行政区、深圳市、广州市）包围的城市。虎门大桥、南沙大桥连通粤港澳大湾区东西两岸，珠三角城际轨道、广深港高铁、赣深高铁从东莞市穿过，30 分钟可到达广州市、深圳市、香港特别行政区。东莞市与超过 200 个国家和地区建立了经贸合作关系，拥有外资企业超过 1.2 万家，外贸总额突破 1.3 万亿元，在全国城市中稳居前五位，跨境电商进出口总额多年居全国第一位。东莞市拥有国际

港口东莞港和国家级综合保税区；从石龙、常平等直达欧洲的中欧班列，其中两个起点就在东莞市。近年来，东莞市外资企业不断开拓国内市场，带动内销比例不断提升。

4. 东莞市厚植培育人才沃土、创新热土，为科技成果转移转化提供强大供给

人才是科技成果的重要载体，东莞市作为一座年轻、有活力的特大城市，2021 年的常住人口已突破 1000 万人，平均年龄只有 34 岁，仅次于深圳市，居全国第二位。东莞市力图打造成为粤港澳大湾区最具人才吸引力的城市之一，以期把"人口红利"转变为"人才红利"。在 2020 年度中国城市人口吸引力指数排名中，东莞市居全国第三位，东莞市每年净流入人口超过 10 万人，是全国人口净流入最多的城市之一。东莞市每年投入近 10 亿元，引进高层次人才和培养技能人才并重，大力实施"十百千万百万"人才工程，系统推进人才安居、教育医疗、城市品质提升等工作，努力把东莞市打造成为粤港澳大湾区创新创业人才高地、技能人才之都。目前，东莞市人才总量达 258 万人，人才规模居广东省第三位，其中，技能人才 125 万人，高层次人才 18 万人。东莞市以大科学装置为依托，汇聚一批优秀高端科技创新人才，依托大科学装置汇聚一流科学家和引育集聚战略科学家团队，依托与港澳紧密联系优势吸引海外优秀人才，力争打造人才高地①。

9.5 珠海市：现代化国际化经济特区

早在 1992 年，珠海经济特区在全国首开"百万元科技重奖"先河，厚植下创新发展的土壤。在国家深入实施创新驱动发展战略、全面推进粤港澳大湾区建设的时代大背景下，2021 年，《中共广东省委 广东省人民政府关于支持珠海建设新时代中国特色社会主义现代化国际化经济特区的意见》发布，横琴粤澳深度合作区挂牌运作。至此，珠海市迎来了粤港澳大湾区、现代化国际化经济特区、广东自由贸易区横琴片区和横琴粤澳深度合作区"四区"叠加时代。作为区域科技创新中心重要门户枢纽，珠海市坚持产业第一的发展目标，围绕粤港澳大湾区国际科技创新中心和"两点两廊"建设，打造粤港澳深度合作新支点，充分发挥毗邻港澳、陆海通达的独特区位优势，充分利用国内国际两个市场两种资源，发挥澳门特别行政区在中国与葡语系国家之间的国际化对外开放窗口作用，吸引全球高层次创新人才、企业和科研机构到合作区集聚，推动合作区企业、技术、标准"走出去"，深度融入全球创新网络，促进境内外科技成果转移转化。

---

① 为什么是东莞？广东省支持东莞打造科创制造强市！澎湃新闻。

1. 珠海市科技创新能力不断增强

近年来，珠海市深入实施创新驱动发展战略，横琴先进智能计算平台、中山大学"天琴计划"、南方海洋科学与工程广东省实验室（珠海）相继落地珠海市。截至 2021 年年底，珠海市引进各类人才 26 万余名，目前每万人发明专利拥有量达 97 件，居全省第二位。2022 年，珠海市拥有高新技术企业数量超 2100 家；珠海市科技创新发展指数在全国城市中排名第十位，在全国地级市中排名第二位[1]。珠海市拥有国家级工程技术研究中心 4 家、省级工程技术研究中心 317 家；拥有省级以上重点实验室 10 家、各级新型研发机构 40 家；拥有研发人员超 4 万人。南方海洋科学与工程广东省实验室（珠海）、广东省智能科学与技术研究院、横琴先进智能计算平台相继落地建设，国家新能源汽车质检中心成功在珠海市落户。2018 年以来，珠海市大力实施"珠海英才计划"，3 年来引进各类人才 26 万位，成立珠澳人才工作联络处、澳珠人才发展促进会，吸引港澳和境内外人才及紧缺人才汇拢而来[2]。1000 多名建筑、设计、旅游、医疗等领域的澳门专业人士在珠海市获得跨境执业资格[3]。掌握关键核心技术、由我国自主研制的大型灭火/水上救援水陆两栖飞机"鲲龙"AG600 全状态新构型灭火飞机在珠海市成功首飞，填补了国产大型航空灭火飞机的空白。"天琴计划"激光测距台站成功测得月球表面 5 组反射镜的回波信号，中国成为世界上第 3 个成功测得全部 5 个反射镜的国家[4]。"破"机制，激发制度创新红利。2021 年，珠海市重新修订了《珠海经济特区科技创新促进条例》，首次提出建立科技创新容错纠错机制，明确赋予经费管理使用自主权，探索实施财政科研经费包干制、负面清单制度等。新修订的《珠海市创新创业团队管理服务办法》，首次突破性设立"市外引进创业团队"条款，以更丰厚的条件吸引市外团队在珠海市落户。

2. 实施"澳门科技创新+珠海产业转化"模式，探索建立"创新链—产业链—价值链"融合发展机制

澳门特别行政区拥有丰富的科研优势与资源，拥有中药质量研究国家重点实验室、模拟与混合信号超大规模集成电路国家重点实验室、智慧城市物联网国家重点实验室、月球与行星科学国家重点实验室 4 家国家重点实验室。澳门大学在各种国际通用大学排名中居

---

[1]　报告：我国城市科技创新差距大，珠三角城市群优势明显，搜狐。

[2]　珠海：打造湾区人才新高地，珠海特区报。

[3]　琴澳双城记：千名专业人士可跨境执业，就业生活似同城，搜狐。

[4]　"天琴计划"立新功：测出国内最准地月距离，中国青年网。

世界前列，6 个学科进入基本科学指标数据库世界前 1%，是粤港澳大湾区西岸少有的拥有 3 家国家重点实验室的高校，分别为中药质量研究国家重点实验室、模拟与混合信号超大规模集成电路国家重点实验室和智慧城市物联网国家重点实验室①。2019 年年底，澳门大学、澳门科技大学现有的 4 家国家重点实验室均在横琴设立分部，已启用珠海校区。澳门大学还在横琴新区建设微电子研发中心、中华医药研发中心、智慧城市科技研发中心、医学研发中心和先进材料研发中心、粤港澳海洋科技创新联盟、大湾区人工智能海洋科技创新中心、珠海澳大科技研究院、大湾区知识产权法律联盟、大湾区智能穿戴创新中心等，推动三地资本、技术、人才、信息得以加速流转。截至 2022 年 1 月，珠海澳大科技研究院已开展联合研发、委托研究等商业项目 51 项，涵盖微电子、中医药、智慧城市等领域，合计合同金额超 3400 万元②。2020 年，珠海市出台了全国首个从市级层面支持港澳科技创新合作的政策《珠海市珠港澳科技创新合作项目管理办法》，完成 2021 年珠海市珠港澳科技创新合作项目申报及评审，向 17 项项目提供支持资金 823 万元，推动珠港澳三地科技创新合作不断升级。2022 年 11 月 15 日，澳门特别行政区政府发布的《2023 年财政年度施政报告》，为内地企业"走出去"和国际企业"引进来"提供了枢纽平台，形成"澳门平台+国际资源+横琴空间+成果共享"的产业联动发展新模式。2022 年 10 月发布的《横琴粤澳深度合作区支持生物医药大健康产业高质量发展的若干措施》明确，要打响"澳门注册+横琴生产"品牌；提出了包括鼓励横琴研发的中成药产品到澳门注册、支持生物医药大健康产品在横琴生产、推动"澳门注册+横琴生产"国际化等在内的多方面举措。粤澳合作中医药科技产业园探索"以医带药"模式，让中医药走向世界。截至 2022 年 9 月底，粤澳合作中医药科技产业园已完成注册企业 229 家，其中，澳门企业 59 家，占比超 1/4，产业集聚效应初显。珠海市以澳门为窗口，在莫桑比克试点创新"以医带药"的国际化模式，并在佛得角及周边国家复制推广，共 9 款产品在莫桑比克注册成功，7 款产品在巴西获得中成药注册备案上市许可③④。

3. 国家布局横琴合作区重大平台，为珠澳合作注入强大动能

横琴粤澳深度合作区是面向澳门特别行政区及葡语系国家开放合作的桥头堡，是尖端科技主动融入全球供应链和价值链的重要关口区域。自 2009 年横琴合作区启动开发建设

---

① 葡语国家科创企业大湾区考察团访澳大，澳门大学官网。
② 横琴探路粤澳产学研合作新范式，"澳门研发+横琴转化"已成常态，新浪财经。
③ 横琴世界湾区论坛｜澳门药监局副局长李世恩：澳门助力国产药械"引进来"和"走出去"，搜狐。
④ 横琴：构筑对澳合作产业根基，人民资讯。

以来，粤澳合作中医药科技产业园、横琴科学城等重大平台载体加速打造，"天琴计划"和海洋元素与同位素、海洋生物资源库、海洋科考、海洋遥感信息中心、南海四基观测系统、实海试验场、海洋数据中心七大国际一流的海洋公共科研平台等"上天入海"的高端创新平台部署建设。截至 2022 年 6 月，横琴合作区累计孵化港澳青年企业 562 家，其中包括澳门项目 519 项[①]。2022 年，横琴合作区围绕科技研发和高端制造产业、中医药等澳门品牌工业、文旅会展商贸产业、现代金融产业"四新产业"，新增澳资企业逾 700 家，总数突破 5000 家，累计注册商事主体 5.6 万家，其中，科技型企业超过 1 万家，科技企业孵化器、新型研发机构等各类国家级、省级科技创新平台达 20 家。横琴合作区印发实施《横琴粤澳深度合作区企业赴澳发行债券专项扶持办法》和《横琴粤澳深度合作区外商投资股权投资类企业试点办法（暂行）》，加速跨境资本流通。横琴合作区还推动粤澳跨境数据验证平台落地，实现个人数据跨境验证。2022 年，横琴合作区实施"双 15%"税收政策，在企业所得税优惠方面，精准匹配四大产业形成 9 大类 150 项优惠目录，形成趋同澳门的"税负"环境，横琴合作区科技型企业超过 10000 家[②]。2022 年前三季度，澳门新成立企业资金有 144.5 亿澳元来自内地，占总额的 98.2%，同比 2021 年前三季度增长 37 倍；其中，来自粤港澳大湾区内地城市的资金共 3.3 亿澳门元，同比 2021 年增长 2 倍[③]。

4. 加强建设开放环境，积极撬动异地科创资源

2021 年，珠海市促进境内外科技成果转移转化系列活动已于澳门启动（见图 9-1），聚焦珠海"4+3"支柱产业集群，吸引更多国际高端人才、创新创业团队到珠海市创新创业。2022 年 5 月，珠海市驻深圳招商局、珠海市招商署驻成都招商部相继挂牌成立，其将深入北京市、武汉市、成都市、西安市等地举办系列活动[④]。2022 年 9 月，珠海市发布《珠海市异地创新中心认定办法》，配合异地招商工作，集结优秀创新资源，全面助力珠海市产业发展。珠海市通过支持设立异地创新中心，探索"异地研发+珠海转化"模式，以吸引市外人才、优质资源、先进技术、先进装备，帮助珠海市企业贴近市场和用户开展产品研发等创新活动，实现外地科技成果项目梯度转移。珠海市加强异地招商，建设科技成果转化"国内国际双循环"体系重要节点支撑。

---

① 横空出世　琴瑟和鸣，南方网。
② 横空出世　琴瑟和鸣，南方网。
③ 横琴观察丨琴澳探索产业联动新模式，政策"组合拳"相继落地，东方财富网。
④ 全力做好这件事，珠海燃气来了！人民号。

图 9-1　珠海市促进境内外科技成果转移转化活动现场

9.6　中山市、肇庆市、江门市、惠州市：协同发展区

2022 年 7 月，《广东省都市圈国土空间规划协调指引》列出了广东的五大都市圈。其中，广州都市圈聚焦广州市、佛山市、肇庆市、清远市等地，深圳都市圈聚焦深圳市、东莞市、惠州市等地，珠西都市圈聚焦珠海市、中山市、江门市。在区域一体化的推动下，五大都市圈积极主动地承接发达经济体和先进城市科技成果转化外溢效应，已成为加快产业升级、实现跨越式发展的重要助推器。中山市、肇庆市、江门市、惠州市作为珠三角示范区重要组成部分，积极承接广州市、深圳市等地的科技成果转化外溢效应，推进都市圈内城市间产业分工协作。

1. 中山市实施"东承、西接、南联、北融"一体化融合发展大战略，探索构建"广深港澳研发 + 中山孵化产业化"区域创新协作格局和"东岸风投基金 + 西岸先进制造"科创融资协作机制

2022 年，广东省委、省政府部署中山市建设广东省珠江口东西两岸融合互动发展改革创新试验区，作为广东省首个以区域协调发展为主题的改革创新试验区，中山市被赋予激发创新活力的"探路先锋"重担。作为唯一一个与深莞、广佛、澳珠三大极点毗邻的城市，中山市充分发挥作为珠江口西岸"桥头堡"的作用，协同打造环珠江口 100 千米"黄金内湾"。

强化"东承"功能，以翠亨新区、火炬开发区为"桥头堡"，围绕深圳市产业、创新一体化，全方位对标深圳市"20+8"产业，深度参与深圳市产业链分工，主动为深圳市龙头企业强链补链；全力推进珠江口东西两岸科技创新一体化，积极参与广深港、广珠澳科技创新走廊建设，全力构建"深圳创新力量+中山产业基础"珠江口东西两岸产业创新链，推动深圳市"设计+""数字+"赋能中山市传统产业，推动深圳市科技创新成果在中山市落地转化。

加快"南联"步伐，和珠海市共同大力支持横琴粤澳深度合作区建设，主动服务澳门经济适度多元发展。2021 年，中山市与珠海市签订战略合作框架协议，共构协调联动区域合作创新机制，深化两市全方位多领域合作，共同推动珠江口西岸都市圈高质量发展。

深化"北融"发展，主动对接广州高校、科研院所等创新资源；加强与佛山市产业链协作，推动北部片区与顺德市深度融合发展，共同打造全球最具活力的万亿元级智能家电产业集群。

发挥"西接"作用，加快与江门市及粤西城市在交通、能源、水利、物流等方面的互联互通。

2. 江门市围绕建设"珠江西岸新增长极，沿海经济带上的江海门户"目标，积极承接深圳市、广州市产业转移，探索建立"广深总部+江门基地""广深研发+江门制造"的合作模式

江门市坚持创新驱动发展，以"科技引领"工程为先，围绕产业链布局创新链，推动科技和产业深度融合发展。2019 年，江门市与广州市签署战略合作框架协议，和珠海市共同谋划建设珠海—江门大型产业园区，重点培育新一代信息技术、大健康、新材料（含绿色石化）、高端装备制造、新能源、智能家电六大具有国际竞争力的产业集群。江门市通过大力打造科技创新引擎，主动融入广深港、广珠澳科技创新走廊，积极参与国际科技创新中心建设。目前，江门市已落户江门中微子实验室、江门双碳实验室、国家政法智能化技术创新中心、江门市域社会治理孵化中心等重大战略科技平台。江门市工业企业已达20000 多家，拥有规模以上工业企业近 3000 家、高新技术企业超 2200 家、"国字号"专精特新"小巨人"企业 15 家，梯度培育形成优质企业群[①]；广东省 20 个战略性产业全部布局江门市，有 8 个战略性产业将江门市标注为"核心城市"，《广东省制造业高质量发展

---

① 立足湾区，发挥"两个江门"关键优势，金羊网。

"十四五"规划》将江门市列为广东省安全应急与环保战略性新兴产业的核心布局城市。

3. 肇庆市打造产业转移平台，主动接受广佛经济辐射

广州都市圈将推动跨市创新协同，共建共享区域性重大战略创新平台，以佛山高新区、肇庆高新区作为重要载体，打造面向广州的科技创新人才的中试和成果转化基地。肇庆市以大型产业集聚区为催化剂，联动广州市和佛山市共建"研发—制造"产业分工体系，主动承接粤港澳大湾区核心城市的产业辐射和转移，探索产业链分工合作，推动打造都市圈一体化产业集群。2022 年，中国共产党肇庆市第十三次代表大会提出构建"广深港澳研发孵化—肇庆加速产业化"的创新协作发展格局，以提升科技创新能力、创新资源集聚能力和创新成果转化能力。肇庆市通过深入实施创新驱动发展战略，实现全面塑造高质量发展新优势；积极探索建立佛肇两地对接合作机制，密切和佛山市联动组团，推动两地产业协同与科技创新合作。肇庆大型产业集聚区和佛山大型产业集聚区（佛北战新产业园）隔江相望、山水相连，佛山市和肇庆市的临空集聚区更是环绕珠三角枢纽（广州新）机场融为一体。佛山大型产业集聚区重点打造生物医药产业，引进高端装备、新一代电子信息、新能源汽车等战略性新兴产业；肇庆大型产业集聚区围绕新能源汽车和汽车零配件、电子信息、装备制造三大主导产业及生物医药、新材料两大特色产业开展招商引资。在珠江西岸临空经济区中，佛山市布局航空关联产业，肇庆市重点发展航空物流、高端制造和现代服务业，以形成配套协作。

4. 惠州市打造深圳产业外溢和科技成果转化首选地，深惠产业链优势互补加速深化助力构建粤港澳大湾区现代产业体系

自中国共产党惠州市第十二次代表大会提出实施深度融深融湾行动以来，惠州市加大力度对接深圳市等城市，深惠产业协作越来越深入。依托"2+1"产业集群，惠州市主动承接粤港澳大湾区先进城市产业外溢，深化"深研惠造"模式下产业协同、差异化发展，推动"双区"供应链、产业链、创新链向惠州市延伸。深圳市、惠州市电子信息产业发挥各自优势，在产业链上形成了"深圳研发、惠州转化"的分工格局。惠州市是粤港澳大湾区、深圳东进战略的重要城市，在广东省经济社会发展中具有重要地位。近年来，惠州市大力推进产业转型升级，涌现出 TCL、亿纬锂能、德赛西威等知名上市企业，深入推进与深圳市的新兴产业合作，打造石化能源新材料、电子信息两个万亿元级先进制造业集群，培育壮大生命健康新支柱产业，构建"2+1"产业集群。在建设粤港澳大湾区、深圳建设中国特色社会主义先行示范区的背景下，惠州市进一步加强与深圳市的产业合作，符合粤

港澳大湾区基础设施、城市空间、科技产业一体化、协同化发展的趋势，不仅有利于促进高端科技产业等创新资源向惠州市集聚，加快新技术、新产业和新商业模式的布局和成长，而且在基础设施建设、综合服务配套和城市品质提升等方面有明显的溢出和带动效应，将进一步拓展未来发展空间，形成惠州市与粤港澳大湾区主要城市协同联动发展的良好局面，全面提高惠州市在国家和区域发展中的功能和定位。广州市高校和科研院所云集，具有强大的基础研究和应用基础研究能力，处在创新链的前技术阶段；深圳市集聚了大批龙头科技企业和新兴研发机构，具有引领国际前沿的科技产业优势，处在创新链应用研究、技术开发示范的阶段；惠州市制造业基础雄厚，具有快速实现科技成果产业化的能力和优势，处在创新链的后技术阶段。

第 10 章　成果转化未来展望

广东省是我国改革开放的排头兵、先行地、试验区，是解放思想、改革创新的前沿阵地，是贯彻新发展理念、构建新发展格局、推动高质量发展的重要支柱。广东省通过充分利用新技术、新工具、新设施，把握新规律、新趋势、新要求，不断创新科技成果转化机制和模式。站在新起点，广东省尤其是珠三角地区，立于时代浪潮之中，要以更多的勇气、更大的魄力、更坚定的决心，为科技成果转化工作蹚出新路。

10.1　打造科技成果转化生态

广东省立足当前跨学科跨领域技术交汇趋势和新业态新模式的新经济发展形态，突破"选题→研究→开发→中试放大→工程化→产业化"的线性科技创新模式，打造多元共生、开放协同、动态竞合的科技成果转化生态，形成供给面、需求面、服务面、环境面四面支撑，产业链、创新链、人才链、资金链、价值链五链互融的新格局。

供给面将加快完善以企业为主体、以市场为导向、产学研深度融合的技术创新体系，加速催生以企业和产业需求为牵引研发的、精准定制化的高水平科技成果；加强科学自由探索支持力度，催生出一批具有颠覆性、引领性的重大原始创新成果。

需求侧将梯度培育壮大具有研发实力的科技型企业主体，瞄准类脑智能、量子信息、基因技术、未来网络、深海空天开发、氢能与储能等前沿领域和广东省"双十"产业集群，重点推进技术研发与技术转化一体化发展。

服务侧将加快完善"大纲+基地+教材+师资"四位一体的技术转移人才培养体系，强化技术转移机构线上线下联动、全要素一站式服务能力，支持技术转移服务业集群化发展，打造科技成果资本化、产业化的现代技术交易市场。

环境侧将推动技术、人才、资本等创新要素融合发展，优化"源创平台—众创空间—

孵化器—加速器—产业园区"创新创业体系，向成果前端构建"重大成果—初创项目团队—初创公司—高成长性公司"的孵化育成路线。

产业链将加快"链主企业"遴选培育，落实高新技术产业延链补链强链固链工作，打造上中下游大中小企业融通发展生态，营造具备自主关键核心技术、供应链完备的产业生态；优化地市产业系统布局，协同建设创新型产业集群。

创新链将围绕产业链布局，依托高水平实验室体系和高校院所等科创要素载体，加速原始创新科技成果供给，夯实中试熟化环节，支撑科技成果转化落地，推动科技成果商品化、市场化。

人才链将完善顶尖战略科学家、领军人才、青年拔尖人才、专业技术人才等多层次人才体系，打造一支"招之即来、攻之即胜"的科技王牌军，多举措营造"近悦远来、拴心留才"的天下英才齐聚环境。

资金链将联合投融资机构形成政府撬动、社会积极参与的资本投入格局，创新科技金融产品和服务模式，引导金融资本向科技型企业集聚；推动知识产权资本化市场成熟发展，支持壮大区域股权交易中心、知识产权交易中心等。

价值链将发挥硬科技、高科技对价值链整体跃升的带动作用，厚植制造业基础，支撑创新性、变革性产品生产，通过应用场景试点孕育新业态、新模式，为科技成果释放经济和技术价值营造有利环境。

10.2　强化区域成果转化体系

科技成果转化工作是整体性、系统性工程。为加强区域技术转移转化体系建设，广东省将搭建立足珠三角、协同港澳、联动先进示范区、面向国内大市场、辐射国际的科技成果转移转化通道体系，形成资源共享、优势互补、纵横联动、协同发展的科技成果转化工作局面。

珠三角 9 地市将深化自身定位认识，实现错位分工协同发展。广州市、深圳市发挥核心引擎作用，以都市圈为抓手，带动其他地市提质升级；佛山市、东莞市依托坚固的制造业基础打造技术创新高地；江门市、珠海市、中山市、肇庆市、惠州市积极承接外溢效应。

粤港澳大湾区将深化融通互动，推动发展速度换挡升级。粤港澳大湾区依托"广州—深圳—香港—澳门"科技创新走廊，以及前海、横琴、南沙等重大平台，深入实施"港澳研发，在粤转化"的科技成果转化模式，以期发挥优势叠加效应。

广东省将联动河北·京南、宁波、浙江、山东济青烟、上海闵行、江苏苏南、吉林长吉图、四川成德绵、湖北·汉襄宜、安徽合芜蚌、重庆等国家科技成果转移转化示范区，学习借鉴成熟的科技成果转化模式和经验，发挥整体先行示范作用。

广东省将发挥"泛珠三角"地区龙头作用，加强与内蒙古自治区、吉林省、陕西省、宁夏回族自治区、云南省、广西壮族自治区、江西省等兄弟省份合作，为珠三角地区科技成果集聚高地打通拓宽国内大市场的渠道。

广东省将巩固增强"国内国际双循环"门户作用，加强与创新型密集国家和"一带一路"沿线国家和地区的科技创新合作，推动高层次人才、高水平成果、高质量企业落户珠三角地区，推动珠三角地区企业积极"走出去"，在国际市场抢占新兴赛道。

10.3 衔接国家重大战略需求

随着科技成果转化"三部曲"陆续出台，科技成果转化在全局中的地位上升到前所未有的高度。在全国系统谋划战略布局之中，科技成果转化与国家重大发展战略已是息息相关、密不可分的关系。广东省开展科技成果转化工作应当积极面向国家重大战略需求，贡献广东智慧和广东力量。

助力科技自立自强。国家重点实验室、国家科研机构、高水平研究型大学、科技领军企业是国家战略科技力量，广东省积极引导各个主体遵循"四个面向"，共同构成国家创新能力体系，推动科技成果转化服务社会经济高质量发展。

助力绿色低碳发展。随着全球气候变暖加剧，推动绿色科技成果转化彰显应对"双碳"目标挑战、建设"美丽中国"和"人类命运共同体"的责任担当。广东省将继续重点发展新能源、新材料等前沿领域，为绿色发展提供强大科技支撑。

助力乡村振兴发展。广东省将以农村科技特派员为抓手，激发和培育农业农村农民自我发展能力和内生动力，实现科技赋能乡村全面振兴和巩固拓展脱贫攻坚成果。

助力传统产业升级。广东省将依托科技成果转化工作，加速迎来"人机物"三元融合的万物智能互联时代，推动制造业数字化、智能化升级改造，更好发挥工业门类齐全优势，夯实国家发展根基。

10.4　健全成果转化工作机制

站在"十四五"发展新时期，广东省将继续推动珠三角示范区建设工作，将其锻造成为先进"样板"，在科技成果转化改革试点工作中走深走实，探索成熟定型、可复制推广的科技成果转化路径和模式。

发挥示范引领作用。按照"边试点、边总结、边提炼、边推广"的原则，定期梳理科技成果转化工作中的典型案例和先进经验，以"小切口"推动"大突破"，及时在广东省宣传推广应用。

强化监督管理机制。利用好"指挥棒"作用，动态优化珠三角 9 地市考核激励机制设计，引导 9 地市结合自身实际"立军令状"，推动科技成果转化出更多成效，丰富科技成果转化工作实践。

深化体制机制探索。站在科技成果转化新阶段，广东省将以与时俱进的精神、革故鼎新的勇气、坚忍不拔的定力，以政策立法破除科技成果转化梗阻，探索激发科技成果转化活力和积极性的新路径、新模式。